“十四五”职业教育国家规划教材

高等职业教育城市轨道交通类新形态一体化教材

主　编　周　静
副主编　卢　婷　付　杰
主　审　白继平　李雷雷

城市轨道交通车站设备应用（第2版）

中国教育出版传媒集团
高等教育出版社·北京

内容简介

本书连续被评为“十三五”“十四五”职业教育国家规划教材。全书系统介绍了城市轨道交通车站设备的结构、功能、原理，检查操作及故障处置等内容，包括走进城市轨道交通车站，自动售检票系统，升降电梯、自动扶梯及无障碍设施，站台门系统，车站消防系统，车站给排水系统，暖通空调与环控系统，低压配电与照明系统，共八个模块。

本书可作为高等职业院校、应用型本科院校城市轨道交通等相关专业教学用书，还可供从事城市轨道交通站务、乘务、机电维修等工作的相关人员学习参考。

教师如需获取本书授课用PPT、习题答案等配套资源，请登录“高等教育出版社产品信息检索系统”(http://xuanshu.hep.com.cn/)免费下载。

图书在版编目（CIP）数据

城市轨道交通车站设备应用 / 周静主编. -- 2版. 北京 : 高等教育出版社, 2025. 9. -- ISBN 978-7-04-064486-9

Ⅰ. U239.5

中国国家版本馆CIP数据核字第2025D7M260号

Chengshi Guidao Jiaotong Chezhan Shebei Yingyong

策划编辑 吴睿韬　责任编辑 吴睿韬　封面设计 贺雅馨　版式设计 杜微言
责任绘图 于　博　责任校对 吕红颖　责任印制 高　峰

出版发行	高等教育出版社	网　址	http://www.hep.edu.cn
社　址	北京市西城区德外大街4号		http://www.hep.com.cn
邮政编码	100120	网上订购	http://www.hepmall.com.cn
印　刷	固安县铭成印刷有限公司		http://www.hepmall.com
开　本	850mm×1168mm　1/16		http://www.hepmall.cn
印　张	12	版　次	2019年9月第1版
字　数	300千字		2025年9月第2版
购书热线	010－58581118	印　次	2025年9月第1次印刷
咨询电话	400－810－0598	定　价	39.80元

物 料 号　64486-00

智慧职教服务指南

“智慧职教”(www.icve.com.cn)是由高等教育出版社建设和运营的职业教育数字教学资源共建共享平台和在线课程教学服务平台,与教材配套课程相关的部分包括资源库平台、职教云平台和 App 等。用户通过平台注册,登录即可使用该平台。

● 资源库平台:为学习者提供本教材配套课程及资源的浏览服务。

登录“智慧职教”平台,在首页搜索框中搜索“城市轨道交通车站设备应用”,找到对应作者主持的课程,加入课程参加学习,即可浏览课程资源。

● 职教云平台:帮助任课教师对本教材配套课程进行引用、修改,再发布为个性化课程(SPOC)。

1. 登录职教云平台,在首页单击“新增课程”按钮,根据提示设置要构建的个性化课程的基本信息。

2. 进入课程编辑页面后,在“教学任务”的“课程设计”中“导入”教材配套课程,可根据教学需要进行修改,再发布为个性化课程。

● App:帮助任课教师和学生基于新构建的个性化课程开展线上线下混合式、智能化教与学。

1. 在应用市场搜索“智慧职教+”App,下载安装。

2. 登录 App,任课教师指导学生加入个性化课程,并利用 App 提供的各类功能,开展课前、课中、课后的教学互动,构建智慧课堂。

“智慧职教”使用帮助及常见问题解答请访问 help.icve.com.cn。

第2版 前言

发展轨道交通是解决大城市病的有效途径，也是建设绿色城市、智能城市的有效途径。轨道行业迎来了重要的战略机遇。同时，随着新质生产力的不断发展，轨道交通行业在智慧服务、智慧运维等方面持续发力，对人才的需求也发生着结构性的变化。教材作为教学的重要载体，应与社会发展、行业转型同频共振。

根据教育部《职业院校教材管理办法》《“十四五”职业教育规划教材建设实施方案》等文件精神，紧扣国家专业教学标准及职业技能等级标准，紧跟交通运输行业智慧化发展新趋势，结合省部级教学改革最新实践成果及教材第1版的使用反馈等内容开展教材编写。由教育部新时代职业名师、国家课程思政名师领衔，国家职业技能竞赛优秀指导教师、企业技术能手等共同组成的高水平结构化编写团队全面保障教材质量。本书具有如下特点：

1. 价值引领，促进思政育人。秉承“立德树人”的根本宗旨，以扎根城轨服务一线，保障乘客安全畅行为主线，将与党的二十大精神紧密联系的“交通强国”“工匠精神”“创新精神”等元素有机融入知识技能点和配套资源中，着力培育和践行社会主义核心价值观，加强中华优秀传统文化教育，深化职业理想和职业道德教育，促进思政育人有载体、能落地。

2. 理实一体，凸显职教特色。按照岗位“生手-新手-熟手-能手”能力体系的要求以及车站设备“日常检查-基本操作-故障处置”方式，将教学内容由易到难进行模块化设计，对接智慧城轨新技术、新标准、新规范，并融入杭州地铁等实际案例实现教学场景真实化，以适应人才培养模式创新和优化课程体系的需要，突出理论和工程实践相统一的特色，强调实践性。

3. 数字赋能，破解教学难题。依托轨道交通国家生产性实训基地，校企共同开发自动扶梯运行原理、站台门开关作业等微课、动画，形象地呈现车站设备结构和运行原理，展示车站设备操作规范；制作杭州、宁波等地铁车站的特色资源，营造沉浸式学习环境，有效破解车站设备“操作不了”、故障“设置不了”等教学瓶颈。

4. 系统设计，助力课堂教学。编写团队系统性设计了配套教学资源，包括课程标准、授课计划、电子课件、课后习题及答案、动画、测验试卷等，素材丰富、资源立体，新旧媒体融合，教学资源可通过扫描书上的二维码在线学习，全部资源可通过智慧职教平台、浙江省高等学校在线开放课程共享平台的在线课程进行学习，助力实现线上线下混合式教学改革。

本书由浙江交通职业技术学院周静担任主编并负责策划、统稿；杭州市地铁集团有限责任公司卢婷、浙江交通职业技术学院付杰担任副主编；浙江交通职业技术学院白继平、杭州杭港地铁有限公司李雷雷担任主审。编写人员及分工如下：浙江交通职业技术学院付杰、绍兴市轨道交通集团有限公司运营分公司陈越锋编写模块1、2，浙江交通职业技术学院瞿心昱、浙江幸福轨道交通运营管理有限公司王帅编写模块3、8，浙江交通职业技术学院周静、安徽交通职业技术学院朱永霞、山东职业学院曹竣凯、杭州地铁集团有限责任公司卢婷编写模块4～模块6，浙江交通职业技术学院张涛、上海交通职业技术学院阎国强编写模块7。此外，杭州地铁运营有限公司黄钰雯参与教材编写的相关资料整理工作。

本书在编写过程中，得到了杭州地铁、杭州杭港地铁、宁波轨道、南京地铁等公司的大力支持，在此向提供帮助的有关专家表示衷心感谢。

为编写本书编者参阅了大量的专业书籍和刊物上的专题文章，书末列出了参考文献，在此对其作者表示衷心感谢。由于我国各城市轨道交通运营企业制定的相关政策、采用的轨道交通设备存在差异，限于掌握的资料和编者水平，书中定有不少缺点和疏漏，恳请读者提出宝贵意见，以便今后修订与完善。联系邮箱：zhoujing@ zjvtit.edu.cn。

编者

2024年12月

第1版 前言

本书主要面向城市轨道交通运营企业站务岗位或岗位群编写。编者通过深入企业调研，仔细分析站务人员的典型工作任务，以介绍其日常工作所涉及的车站设备为本书的主要内容，包括站务人员对相关车站设备的定期检查和基本操作、设备故障及应急处置，以及满足该技能实际需求的设备原理、结构、功能等基础知识。本书以党的二十大精神为引领，通过课程思政拓展案例、课后拓展知识等形式将“交通强国”“数字轨道”“节能环保”等元素有机融入教材。

在本书的编写过程中，编者参考了一些城市轨道交通运营企业站务方面的资料，并将站务人员关于车站设备所必需的基本技能加以归纳汇总，再将这些技能要求融入书中的每个单元。读者可在掌握必要的结构原理知识后，通过一些思考练习或工作任务，切实掌握站务人员的实际技能。全书图文并茂，语言描述充分考虑教学的实际需求。

本书为高等职业教育城市轨道交通新形态一体化教材之一。全书共分为8个单元，主要内容包括：城市轨道交通车站设备概述，自动售检票系统，电梯、自动扶梯及无障碍设施，站台安全门系统，车站消防系统，车站给排水系统，车站暖通空调与环控系统，低压配电与照明系统。单元中包含知识体系、学习目标、拓展知识、习题及思考等环节。

本书以智慧职教（www.icve.com.cn）上运行的数字课程为载体，通过手机扫描二维码的方式，浏览相关电子资源，方便有效地辅助师生完成课前、课中和课后的教学，有助于实现线上、线下相结合的混合式教学改革，可供高职、中职院校城市轨道交通类专业教学选用，亦可供从事城市轨道交通站务、乘务、机电维修等工作的技术或管理人员参考。

本书由浙江交通职业技术学院周静担任主编并负责统稿，杭州杭港地铁有限公司卢婷担任副主编，浙江交通职业技术学院白继平、杭州杭港地铁有限公司李雷雷担任主审。其他编写人员及分工如下：浙江交通职业技术学院付杰（编写单元1、2），浙江交通职业技术学院瞿心昱（编写单元3、8），浙江交通职业技术学院周静（编写单元4、5、6），浙江交通职业技术学院张涛（编写单元7）。此外，杭州地铁运营分公司黄钰雯参与教材编写的相关资料整理工作。

本书在编写过程中得到了杭州地铁、宁波地铁、南京地铁等公司的大力支持，在此向提供帮助的有关专家表示衷心的感谢。此外，本书在编写过程中也参阅了大量专业书籍和报刊上的专题文章，书末列出了参考文献，在此对原作者表示衷心的感谢。

由于我国各城市轨道交通运营企业制定的相关政策、采用的轨道交通设备存在差异，限于掌握的资料和编者水平有限，书中定有不少缺点和疏漏，恳请读者给予批评指正。

编者

2022年11月

目录

模块1 走进城市轨道交通车站

知识体系

- 走进城市轨道交通车站
  - 城市轨道交通车站的认识
    - 城市轨道交通车站的作用
    - 城市轨道交通车站的构成
      - 车站主体
      - 车站附属建筑物
    - 城市轨道交通车站的分类
      - 按车站与地面相对位置分类
      - 按站台线路分类
      - 按运营功能分类
  - 城市轨道交通车站设备的认识
    - 自动售检票系统
    - 电梯与自动扶梯系统
    - 站台门系统
    - 车站消防与给排水系统
    - 车站暖通空调与环控系统
    - 车站环境与设备监控系统
    - 低压配电与照明系统

建议学时

2 学时

学习目标

1. 了解城市轨道交通车站的作用。

2. 了解城市轨道交通车站的分类。
3. 了解城市轨道交通车站的构成。
4. 掌握城市轨道交通车站主要设备的功能。

1.1 城市轨道交通车站的认识

1.1.1 城市轨道交通车站的作用

城市轨道交通车站是城市轨道交通系统中最重要的组成部分,它是旅客上下车、换乘和候车的场所,需要具备良好的通风,以及舒适、清洁的环境。同时,车站也是列车到发、通过、折返、临时停车的地点,应容纳主要的技术设备和运营管理系统,从而保证城市轨道交通的安全运行。

电子教案 城市轨道交通车站设备概述

电子课件 城市轨道交通车站设备概述

微课 城市轨道交通内涵及发展

城市轨道交通车站多设置在城市内部,往往具有浓厚的地方特色或者历史文化特色,是城市建筑艺术整体的一部分。一条线上各车站在结构和建筑艺术上,既要有共性,又要有各自的个性。杭州地铁车站如图1-1所示。

图1-1 杭州地铁车站

1.1.2 城市轨道交通车站的构成

与国家铁路车站相比,城市轨道交通车站的行车作业流程相对简单,不办理货运和列车编组作业,也很少办理越行和会让等作业,但是其空间结构设计、施工方法要比国家铁路车站更复杂。

城市轨道交通车站一般由车站主体(站台、站厅、设备用房等)、车站附属建筑物(出入口及通道、通风亭等)两大部分构成。

微课 城市轨道交通车站概念及分类

1. 车站主体

城市轨道交通车站主体是列车的停车点,不仅要供乘客上下车、集散、候车,同时也是办理运营业务和设置运营设备的地方。根据使用功能的不同,车站主体可分为乘客使用区和车站使用区两大部分。

(1) 乘客使用区

乘客使用区是直接为乘客提供乘降、集散和候车服务的地方,是车站构成中的一个重要组成部分，它的设计代表着一个城市的风格与特色。

根据服务环节乘客使用区可划分为多种功能区域，例如，出入口区、售票区、检票区、信息服务区、楼梯区、乘降区等。其中，售票区、检票区、信息服务区、乘降区等提供票务、信息和乘车等客运服务的区域称为服务区域，出入口区、楼梯区等连接不同厅层和服务区域的区域称为连接区域。

根据乘车权限乘客使用区可划分为付费区和非付费区。站厅层检票闸机以内部分和站台层属于付费区，站厅层检票闸机以外及出入口和通道层属于非付费区。非付费区与出入口及通道相连，以检票闸机为界限，乘客在该区域无乘车权限。在该区域内会设置售票区、查询区、银行、公用电话等公共设施。

（2）车站使用区

车站使用区主要供车站工作人员使用，直接或间接为列车运行和乘客提供服务，一般分别设在站厅层和站台层的两端，包括运营管理用房、设备用房和辅助用房三部分。运营管理用房主要包括站长室、行车值班室、会议室、公安安全室、清扫员室等，用于保证车站正常运营和营业秩序。设备用房主要包括环控室、变电所、信号室、泵房、票务室及附属用房等，这些用房与乘客无直接关系，一般设在离乘客较远的地方。辅助用房主要包括卫生间、储藏室、茶水间、会议室交接班等，是为了保障车站内部工作人员正常工作、生活所设置的地方。

2. 车站附属建筑物

车站附属建筑物涉及的地面站房、出入口及风亭均需结合所在地区城市规划，其地面部分的立面设计要做到简洁、大方，与周围环境相协调。出入口及通道是供乘客进、出车站的建筑设施，出入口的数量应根据车站情况并按照车站远期预测客流量计算确定，一般不宜少于 4 个。通风亭是地铁车站及区间隧道与外界进行空气交换的端口，是地铁通风空调系统不可缺少的部分。作为地铁线路和车站的地上附属建筑，每一个区间段或车站附近都需设 3~8 个通风亭。

1.1.3　城市轨道交通车站的分类

1. 按车站与地面相对位置分类

根据车站与地面的高低位置关系，可以把车站分为地下车站、地面车站及高架车站。

（1）地下车站

如图 1-2 所示，地下车站一般由地面出入口、中间站厅、地下站台三个主要部分组成。

① 地面出入口。地面出入口是车站的门户，是客流集散的第一通道。

② 中间站厅。为了不占用地面空间，地下车站的中间站厅一般设在地下一层，其主要功能是：集散客流、售检票、服务、设置管理与设备用房。

③ 地下站台。设在地下二层，供列车停靠、乘客乘降的功能层，由站台与线路、乘降设备等组成。

图 1-2　地下车站

（2）地面车站

如图 1-3 所示，地面车站设在地面上，建筑风格与周围的环境相协调,其大小会受地面空间资源限制。这种车站在城市中心范围内建设较少。

(3)高架车站

如图1-4所示,高架车站是月台等车站设施均架设于高架构造物之上、离地面有一定高空落差距离的车站。高架线路一般位于中心城外的地面上。高架站多采用双层设计,站台层在上方,站厅层在下方,也可以利用高架桥下的站外广场。

图1-3 地面车站

图1-4 高架车站

2. 按站台线路分类

城市轨道交通车站按站台线路可分为岛式站台、侧式站台以及混合式站台。

(1)岛式站台

如图1-5所示,岛式站台又称为中置式站台、中央站台,站台位于上、下行车线路之间。岛式站台总宽度较侧式站台小,与站台相关的设备(如电动扶梯)只需购置一组,可降低投资及运营成本,较易于监控,旅客若搭错路线易于换线返回;但其具有面积受限制的缺点。青岛地铁3号线部分车站站台、北京地铁1号线由八宝山站起往东的站台及北京地铁2号线所有站台均为岛式站台。

(2)侧式站台

如图1-6所示,侧式站台又称为相对式站台或对向式站台,站台位于上、下行车线路的两侧。侧式站台的上行与下行乘客分别在各自的站台上、下车,不会发生混合,改建容易;但其利用率较岛式站台低,不可调剂客流,车站管理分散,站台空间不及岛式站台宽阔。上海地铁11号线(迪士尼站)站台、大连地铁2号线会议中心站站台均为侧式站台。

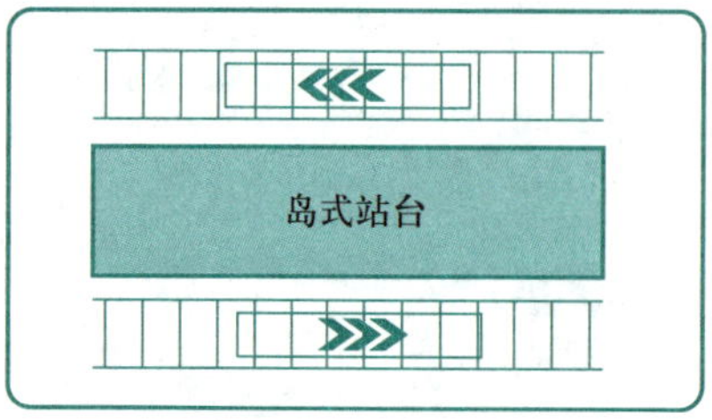

图1-5 岛式站台

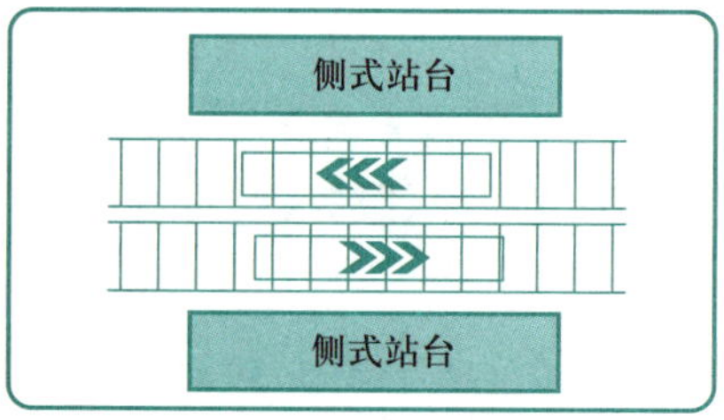

图1-6 侧式站台

(3)混合式站台

如图1-7所示,混合式站台是前面两种站台的集中体现,可根据实际情况更好地利用车站站台。现在的大型车站一般都为混合式站台。

3. 按运营功能分类

为了按特定的列车运行计划实现不同车站间客流的输送任务,根据运营功能车站可以分为中间站、折返站、换乘站、枢纽站、联运站和终点站。

(1) 中间站

中间站是轨道交通线路中最常见的一种车站,仅供乘客上下车使用,功能单一。少数中间站还设有具备临时停车功能的配线,以便在列车出现故障时进行及时的行车调整。

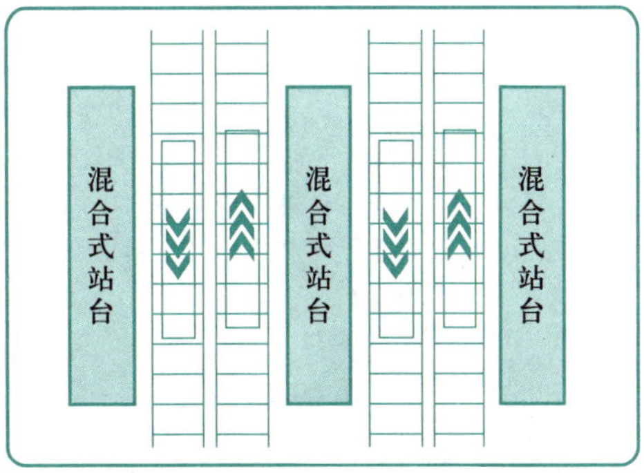

图 1-7　混合式站台

(2) 折返站

折返站(又称为区域站)是指“之”字形改变列车运行方向并可会让列车的车站,它是设在两种不同行车密度交界处的车站,站内设有折返线及设备。根据客流量大小合理组织列车运行,可在两个区域站之间的区段上增加或减少行车密度。根据折返线与车站的相对位置可以分为站前、站后、站前站后混合设置等多种折返形式。

(3) 换乘站

换乘站是指供乘客在不同路线之间,在不离开车站付费区及不另行购买车票的情况下进行跨线乘车的车站。

(4) 枢纽站

枢纽站是指多种交通工具集中,上下车和换车的乘客多,各条线路的站点比较集中,用来实现交通方式转换的车站。枢纽站的布置应注意旅客、行人和车辆的安全,尽量使换车乘客不穿越行车道且步行距离最短。

(5) 联运站

联运站内设有两种不同性质的列车线路进行联运及客流换乘。联运站具有中间站及换乘站的双重功能。

(6) 终点站

终点站是指设置在线路两端的车站,对列车而言,终点站也是起点站。终点站可提供列车全部折返的折返线和设备,也可供列车临时停车检修。

1.2　城市轨道交通车站设备的认识

城市轨道交通车站的设备包括自动售检票系统、电梯与自动扶梯系统、站台门系统、车站消防与给排水系统、车站暖通空调与环控系统、车站环境与设备监控系统、低压配电与照明系统等。

1.2.1　自动售检票系统

自动售检票系统简称 AFC(Automatic Fare Collection)系统,即以磁卡和智能卡为车票介质,利用自动售票机(图 1-8)、半自动售票机、自动检票机(图 1-9)、查询机等终端设备,并通过计算机网络实现轨道交通运营中的自动售票、自动检票、自动计费、自动统计的封闭式票务自动系统,可实现城市轨道交通售票、检票、收费、统计、清分、管理等全过程的自动处理。

图 1-8 自动售票机

图 1-9 自动检票机

自动售检票系统的主要特点如下:

① 在原有人工售票的基础上,增设了自动购票机,实现了乘客的自助购票,减少了排队的人数和时间,同时减少了售票人员的工作量,使乘车收费更趋于合理,提高地铁的运营效率和效益。

② 增加自助查询机数量,方便乘客的自助查询。

③ 增设一卡通自动充值,实现自助充值,大大减少了现金流通,可避免人工售票过程中产生的各种漏洞和弊端。

④ 对客流量、运营收入等综合业务信息进行汇总分析,为决策者增强客流分析预测能力。

⑤ 相比人工售检票,城市轨道交通自动售检票系统的运行效率已有很大提高,但客流高峰时,城市轨道交通的拥堵现象依然比较严重。目前国内已有部分城市(如北京、杭州、上海)将移动支付应用在地铁售票中。

自从世界上第一条铁路正式运行以来,售检票系统就成为轨道交通重要的子系统之一。经历了从人工售检票到半自动售检票最后到自动售检票的过程,系统日趋完善。根据系统的动态性分析,城市轨道交通自动售检票系统未来的发展方向如下:

① 标准化。统一系统设备及终端设备,使系统互联互通,采用统一的车票媒介,实现不同路线之间的方便换乘。

② 简单化。将复杂的自动售检票系统通过系统集成来简化乘客的使用操作。通过人性化设计,提高设备的操作效率,更好地实现系统架构。

③ 人性化。根据人体工程学基本原理设计终端设备的人机界面,设计符合乘客操作习惯的方式。

④ 集成化。采用通用件、通信和数据交换技术,构建可靠、安全、易用、可扩展、互联性高的系统架构,是自动售检票系统的要求及发展趋势。

⑤ 国产化。城市轨道交通自动售检票系统的国产化可以摆脱对国外技术的依赖,降低运营成本。

1.2.2 电梯与自动扶梯系统

城市轨道交通地铁每个车站均设有自动扶梯(图 1-10)和电梯乘降设施,可将地面上需乘坐地铁的乘客送入车站站台处或将乘坐地铁下车的乘客送至地面，是地铁车站大运载、无障碍、快捷、舒适便利的主要运输工具。

图 1-10　自动扶梯

电梯由曳引机、控制机、限速器、轿厢、井道与井底装置、总电源开关、通风设备组成。电梯按用途分为客梯、货梯、观光梯、专用梯；按运行速度分为低速梯、快速梯、高速梯、超高速梯；按拖曳系统分为直流电梯、交流电梯。车站除了电梯外，还有自动扶梯。自动扶梯由梯路（变形的板式输送机）和两旁的扶手（变形的带式输送机）组成，其核心部件是两根链条，它们绕着两对齿轮进行循环转动。在扶梯顶部，有一台电动机驱动传动齿轮，以转动链圈。自动扶梯按驱动装置分为端部驱动自动扶梯、中间驱动自动扶梯；按梯路线型分为直线形自动扶梯、螺旋形自动扶梯；按扶手外观分为全透明扶手自动扶梯、半透明扶手自动扶梯、不透明扶手自动扶梯。

相比间隙工作的电梯，自动扶梯的特点如下：

① 输送客运量较大，人流均匀，能连续运送人员。

② 自动扶梯可以逆转，能向上和向下运转，提高设备利用率。

③ 当停电或重要零件损坏需要停车时，可作为普通扶梯使用。

④ 自动扶梯的结构有水平区段，有附加的能量损失，且人员在其上停留时间较长。

⑤ 造价较高。

为保证电梯和扶梯系统安全运行，操作员应每天在电梯和扶梯正式运行前对它们进行外观检查和运行检查。每月进行一次维修保养以延长电扶梯的使用寿命并确保其运行。定期配合特种设备检测机构做好每年一次的电扶梯安全检测。电扶梯使用时应保证电梯的用电、消防、防雷、通风、通道、通信和报警装置等系统安全可靠。为了自身安全，严格控制承载量。轿厢承载超过额定载荷时会超载报警且电梯不能启动，严重超载时会发生溜梯，造成设备损坏或人身伤害事故。电梯在运载货物时应注意重心，将货物放在轿厢中间，不要放在轿厢一边或某一角落。

1.2.3　站台门系统

站台门系统主要由机械和电气两部分构成。站台门从封闭形式上可分为全封闭站台门（图 1-11）和半封闭站台门［全高式（图 1-12）、半高式（图 1-13）］。全封闭站台门通常称作“安全门”，是全立面玻璃隔墙和活动门，将车站站台边缘和列车停靠区域分隔开，适合安装有空调系统的站台，一般为地下站台，是最常用的一种。半封闭站台门通常称作“屏蔽门”，是一道栏杆式玻璃隔墙和活动门，只起到安全和美观的作用，适合没有安装空调系统的站台，一般为地面站台或高架站台。

图 1-11　全封闭站台门

图 1-12　半封闭站台门(全高式)

图 1-13　半封闭站台门(半高式)

站台门作为站台公共区域与轨道列车之间的可控通道,能够在列车进站时配合列车车门动作打开和关闭,为乘客提供上、下车的通道。其主要作用包括:

① 防止乘客或物品因车站客流拥挤或其他原因落入轨道,从而杜绝因此引发的事故、延迟运营与额外成本,保证列车的正常运营,为城市轨道交通实现无人驾驶创造条件。

② 减少列车噪声及活塞风对站台候车乘客的影响,改善乘客候车环境。

③ 更好地管理乘客,避免非工作人员进入隧道。

④ 减少站台区与轨道区之间气流的交换,降低空调系统的运营能耗。

⑤ 对车站整体空间布置进行简化,减少设备容量、数量、土建工程量等投资建设成本,产生良好的社会效益和经济效益。

1.2.4 车站消防与给排水系统

1. 车站消防系统

车站消防系统包括消火栓给水系统、自动喷水灭火系统和气体灭火系统。

(1) 消火栓给水系统

在上海等大城市,消防时可直接从城市管网抽水,不设消防水池。如当地城市管网不能满足消防要求,必须设消防泵和消防水池。消火栓给水系统用水量按同一时间内发生一次火灾考虑。消火栓的水压应保证水枪充实水柱不小于 10 m,栓口处的静水压力不大于 80 MPa。消火栓给水系统服务范围除车站本身外,还包括两地铁车站之间隧道和车站附属的各种连通通道。两地铁车站之间隧道和车站附属的各种连通通道(长度大于 25 m)内均需布置消火栓。消火栓给水系统的特点如下:

① 根据地铁车站的建筑特点和不同的设置部位选用不同形式的消火栓箱。

② 消火栓箱间距按两股水柱同时到达任一着火点布置。车站内消火栓箱最大间距为 50 m,折返线内消火栓箱最大间距为 50 m,区间内消火栓箱最大间距为 100 m。

③ 地铁车站出入口或通风亭的口部应设水泵结合器,并在 40 m 范围内设置室外消火栓。

④ 因为消防泵平时很少运行,为加强消防泵给水的可靠性,要求消防泵具有自动巡检功能。

(2) 自动喷水灭火系统

以往不设置地下商场的地铁车站,一般不设置自动喷水灭火系统。在韩国大邱地铁火灾事故发生后,为进一步提高消防安全,上海市消防局要求所有地铁车站必须设置自动喷水灭火系统,火灾危险等级按中危险级Ⅱ级考虑。自动喷水灭火系统的特点为:系统干管坡度宜与站厅层、站台层顶板坡度一致,以便于降低吊顶高度和系统排水。

(3) 气体灭火系统

地下变电所的重要设备间、车站通信及信号机房、车站控制室、控制中心的重要设备间和发电机房等处,不仅设备昂贵,而且一旦发生火灾将影响整个地铁的安全运营,所以这些地方必须设置气体灭火系统。其灭火原理为稀释氧气,窒息灭火。气体灭火系统的优点是气体喷放时环境温度变化小,且不影响能见度。其缺点是:喷射时噪声大;以气态方式储存,储存瓶组较多;储存压力大,常温下为 15 MPa,高压增加了危险性,也相对容易泄漏,对管道材料以及安装、维护水平要求较高。该系统主要设备元件目前为进口产品,造价较高。

2. 车站给排水系统

城市轨道交通车站所在地一般为城区,周围有较完善的市政给水管网,以市政自来水为供水水源。每个车站由两条不同的城市自来水管引入消防和生活、生产给水管,采用生活、生产用水和消防用水分开的给水系统,分别设置水表及阀门井。水压按卫生器具用水要求和生产用水要求确定。地铁车站用水量包括车站工作人员生活用水量、车站冲洗用水量、环控系统所需冷却补充水量。地铁车站位于地下,市政水压一般能满足生产、生活给水系统水压要求,采用市政给水直接供水给水系统。生产、生活给水干管在站厅层、站台层呈枝状布置,满足各用水点要求。

城市轨道交通车站、区间的污水、废水及雨水均应就近排入市政排水系统,污水应按规定达标后排放。地下车站及地下区间应设置废水泵房、污水泵房和雨水泵房。废水系统包括消防废水、地面冲洗废水、事故排水、结构渗漏水等,这些废水均通过线路排水沟汇流集中到线路区段坡度最低点处的废水泵站集水池内。污水系统主要指车站内卫生间生活污水。在折返线车辆检修坑端部、出入口和局部自流排水有困难的场合需设置局部排水泵房,在地铁洞口及敞开出入口处应设雨水泵房。

1.2.5 车站暖通空调与环控系统

城市轨道交通车站暖通空调与环控系统通过对影响环境的空气温度、湿度、空气流速和空气品质等主要因素的控制,来创造一个适于城市轨道交通车站设备正常运转、人员安全舒适的人工环境。

车站暖通空调与环控系统按系统制式可分为开放式系统和屏蔽式系统两种。系统制式不同,车站站台以及区域空间内的空气状态与温度变化亦有所不同,当采用开放式系统时,车站与区间隧道完全相通,地铁的运行速度与方向直接影响地铁周围的空气参数与温度范围。当采用屏蔽式系统时,车站与外界完全隔离开来,成为两个密闭式的独立空间,它们之间的通风系统完全是各成体系,互不干扰。

1.2.6 车站环境与设备监控系统

为了实现对各车站设备有序的联动控制和监视,在轨道交通车站及控制中心设置了被称为环境与设备监控系统(Building Automatic System,BAS)的自动控制系统,对地铁建筑物及隧道内的环境与空气调节、暖通、给排水、照明、乘客导向、自动扶梯及电梯、站台门系统等建筑设备和系统进行集中监视、控制和管理。它的最终目标是保障车站的正常运营,创造舒适的车站环境;在灾害情况下,可以实现灾害模式控制及联动控制,保证人员和设备安全,尽量减少损失;提高车站设备管理的自动化水平,降低能源能耗,降低车站运营成本。

车站环境与设备监控系统具有的基本功能如下:

① 具有中央和车站二级监控功能。控制中心为主控级,车站为分控级。其控制命令从中央工作站、车站工作站和车站紧急控制盘人工发布或由程序自动判定执行,并具有越级控制功能记忆所需的各种控制手段,对设备操作的优先级遵循人工高于自动的原则。

② 具有执行防灾及阻塞模式功能。能接收车站火灾信息,执行车站防烟、排烟模式;能接收列车区间停车位置信号,根据列车火灾部位信息,执行隧道防排烟模式等。

③ 具有环境监控与节能运行管理功能。通过对环境参数的检测,对能耗进行统计分析,控制通风、空调设备优化运行,通过调整地铁整体环境的舒适度,降低能源消耗。

1.2.7 低压配电与照明系统

低压配电与照明系统在城市轨道交通中占据着举足轻重的地位,它的可靠性、安全性决定了通信、信号、BAS、AFC、FAS(火灾报警系统)以及消防等系统的运行质量,尤其在非正常工况状态下,它是地铁正常运营不可缺少的重要保障。地铁供电电源一般取自城市电网,高压电通过输送或变换,以适当的电压等级供给设备,以保证电源的供应。

根据用电性质不同,地铁供电系统分为两部分:由牵引变电所为主组成的牵引供电系统和以降压变电所为主组成的低压配电与照明系统。

① 牵引供电系统经由牵引变电所,将城市电网的中压配电降压、整流后变换成为城市轨道交通需要的750 V或1 500 V的直流电传递给接触网,以提供列车动力电源。

② 低压配电与照明系统则是以降压变电所为基础,将城市电网10 kV中压配电降压为380 V/220 V或660 V/380 V的低压电,包含两个子系统:低压配电系统和照明系统。低压配电与照明系统是地铁供电系统的重要部分,其主要作用是为低压设备提供和分配电能。

习题及思考

一、不定项选择题

1. 城市轨道交通车站一般由(　　)组成。

A. 设备用房　　B. 车站主体

C. 车站附属建筑物　　D. 出入口

2. 根据车站与地面的相对位置关系,可以将车站分为(　　)。

A. 地上车站　　B. 地下车站　　C. 高架车站　　D. 地面车站

3. 城市轨道交通车站按站台线路可分为(　　)。

A. 岛式站台　　B. 侧式站台

C. 岛、侧混合式站台　　D. 中间站台

4. 车站根据运营功能可以分为(　　)。

A. 中间站　　B. 折返站　　C. 换乘站　　D. 枢纽站

E. 联运站　　F. 终点站

5. 既可提供列车全部折返的折返线和设备,也可供列车临时停车检修的是(　　)。

A. 折返站　　B. 枢纽站　　C. 中间站　　D. 终点站

二、判断题(正确的在括号内画"√",错误的在括号内画"×")

1. 城市轨道交通车站是城市建筑艺术整体的一个有机部分。(　　)

2. 地面车站设在地面上,建筑风格与周围的环境相协调,其大小不受地面空间资源限制。(　　)

3. 地面车站和高架车站可以不考虑环控系统。(　　)

4. 地铁最常见的一种车站是中间站,仅供乘客上、下车。(　　)

5. 折返站可以分为站前、站后、站前站后混合设置等多种折返形式。(　　)

三、简答题

1. 简述城市轨道交通车站的主要功能。

2. 简述城市轨道交通车站的主要分类。

模块2 自动售检票系统

知识体系

职业技能等级证书考证要点
- ◆自动售检票设备的构成和功能；
- ◆自动售检票设备的检查和操作；
- ◆自动售检票设备的故障处置；
- ◆自助购票设备的使用。

- 自动售检票系统
  - 自动售检票系统的认识
    - 自动售检票系统的概念
    - 自动售检票系统的特点
    - 自动售检票系统的架构
    - 自动售检票系统的运营管理模式
  - 自动售检票设备的检查与操作
    - 自动售票机
      - 自动售票机的构成
      - 自动售票机的功能
      - 自动售票机的基本操作
    - 半自动售票机
      - 半自动售票机的构成
      - 半自动售票机的功能
      - 半自动售票机的基本操作
    - 自动检票机
      - 自动检票机的构成
      - 自动检票机的分类
      - 自动检票机的功能
      - 自动检票机的基本操作
    - 自动查询机
      - 自动查询机的构成
      - 自动查询机的功能
  - 自动售检票设备的故障处置
    - 自动售票机基本故障处置
    - 半自动售票机基本故障处置
    - 自动检票机基本故障处置

建议学时

8 学时

学习目标

1. 理解自动售检票系统的概念及特点。
2. 了解自动售检票系统的架构及运营模式。
3. 掌握自动售检票系统设备的基本操作。
4. 了解半自动售检票系统设备的基本操作。
5. 掌握自动售检票系统设备故障处置方法。
6. 了解半自动售检票系统设备故障处置方法。

电子教案
自动售检票系统

2.1 自动售检票系统的认识

电子课件
自动售检票系统

2.1.1 自动售检票系统的概念

微课
自动售检票系统的基本认识

自动售检票(Automatic Fare Collection,AFC)系统是一种取代人工售检票的智能售票、检票、管理的一体化系统,是城市轨道运行系统中的关键子系统,集计算机技术、网络技术、现代通信技术、自动控制技术、大型数据技术、机电一体化技术、模式识别技术、传感技术、精密机械技术等多项新技术为一体(图 2-1)。在城市轨道交通系统中,自动售检票系统以其高度的智能化设计,扮演着售票员、检票员、会计、统计、审计等角色,以数据收集和控制系统实现了票务管理的高度自动化。

我国城市轨道交通的自动售检票系统始建于 20 世纪 80 年代。1979 年,香港地铁首条线路开通时就采用了 AFC 系统,是中国首个 AFC 系统。1999 年,广州地铁 1 号线和上海地铁 1 号线开始使用来自美国 CUBIC 公司的磁卡自动售检票系统,为 AFC 系统在中国的推广奠定了基础。自此,我国结合当时的国情,引入欧美发达国家自动售检票的先进管理经验,逐步建立了适合我国城市轨道交通的自动售检票系统。近年来,互联网技术也逐渐融入我国城市轨道交通的自动售检票系统中,给城市轨道交通的管理带来了实质性的帮助。

拓展知识——自主创新

目前我国城市轨道交通自动售检票系统正不断朝着高度国产化的方向发展,这正是技术人员坚持自主创新,攻坚克难,以突破技术瓶颈实现科技进步,促进可持续发展的重要体现。

2.1.2 自动售检票系统的特点

自动售检票系统具有以下特点:

① 在原有人工售票的基础上,增设了自动购票机,乘客的自助购票减少了排队的人数和时间,降低了售票员的工作量,有效提高了地铁的运营效率和效益。

② 增加自助查询机,方便乘客的自助查询。

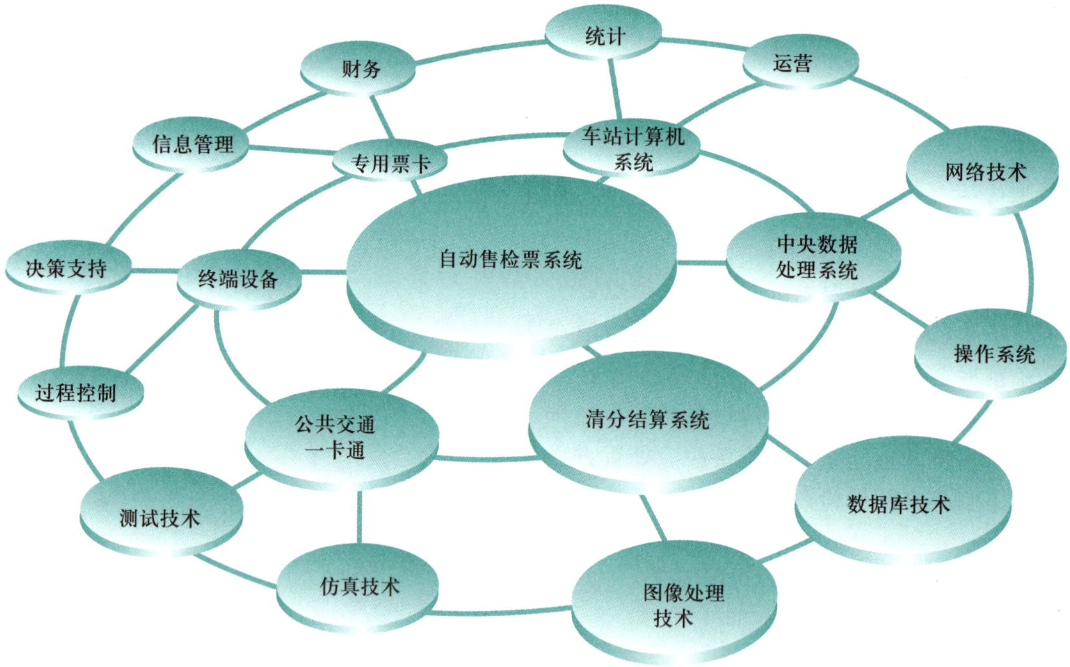

图 2-1 自动售检票系统信息技术和知识领域

③ 增设一卡通自动充值,实现自助充值,减少现金流通,避免人工售票差错。

④ 对客流量、运营收入等综合业务信息进行汇总分析,为决策者增强客流分析预测能力。

⑤ 相比人工售检票,城市轨道交通自动售检票系统的运行效率已有很大提高,但客流高峰时,城市轨道交通的拥堵现象依然比较严重。目前国内已有部分城市(如杭州、上海等)将移动支付应用在地铁售票中。

2.1.3 自动售检票系统的架构

在多线路组成的城市轨道交通网络中,根据投资主体、运营管理、换乘方式、轨道交通线网的构成方式以及票务处理、票务分析和票务结算系统的需求,可以确定自动售检票系统的基本结构。根据不同的需求,AFC 系统架构可分为线路式架构、分散式架构、区域式架构、分级集中式架构 4 种。

城市轨道交通的 AFC 系统通常采用分级集中式架构,即以一条线路作为控制对象进行系统设置,针对每一条线路设置一套 AFC 系统,整个线网设置一个路网中心,路网中心负责获取全路网交易数据,确定各线路的换乘结算方式和数据公共接口,除了对各线路的运营票款进行结算外,还对跨线交易数据进行实时清分。

目前,国内外城市轨道交通已建和在建线路的 AFC 系统都是按照“系统结构简单、扩充灵活、经济合理、管理方便”的原则设计的,基于此原则构建的五层 AFC 系统架构已是目前国内外各城市的主要设计方案,如广州、上海等城市地铁中已得到了广泛应用。AFC 系统的层级结构是按照全封闭的运行方式,以计程收费模式为基础,采用非接触式 IC 卡为车票介质,根据各层级设备和子系统各自的功能、管理职能和所处的位置进行划分。AFC 系统的五层总体架构如图 2-2 所示,第一层是轨道交通清分中心系统(ACC),第二层是线路中央计算机系统(LC),第三层是车站计算机系统(SC),第四层是车站终端设备(SLE),第五层是车票(IC)。

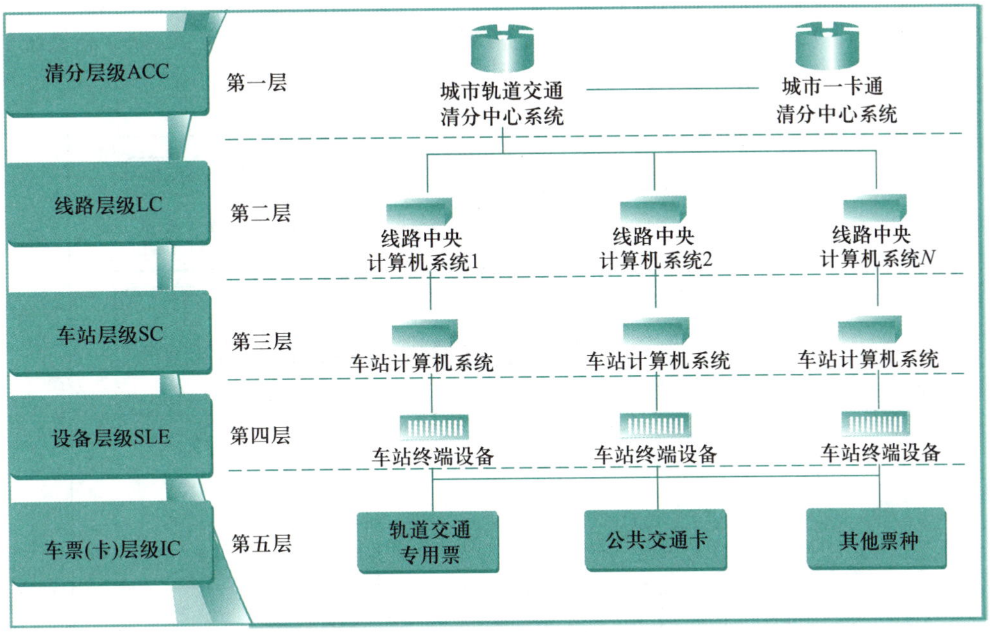

图 2-2 AFC 系统的五层总体架构

北京地铁自动售检票系统架构如图 2-3 所示,其由三层架构组成,第一层是线路中央计算机系统,第二层是车站计算机系统,第三层是车站终端设备。

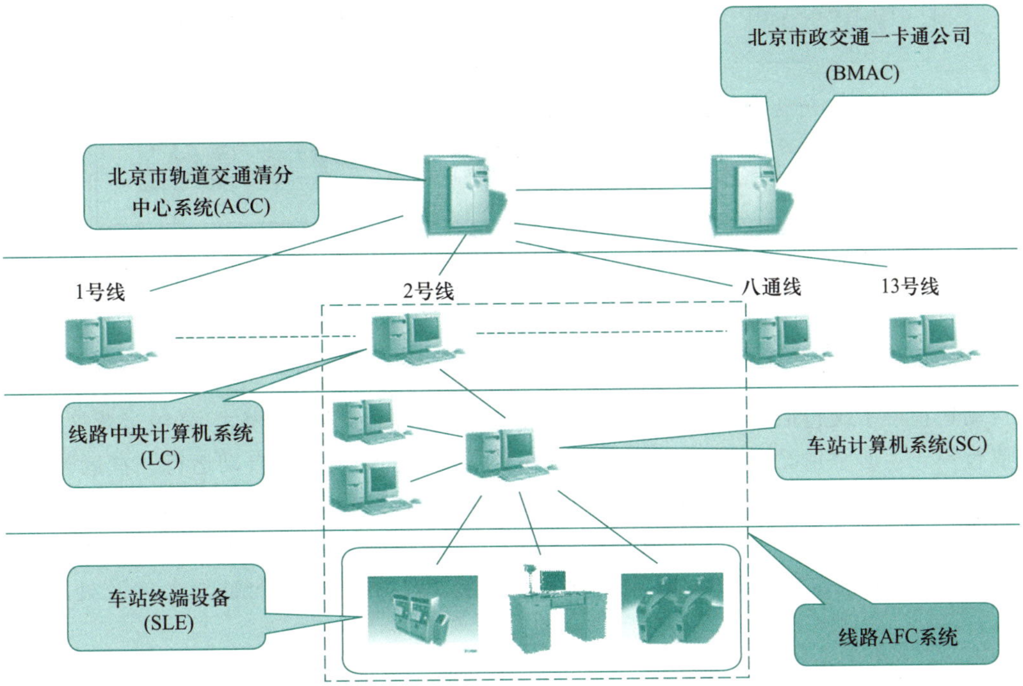

图 2-3 北京地铁自动售检票系统架构

为提高运营服务质量,有的轨道交通公司将互联网支付技术引入自动售检票系统中,如杭州是全国首个实现移动支付全覆盖的城市。杭州地铁自动售检票系统由车站计算机系统(SC)、线路中央计算机系统(LC)、清分中心系统(ACC)构成,其车票类型更加丰富,清分中心系统通过多种网络技术与电子支付业务平台互联互通,如图2-4所示。

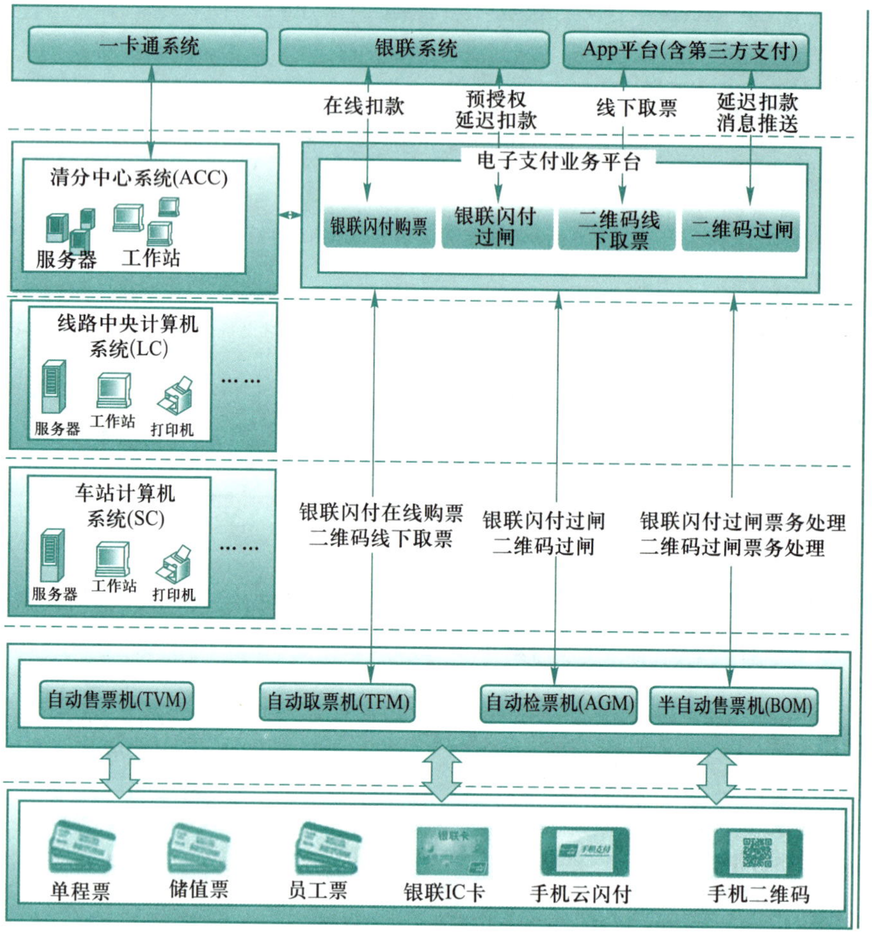

图2-4 杭州地铁自动售检票系统总体架构

2.1.4 自动售检票系统的运营管理模式

自动售检票系统包括三种运营管理模式(图2-5):正常运营管理模式、降级运营管理模式和紧急放行模式。通常情况下,自动售检票系统在正常运营管理模式下自动运行。在运营过程中,当出现特殊情况,为保证客运安全和运营收益,根据实际情况,设定系统进入相应的降级运行管理模式。在运营过程中,当车站或列车发生火灾、爆炸等危及乘客和工作人员安全的紧急情况,需要乘客紧急撤离车站时,应启用紧急放行模式。不同模式的触发条件及处理方法见表2-1。

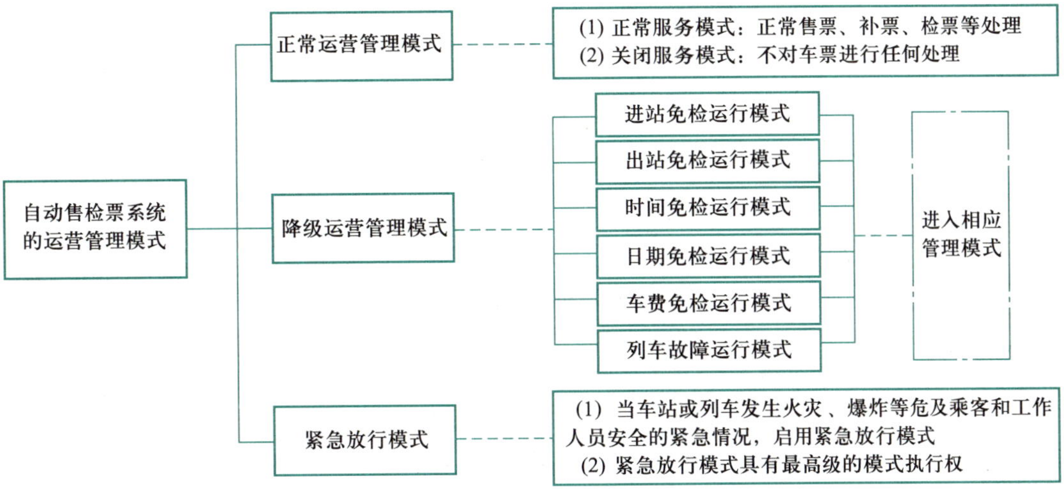

图 2-5　自动售检票系统运营管理模式

表 2-1　不同模式的触发条件及处理方法

序号	模式	触发条件及处理方法
1	正常运营管理模式	正常运营管理模式为系统默认模式，在该模式下，车站 AFC 设备进行正常状态下的售补票及检票等业务处理。车站 AFC 设备在运营开始时自动进入正常服务模式
2	进站免检运行模式	为应对大客流进站、设备故障及特殊运营需要，启用“进站免检运行模式”，在该模式下，乘客进站不需要检票直接进站
3	出站免检运行模式	为应对大客流出站、设备故障及特殊运营需要，启用“出站免检运行模式”，在该模式下，乘客不刷卡出站，出站单程票由人工回收
4	时间/日期免检运行模式	因系统故障（时钟错误）或列车延误导致车票过期或乘客超时，可对相关联车站执行该模式，免于对车票进行有效期和超时检查
5	车费免检运行模式	如果某车站发生事故或因故障关闭，导致列车越过该站在前方站停车，AFC 系统将前方站设为“车费免检运行模式”，出站闸机不检查车票超程和超时，回收所有的单程票，储值票扣除最少车费
6	列车故障运行模式	当地铁因故不能正常运营时，AFC 系统将相关联车站设置为“列车故障运行模式”。在该模式下，该车站不发售车票，禁止进站。由本站进站的单程票出站不回收，并可以在半自动售票机上进行退票，储值票出站不扣费
7	紧急放行模式	当发生紧急情况需要乘客紧急撤离车站时，事发车站进入“紧急放行模式”。该模式具有最高级的模式执行优先权。在紧急放行模式下，各类检票机全开，乘客不检票直接出站。单程票出站不回收，可以在规定日期内，在半自动售票机上进行退票。储值类车票不检票直接出站，可以在规定日期内，在半自动售票机进行票卡的更新，不扣取费用

2.2 自动售检票设备的检查与操作

2.2.1 自动售票机

1. 自动售票机的构成

微课
自动售票机的结构、功能和基本操作

自动售票机(Ticket Vending Machine,TVM)安装于车站非付费区,由乘客自行操作,自助购买车票。自动售票机有无找零模式、只收硬币模式、只充值模式、只售单程票模式、关闭模式、维修模式等。当出现故障时,自动售票机自动发出报警信息并自动转为维修模式。

自动售票机以主控单元为核心,辅以现金处理装置、车票处理装置、乘客显示器、打印机、电源等模块,还可以根据需要配置触摸屏、运营状态显示器、银行卡读写器及密码键盘等部件,其总体架构如图2-6所示。

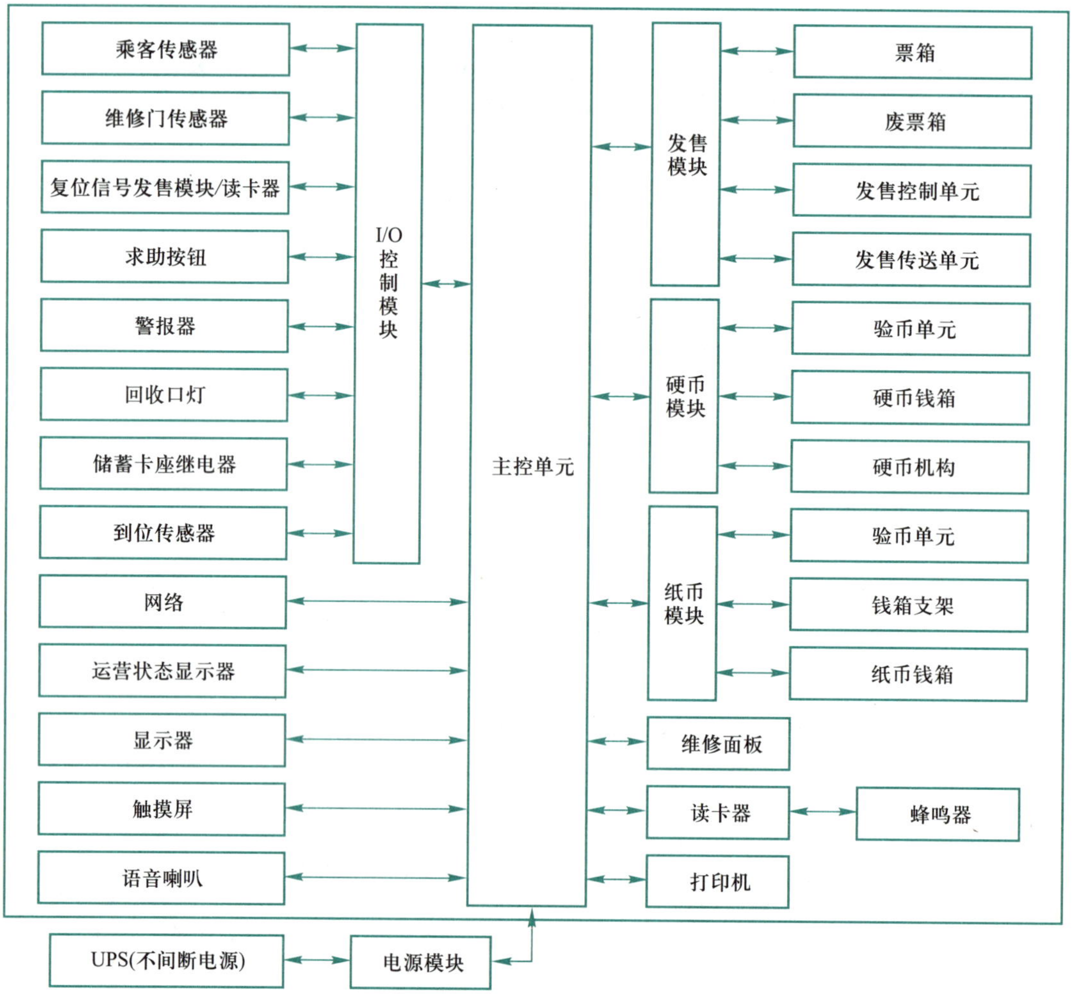

图2-6 自动售票机的总体架构

自动售票机外观结构和内部结构分别如图 2-7~图 2-9 所示。

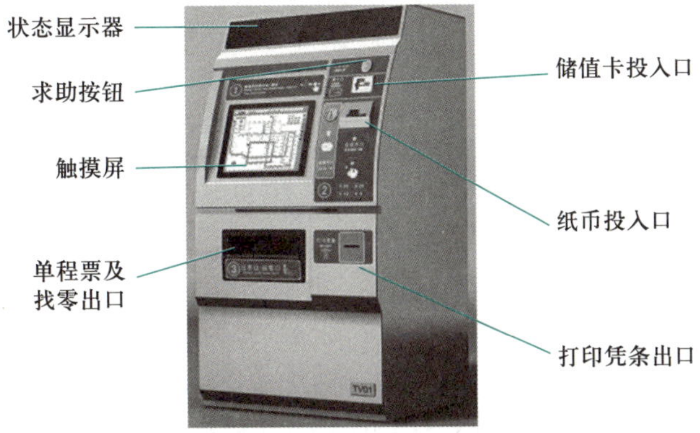

图 2-7 自动售票机外观结构

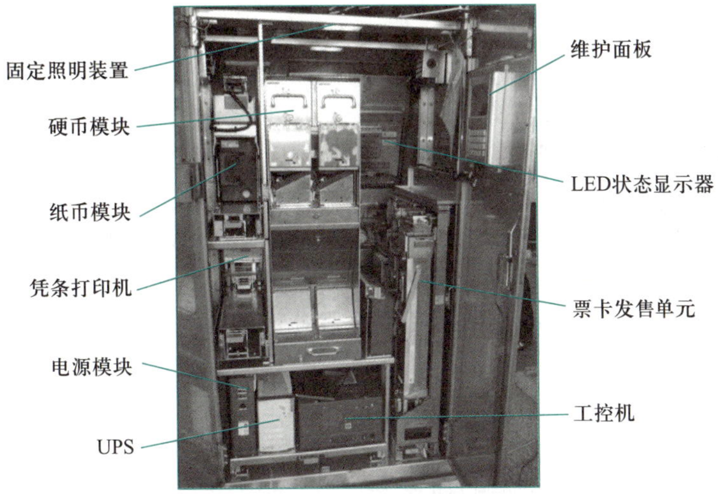

图 2-8 自动售票机内部结构(一)

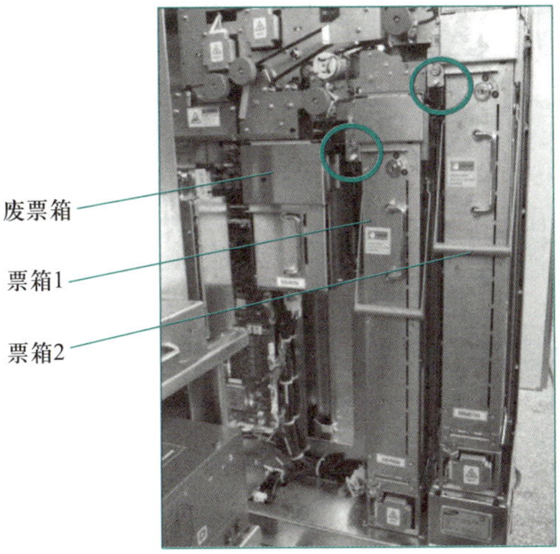

图 2-9 自动售票机内部结构(二)

2. 自动售票机的功能

自动售票机的基本功能是通过乘客的自助操作来完成售票。自动购票的基本过程包括购票选择、接收购票资金、自动出票及找零等,必要时还可包括购票凭证打印等。

自动售票机的应用功能包括:

① 接受乘客的购票选择,并在购票过程中给出提示信息及操作指导。

② 接受乘客投入的现金(或储值票、信用卡等其他付费介质)并自动完成识别,对无法识别的现金(或储值票、信用卡)予以退还。

③ 计算乘客投入的现金数量及购票金额,自动找零。

④ 完成车票校验、车票赋值及出票。

⑤ 对各部件的工作状态进行自动监测。

⑥ 接受车站计算机系统下发的参数和控制命令,并执行相应的操作。

⑦ 对本机接受的现金及维护操作进行管理。

⑧ 存储并向车站计算机系统上报状态信息和交易数据。

3. 自动售票机的基本操作

自动售票机设置于车站非付费区内,主要为乘客购单程票提供服务。自动售票机主要的功能模块有纸币接收模块和硬币处理模块。

① 纸币接收模块。主要由纸币识别器、纸币钱箱(1个)、找零补币箱(2个)、废币箱(1个)等组成。纸币钱箱一般可容纳1 400张纸币,找零补币箱可容纳500张纸。

② 硬币处理模块。主要由硬币识别器、暂存器、循环找零器、硬币补币箱及储币箱组成。1台自动售票机可安装1个储币箱,可分别接受1元、5角两种硬币,最多可存放混合硬币20 000枚。1台自动售票机配置2个找零补币箱,每个找零补币箱最多可存放1元硬币700枚(目前5角硬币不参与找零)。

(1) 票务人员操作

票务人员对自动售票机操作的流程和界面分别如图2-10、图2-11所示。票务人员对自动售票机的操作说明(以某地铁公司为例)如表2-2所示。

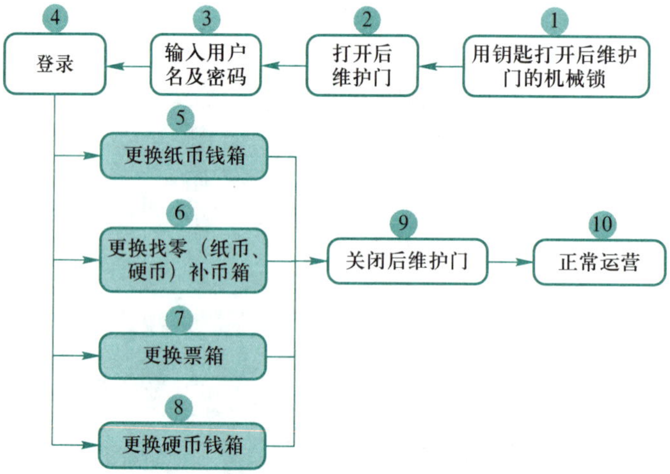

图2-10 票务人员对自动售票机的操作流程

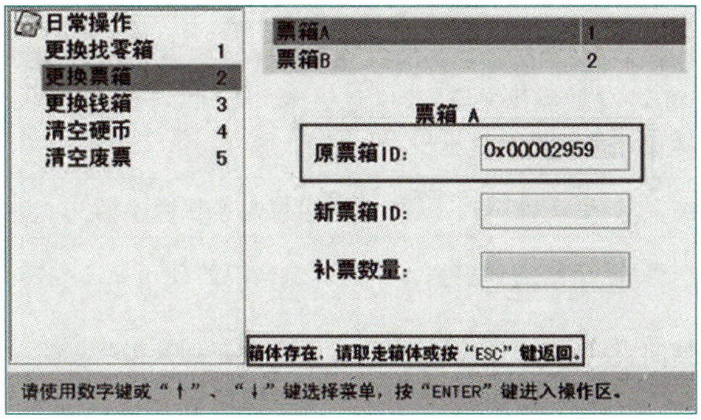

图 2-11　票务人员对自动售票机操作的界面

表 2-2　票务人员对自动售票机的操作说明

更换票箱（不同岗位操作权限不同）	
概述和说明	① 每日运营开始前，车站员工需根据车站客流情况对票箱 1、票箱 2 补充一定数量的单程票。 ② 每日运营结束后，需要卸下票箱，收回票箱内余下未发的票卡。 ③ 运营期间，如遇自动售票机因票箱空/空车票处理模块报警，需根据运营需求判断是否及时补充票卡
操作流程	① 打开维护门，登录维护界面，依次选择【日常操作】→【更换票箱】→【票箱 1/票箱 2】菜单命令，按下【Enter】键，此时维护界面会显示当前所在票箱的 ID，并提示票务员取走票箱。 ② 拉出车票处理模块，取走票箱后，操作界面提示区会提示票箱已经取走。 ③ 装入票箱后，操作界面提示区会提示装入成功并显示新票箱的 ID；设置补票数量，在维护面板修改补票数量（此票数应为新票箱的绝对票数），按下【Enter】键，等待返回结果，将模块推回原位。 ④ 更换结束后，维护打印机自动打印维护小票，关上后维护门，乘客显示屏恢复正常业务模式，操作结束
清空废票（不同岗位操作权限不同）	
概述和说明	① 每日运营结束后，车站需要将废票箱清空。 ② 运营期间，废票箱模块报警，车站需要进行处理
操作流程	① 打开后维护门，登录维护终端，依次选择【日常操作】→【更换废票箱】菜单命令，按下【Enter】键，维护界面会显示当前废票箱的 ID，并提示取走废票箱。 ② 拉出车票处理模块，按照操作界面提示区的提示进行操作。 ③ 装入新的废票箱后会显示当前废票箱的 ID，按下【Enter】键，等待维护界面返回安装结果。 ④ 更换成功后将模块推回原位，维护打印机自动打印维护小票，关上后维护门，乘客显示屏恢复正常业务模式
清空硬币（不同岗位操作权限不同）	
概述和说明	① 运营结束后，回收硬币钱箱前需要清空硬币找零箱 1、硬币找零箱 2、循环找零箱中的硬币。 ② 运营期间，硬币钱箱模块“满”或“将满”报警，需要及时清空硬币找零箱 1、硬币找零箱 2、循环找零箱中的硬币

续表

操作流程	① 打开后维护门,登录维护终端,依次选择【日常操作】→【清空硬币】→【硬币找零箱1】/【硬币找零箱2】/【循环找零箱】菜单命令,按下【Enter】键。 ② 听到硬币掉落的声音结束后,再等待界面提示清空结果
更换硬币找零箱(不同岗位操作权限不同)	
概述和说明	① 每日运营前,车站需要根据本站的客流情况给硬币循环找零箱(1或2)添加硬币用于找零(1元)。 ② 运营期间,硬币找零箱模块报警,需要及时添加硬币
操作流程	① 打开后维护门,登录维护终端,依次选择【日常操作】→【更换找零箱】→【找零箱1/找零箱2】菜单命令,按下【Enter】键,此时界面会返回当前找零箱的ID。 ② 找到对应找零箱解锁后取出,装上新的找零箱并上锁,界面会提示当前操作流程钱箱ID。 ③ 修改补币数量,按下【Enter】键,等待返回结果,界面提示效果参照更换票箱的操作。 ④ 更换结束后,维护打印机自动打印维护小票,关上后维护门,乘客显示屏恢复正常业务模式,操作结束
更换硬币钱箱(不同岗位操作权限不同)	
概述和说明	① 每日运营结束后,需要卸下硬币钱箱,收回钱箱内的硬币。 ② 运营期间,硬币钱箱模块“满”或“将满”报警,需要及时清空硬币钱箱
操作流程	① 打开后维护门,乘客显示屏显示“暂停服务”,登录维护终端,依次选择【日常操作】→【更换钱箱】→【硬币钱箱】菜单命令,按下【Enter】键,此时界面会返回当前硬币钱箱的ID。 ② 取出硬币钱箱。 ③ 装入新的硬币钱箱,流程为取出硬币钱箱的反流程。注意:推入硬币钱箱后,手不要放开,顶住箱子,然后再锁上。 ④ 等待界面显示装入箱子的ID及操作结果。 ⑤ 更换结束后,维护打印机自动打印维护小票,关上后维护门,乘客显示屏恢复正常业务模式,操作结束。 注:在更换硬币钱箱前一定要进行【日常操作】→【清空硬币】操作
更换纸币钱箱(不同岗位操作权限不同)	
概述和说明	① 每日运营结束后,需要卸下纸币钱箱,收回钱箱内的纸币。 ② 运营期间,纸币钱箱模块“满”或“将满”报警,需要及时清空纸币钱箱
操作流程	① 打开后维护门,登录维护终端,依次选择【日常操作】→【更换钱箱】→【纸币钱箱】菜单命令,按下【Enter】键,此时界面会显示当前纸币钱箱的ID。 ② 按操作指示依次解锁并取出纸币钱箱。 ③ 将空钱箱装回,等待维护界面显示新钱箱ID及操作结果。 ④ 更换结束后,维护打印机自动打印维护小票,关上后维护门,乘客显示屏恢复正常业务模式,操作结束
更换纸币找零箱(不同岗位操作权限不同)	
概述和说明	① 每日运营前,车站需要根据本站的客流情况给纸币找零箱添加纸币用于找零(10元/5元)。 ② 运营期间,纸币找零箱模块报警,需要及时添加找零纸币

续表

操作流程	① 打开后维护门，乘客显示屏显示“暂停服务”。 ② 登录维护终端，依次选择【日常操作】→【更换钱箱】→【纸币找零箱】菜单命令，按下【Enter】键。 ③ 取下纸币找零箱 1、纸币找零箱 2，拿到票务室进行相应操作
纸币废线箱操作（不同岗位操作权限不同）	
概述和说明	① 每日运营结束后，需要卸下纸币废钱箱，收回钱箱内的纸币。 ② 运营期间，纸币废钱箱模块“满”或“将满”报警，需要及时清空
操作流程	① 打开后维护门，乘客显示屏显示“暂停服务”，登录维护终端，依次选择【日常操作】→【更换钱箱】→【纸币废钱箱】菜单命令，按下【Enter】键，此时界面会返回当前纸币废钱箱的 ID。 ② 取出纸币废钱箱。 ③ 等待维护界面显示操作结果。 ④ 更换结束后，维护打印机自动打印维护小票，关上后维护门，乘客显示屏恢复正常业务模式，操作结束
模式操作（不同岗位操作权限不同）	
概述和说明	故障机器需维持运营或故障修复后要继续使用时，设置相应的模式
操作流程	① 打开后维护门，乘客显示屏显示“暂停服务”，登录维护终端，依次选择【管理操作】→【功能设置】菜单命令，并选择相应的模式，按下【Enter】键（站务员无该权限）。 ② 等待维护界面显示操作结果

票务人员对自动售票机的操作步骤见表 2-3。

表 2-3　票务人员对自动售票机的操作步骤

任务模块	操作步骤	图示
更换票箱	（1）取出票箱： ① 按压托盘升降阀红色按钮，托盘下降；② 将票箱模块上、下两个票箱限位器打至垂直位；③ 将票箱从票卡处理模块中取出	
	（2）装入票箱： ① 将单程票已补好的票箱装入票卡处理模块中；② 将票箱模块上、下两个票箱限位器打至水平位固定；③ 按压托盘升降阀绿色按钮托盘上升，将票卡处理模块推回原位	

续表

任务模块	操作步骤	图示
更换纸币钱箱	(1) 拉出纸币模块:将模块右侧面下方的拉环向上提,同时向左90°转动纸币模块	
	(2) 取出纸币钱箱:插入钥匙向右转动45°,同时向上打开按扣	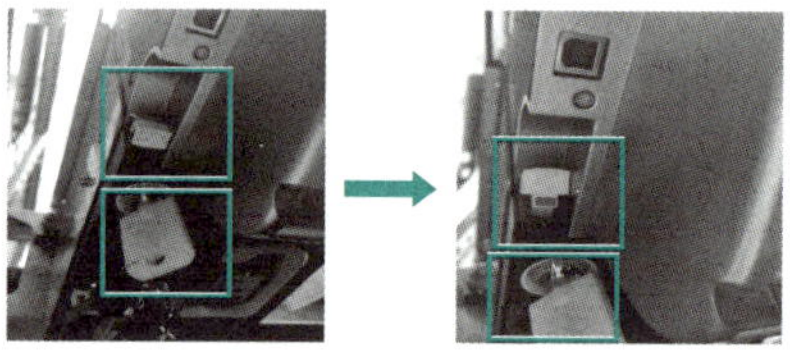
	(3) 取出纸币 ① 握住黄色手柄往外拉,取出纸币钱箱,找到纸币钱箱体上的钥匙孔,插入专用钥匙向右转动90°后,打开纸币钱箱盖;② 一手拉开黄色卡板,一手取出纸币	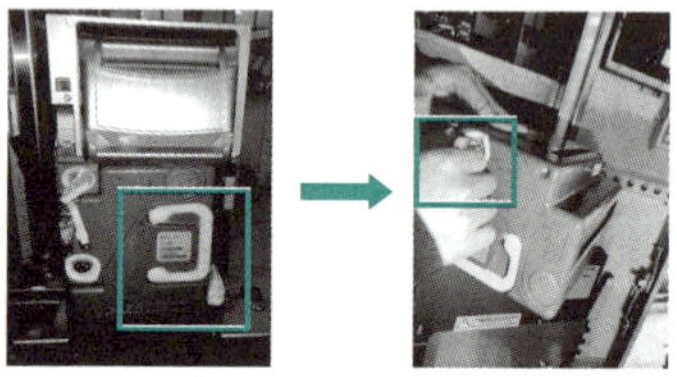
	(4) 按相反顺序操作装回纸币钱箱	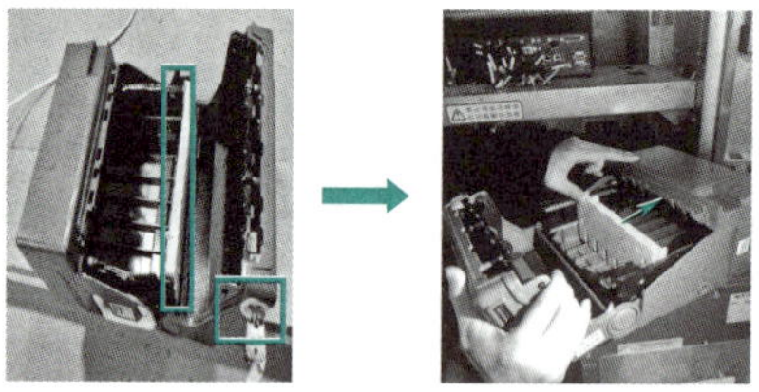
更换纸币找零钱箱	(1) 按压对应纸币找零钱箱的绿色按钮后,纸币找零钱箱向外弹出,取出纸币找零钱箱	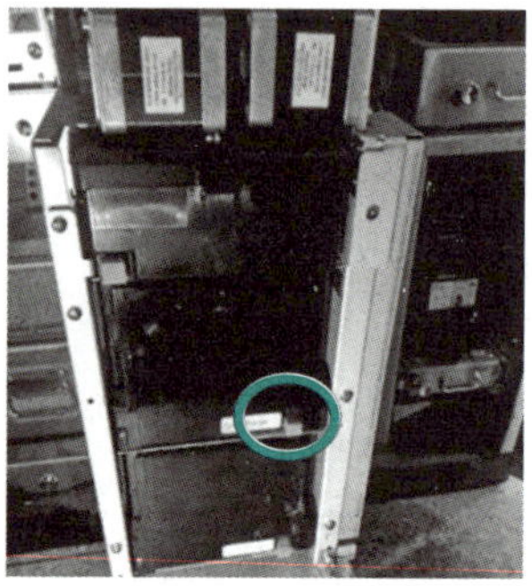

续表

任务模块	操作步骤	图示
更换纸币找零钱箱	(2) 找到纸币找零钱箱体上的钥匙孔，插入专用钥匙向右转动后，向上打开纸币找零钱箱盖，翻开两侧绿色压钞板，装入找零纸币	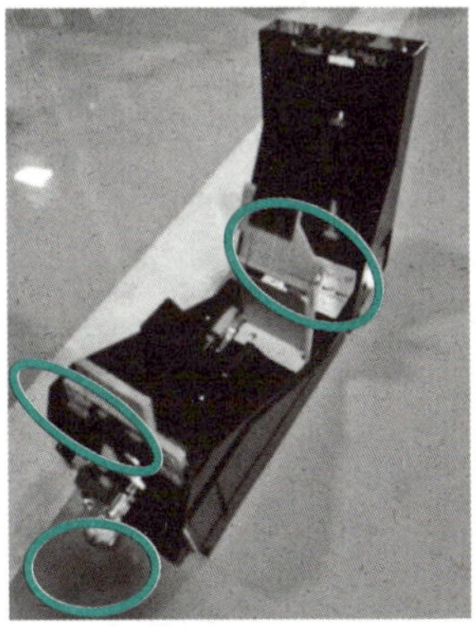
	(3) 按相反顺序操作装回纸币找零钱箱	
更换纸币废钱箱	(1) 按压纸币废钱箱的绿色按钮后，纸币废钱箱向外弹出，取出纸币废钱箱	
	(2) 找到纸币废钱箱体上的钥匙孔，插入专用钥匙向右转动后，向上打开箱盖，取出废纸币	
	(3) 按相反顺序操作装回纸币废钱箱	
更换硬币钱箱	(1) 插入专用钥匙向右转动后，拉出硬币钱箱，取出硬币钱箱	
	(2) 按相反顺序操作装回硬币钱箱 注意：硬币钱箱推进去前一定要检查指示灯的状态灯，红色时不能安装硬币钱箱；绿色时可将硬币钱箱推入并且转动钥匙锁上	

续表

任务模块	操作步骤	图示
清空硬币回收箱	（1）打开硬币回收箱锁（此时硬币回收箱显示窗应为红色）	
	（2）打开硬币回收箱盖，取出所有硬币并分类（1 元和 5 角）	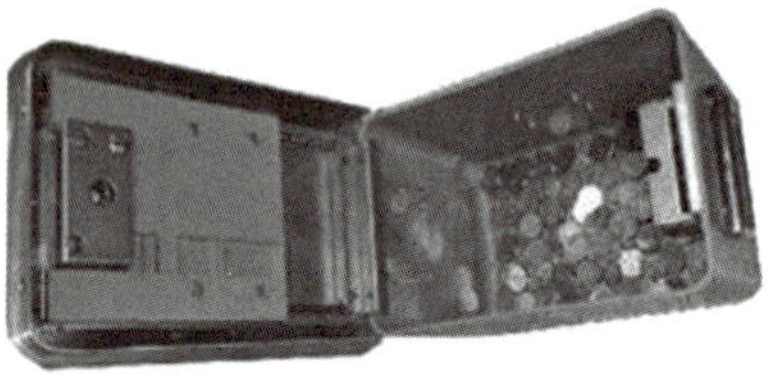
	（3）合上硬币箱盖并锁好（硬币回收箱锁上后显示窗应为绿色）	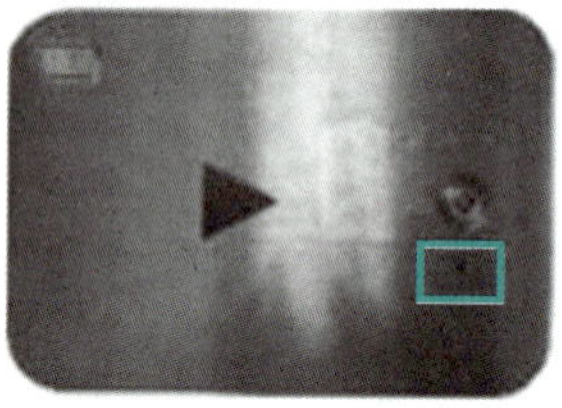
更换或安装维护打印纸	（1）按住左、右两侧的开关，打开打印机翻盖	
	（2）将要更换的纸放入槽内，把一端拉出打印机槽	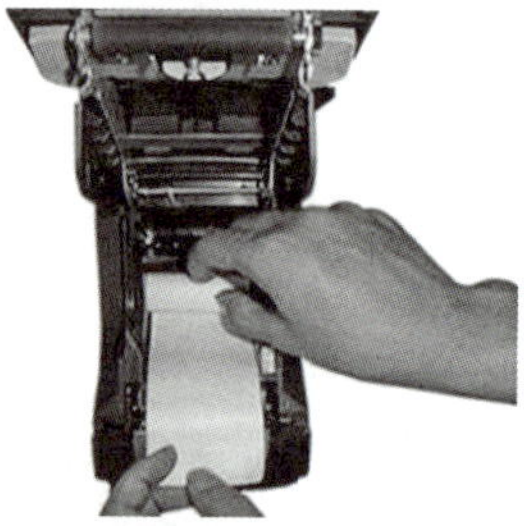
	（3）左手拉紧纸的一端，右手合上翻盖	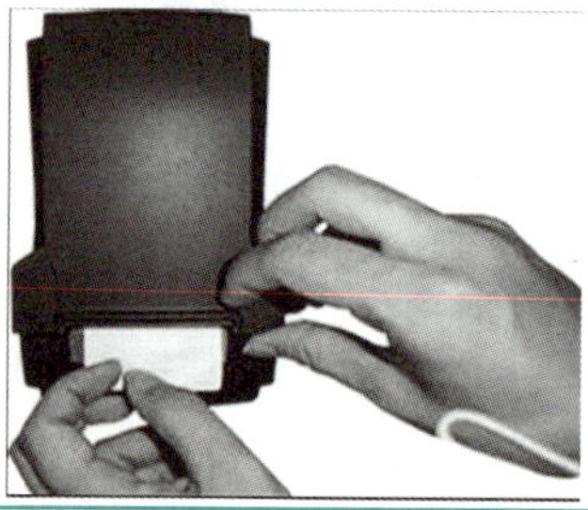

（2）乘客购票操作

第一步：选择地铁线路。如图 2-12 所示，在自动售票机界面上查看地铁网络化运营的线路图，选择要去往的地铁线路。

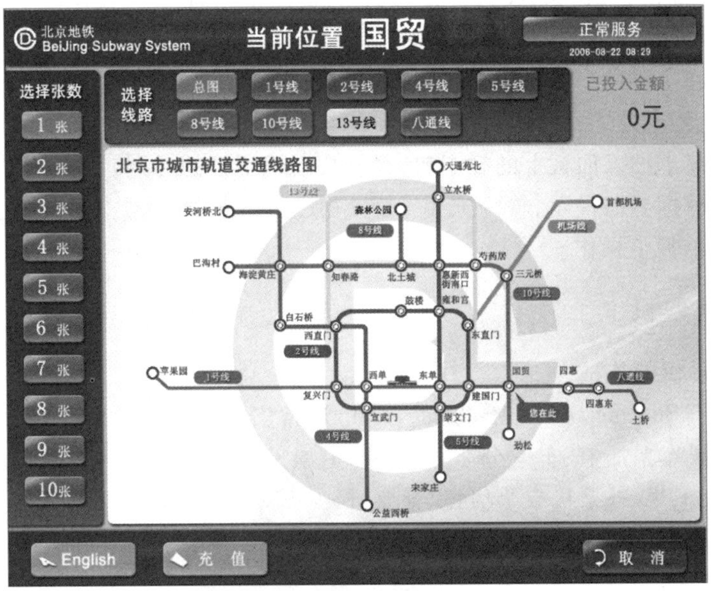

图 2-12　选择地铁线路

第二步：选择目的地车站。如图 2-13 所示，选择完线路后，在整条线路中选择目的地车站的站名。

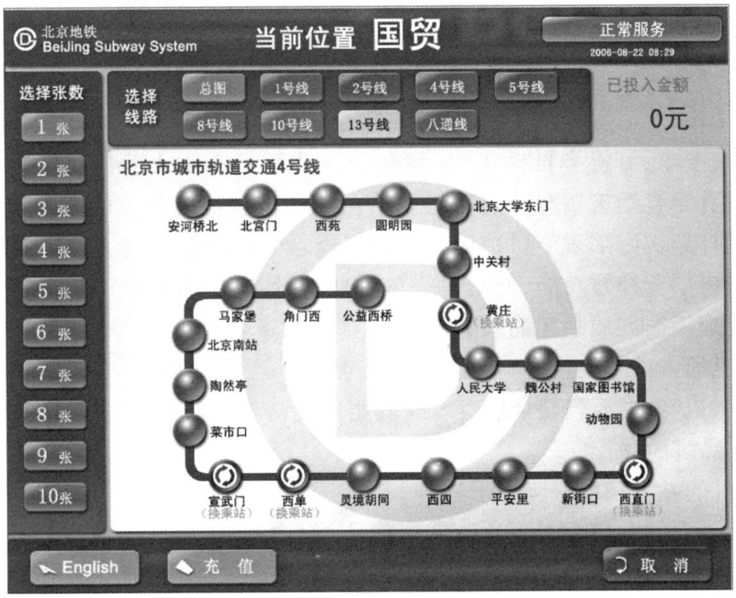

图 2-13　选择目的地车站

第三步：选择购票数量。选择完车站后，将进入购票界面。屏幕左侧将显示目的车站、车票单价等信息,右侧可直接选择所要购买车票的张数。

第四步:付款。根据屏幕显示的应付金额,投入相应数量的1元硬币或5元、10元的纸币。

第五步:取走车票和找零。付款完毕后,若点击【确定】按钮,则在下方出票口处取出票卡及找零硬币;若点击【取消】按钮,则投入的钱币退回,返回主界面。

(3) 乘客充值操作

第一步:乘客在主界面上点击【充值】按钮,切换到充值界面,提示插入储值卡,此时选择线路按钮和地图按钮均无效。

第二步:将储值卡插入面板上的插卡口,系统自动识别卡的类别。

第三步:乘客根据界面提示,输入充值金额,并通过纸币接收器支付充值款。此时点击【取消】按钮可取消当前充值操作。

2.2.2 半自动售票机

1. 半自动售票机的构成

半自动售票机(Booking Office Machine,BOM)通常安装在售/补票房或车站服务中心内,由售票人员操作,完成车票加值、车票分析(验票)、退票及检验等工作,解决票务纠纷。因此半自动售票机又称为人工售/补票机或票房售/补票机,如图2-14所示。

微课
半自动售票机和查询机的基本结构和功能

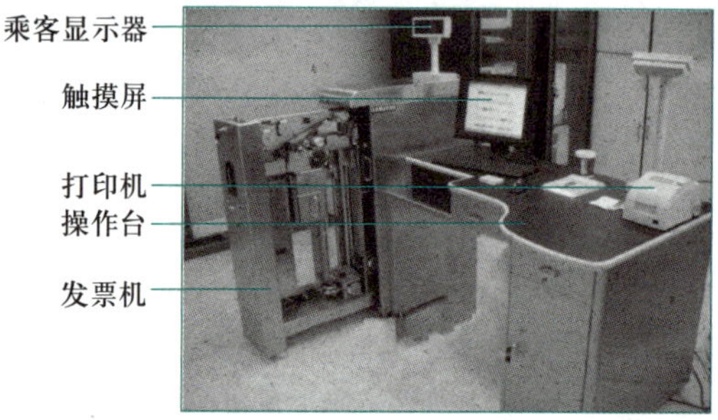

图2-14 半自动售票机

根据现场应用要求,可将半自动售/补票机分别设置成单独的半自动售票机或半自动补票机,也可设置成具有半自动售票和补票功能相结合的设备。功能单一的半自动售票机部署于非付费区,而半自动补票机则部署于付费区。功能结合的半自动售/补票机可以同时为非付费区与付费区服务,兼顾售票及补票功能,使用同一车票处理设备,但需对两个区域分别设置单独的乘客显示器,适应处理不同区域乘客的票务问题。

半自动售票机通常由工控机、操作显示器、乘客显示器、发卡装置(可选)、读写器与天线、打印机、键盘与鼠标、机身、电源模块(含UPS或电池)、支持软件等部件组成。

2. 半自动售票机的功能

半自动售票机的基本功能分为以下三种。

① 车票发售功能。发售包括单程票、储值票、纪念票在内的各种车票,并对储值票进行充值。

② 车票分析功能。分析车票的有效性,查询车票历史交易信息。

③ 票务处理及服务功能。对无法正常完成进出站的车票进行票务更新,发售出站票,处理退票,受理车票挂失,查询票价及打印票务记录和每班财务记录。

3. 半自动售票机的基本操作

BOM 由车站客服中心岗位操作，可发售各种类型的车票，同时兼有补票、充值、对车票进行查验和票据打印等功能。以杭州地铁为例，BOM 软件操作界面如图 2-15 所示。票务人员对半自动售票机的操作说明如表 2-4 所示（以某地铁公司为例）。

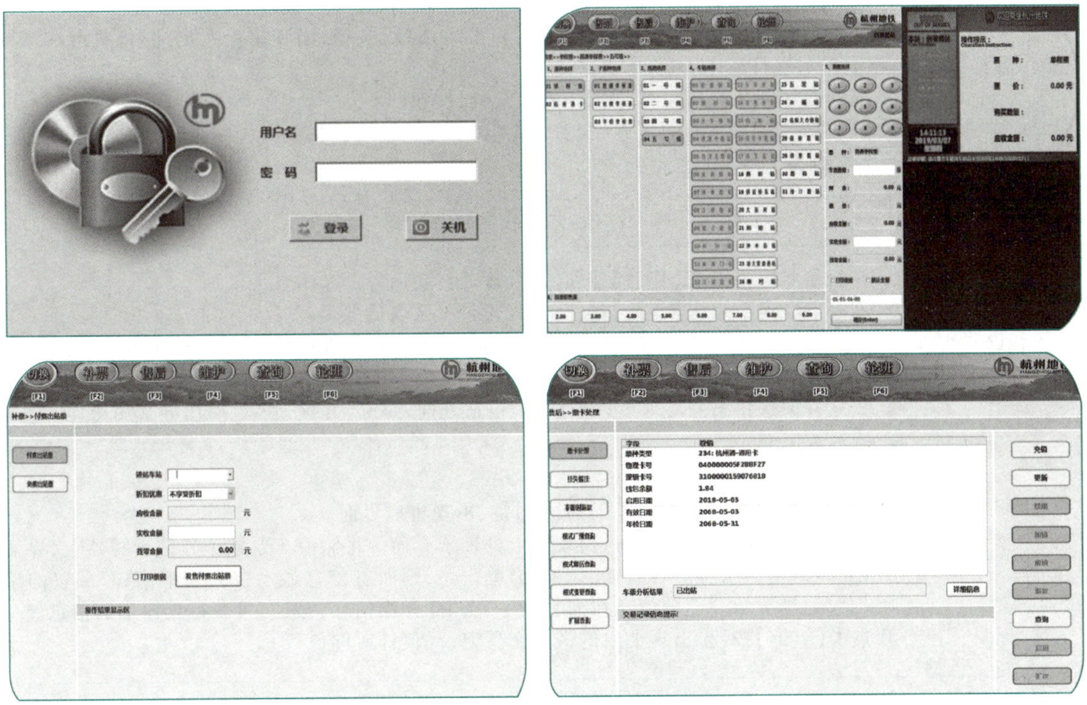

图 2-15　BOM 软件操作界面

表 2-4　票务人员对半自动售票机的操作说明

售票操作（不同岗位操作权限不同）	
概述和说明	售卖单程票在 BOM 的非付费区界面，含售卖普通单程票、半价单程票、免费单程票
操作流程	① 若当前处于非付费区时，点击【售票】按钮，或按键盘上的【F2】键进入售票界面。若当前处于付费区，点击【切换】按钮，或按键盘上的【F1】键，进入售票界面。 ② 点击票种选择区的【单程票】按钮，出现票种大类为单程票的所有票种小类。 ③ 选择一种单程票（点击对应的票种小类按钮），比如选择【普通单程票】，出现所有可选线路。 ④ 选择一条线路（点击对应的线路按钮），出现该线路下的所有可选车站。 ⑤ 选择某个站点（点击对应的站点按钮），自动得到票价。 ⑥ 在票数选择区选择购票张数（点击对应的票数按钮或在票数编辑框中输入票数量），当票数更改时，自动计算得到应收金额，且不可更改。选择票数后，如果是通过点击按钮选择的，则点击以后，焦点自动切换到实收金额栏。 ⑦ 输入实收金额，当输入的实收金额小于应收金额时，输入的实收金额会显示红色，此时若点击确认售票，会提示输入错误。输入实收金额期间，找零金额自动显示，且不可更改。 ⑧ 勾选默认金额，此笔交易认为实收金额等于应收金额。 ⑨ 勾选打印票据前面的选项卡，然后点击确认发售，则在出票的同时打印出票据，若在点击确认以后再勾选打印票据，则无法打出本次交易的小票

续表

<table>
<tr><td colspan="2">补票操作(不同岗位操作权限不同)</td></tr>
<tr><td>概述和说明</td><td>补票界面在 BOM 的付费区界面,含售卖免费出站票、付费出站票</td></tr>
<tr><td>操作流程</td><td>① 若当前处于付费区,直接点击【补票】按钮,或按键盘上的【F2】键,进入补票界面。若当前处于非付费区,则直接点击【切换】按钮,或按键盘上的【F1】键,进入补票界面。
② 在补票模式下点击【免费出站票】/【付费出站票】按钮,出现售免费出站/付费出站票界面,根据提示进行操作。
③ 选择打印或不打印票据,点击【确认发卡】按钮。
④ 发售结果显示在界面下方(免费出站/付费出站票每次只能发售一张,如需要发售多张,需要多次点击)</td></tr>
<tr><td colspan="2">付费区票卡操作(不同岗位操作权限不同)</td></tr>
<tr><td>概述和说明</td><td>① 在售票状态下点击【售后】按钮,为处理非付费区外的票卡。
② 在补票状态下点击【售后】按钮,为处理付费区内的票卡。
备注:必须要区分两个状态下的售后界面,可根据乘客所处付费区还是非付费区来选择界面。
③ 售后界面操作主要是票卡处理操作,包括查询、充值、更新、退款、启用等常用操作</td></tr>
<tr><td rowspan="3">操作流程</td><td>(1) 查询
① 点击【售后】按钮或按键盘上的【F3】键,出现售后界面。
② 点击【票卡处理】二级按钮,出现票卡处理子界面。将储值车票置于外部读写器上,界面列表显示该票卡的状态。若放置的票卡为单程票,则所有信息显示在列表框中;若放置的票卡为储值票,则显示一部分信息在列表框中,点击【详细信息】按钮,可获得更详细的信息。
③ 点击【查询】按钮,出现卡内的最近交易记录(仅针对储值票)</td></tr>
<tr><td>(2) 充值
① 将可充值的储值票卡置于外部读写器上。
② 点击【充值】三级按钮,出现充值界面。
③ 选择充值金额(充值金额只能从列表框中选择,不可随意编辑),选择充值金额后,应收金额、充值后余额自动更新显示。
④ 输入实收金额,当输入的实收金额小于应收金额时,实收金额显示红色,表示实收金额不足,此时点击【确认充值】按钮,则会提示输入错误。
⑤ 勾选打印票据,点击【确认充值】按钮,充值界面消失。
⑥ 充值结果会通过弹出对话框【充值成功】或【充值失败】来提示,若充值成功且点击【确认充值】按钮前勾选了打印票据,则会打印出本次充值的小票,若点击【确认充值】按钮以后再勾选打印票据,则无法打印本次交易票据</td></tr>
<tr><td>(3) 更新
适用于超程更新、超时更新、进站更新(免费)、进站更新(付费)、出站更新等不正常票卡情况。
① 将需要更新的票卡置于外部读写器上,分析出该票卡的当前状态,如需要更新,则【更新】按钮变为有效。
② 点击【更新】三级按钮,出现更新子界面,自动显示更新原因及更新金额,不可更改。
③ 输入实收金额,当输入的实收金额小于更新金额时,实收金额显示红色,此时点击【更新】按钮,会提示实收金额不足。
④ 输入足量实收金额以后,相应找零金额会变化,勾选打印票据,点击【确认更新】按钮,更新界面消失。</td></tr>
</table>

续表

操作流程	⑤ 更新结果会通过弹出对话框【更新成功】或【更新失败】来提示，如果之前勾选过打印票据，则更新成功后会打印出本次交易小票。备注：更新仅针对不正常票卡。各种更新金额自动显示，不可更改
	(4) 退款 单程票没有进站记录且票内信息可以读取的，当日内可在购票车站办理退票。 ① 将可退款票卡置于外部读写器天线上，若此时票卡分析结果为正常，【退款】按钮启用。 ② 点击【退款】按钮，出现退款界面。 ③ 退款界面显示的车票余额、押金、退票手续费、可退总金额均自动显示且不可更改。 ④ 选择退票原因，点击【确认退票】按钮，退款界面消失
	(5) 启用 适用于未开通乘坐地铁功能的储值票。该功能仅针对储值票。 ① 将储值车票置于外部读写器上，显示票卡内的基本信息。 ② 点击【启用】按钮，出现确认是否启用卡的提示

2.2.3　自动检票机

微课
自动检票机的结构、功能和基本操作

1. 自动检票机的构成

自动检票机简称闸机（Automatic Gate，AG），是实现乘客自助进出站检票交易（在非付费区和付费区间通行）的设备。对有效车票，检票机通道阻挡解除（门扇开启或释放转杆），允许乘客进出站。

检票机安装于车站付费区与非付费区的交界处（图 2-16），用于实现自动的进出站检票。其一般包括工控机、车票传送装置、车票回收装置、读写器及天线、乘客显示器、方向指示灯、声光报警装置、通道阻挡装置（转杆式检票机采用转杆装置，门式检票机采用拍打式扇门或剪式扇门）、乘客通行传感器（适用于门式检票机）、维修键盘、移动维护终端接口、电路控制单元、电源模块（含 UPS 或电池）、机身和支持软件等部件。

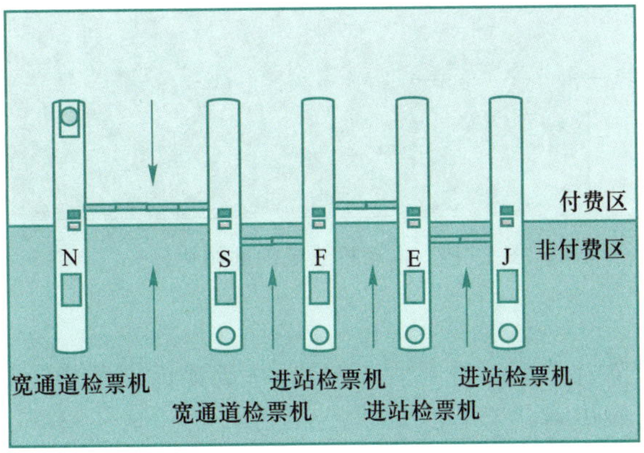

图 2-16　自动检票机布局示意图

自动检票机上部外观结构如图 2-17 所示，自动检票机侧向和立面外观结构如图 2-18 所示，自动检票机内部结构如图 2-19 和图 2-20 所示。

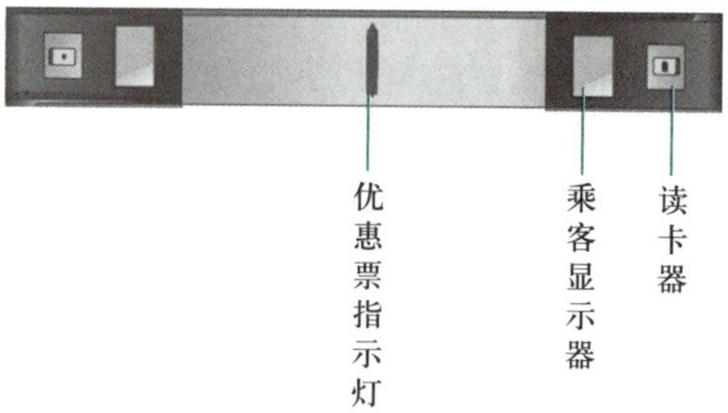

图 2-17　自动检票机上部外观结构

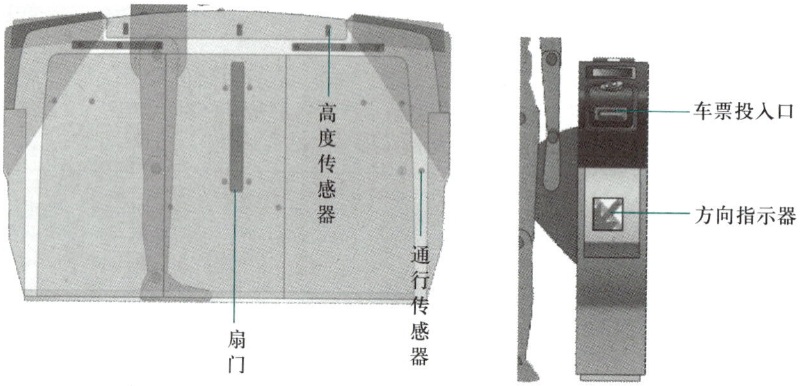

图 2-18　自动检票机侧向和立面外观结构

图 2-19　自动检票机内部结构(一)

(1) 读卡器

读卡器(图 2-21)设置在乘客行进闸方向右侧,并设置标志及指示灯引导乘客刷卡,同时对非接触式 IC 卡进行读写和识别。

(2) 显示装置

显示装置是乘客使用检票机的向导装置,包括通道指示器(图 2-22)和乘客显示器(图 2-23)。通道指示器为可变显示,能够表示通道使用方向。乘客显示器为可变显示,能够显示中文、英文、数字及图形,以引导乘客正确使用检票机。

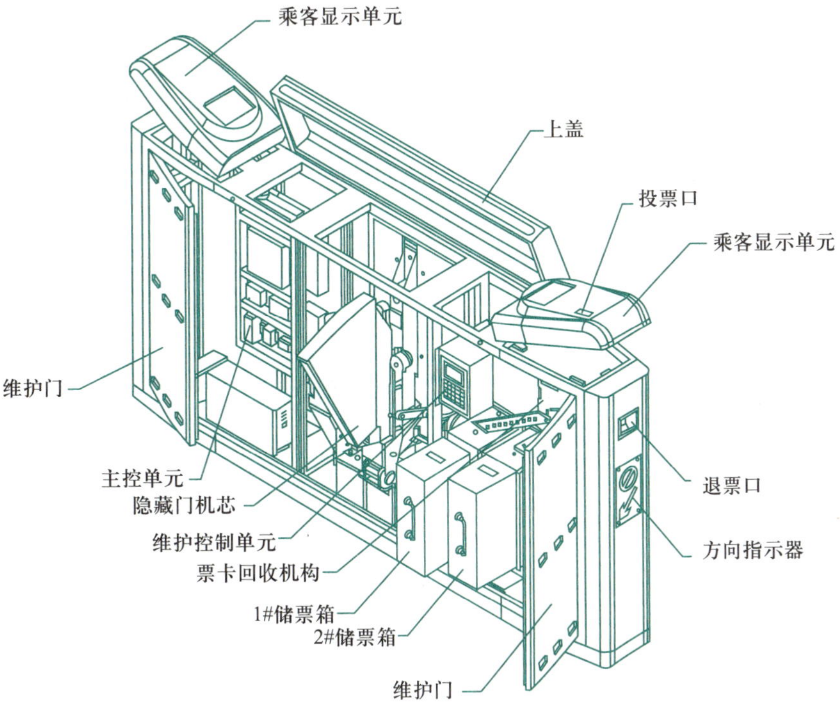

图 2-20　自动检票机内部结构（二）

图 2-21　读卡器

图 2-22　通道指示器

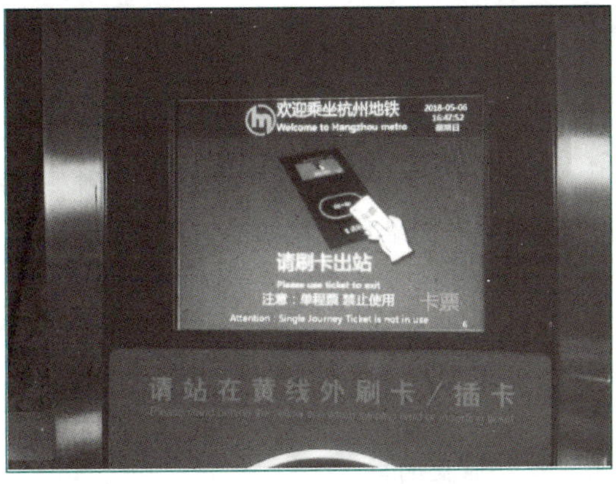

图 2-23　乘客显示器

(3) 传感器

传感器能够检测乘客的通过及方向,准确监控乘客通过检票机的整个过程及通过的人数,并进行乘客高度检测(以 1.2 m 为界)。对于双向模式的检票机,当一端有乘客使用时,能够监控另一端逆向进入的乘客,并禁止逆向乘客通行。自动检票机通行传感器的分布和主要功能如图 2-24 所示。

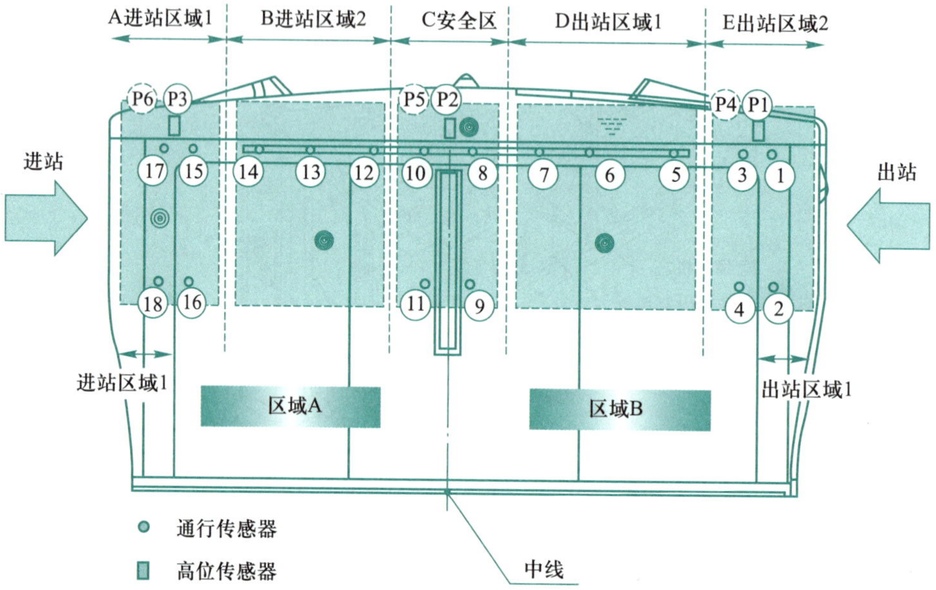

图 2-24 自动检票机通行传感器

① A 进站区域 1。采用通行传感器,主要监测是否有人乘车进入通道。

② B 进站区域 2。采用通行传感器和高位传感器的组合,判断有无乘客的通行行为。

③ C 安全区。采用通行传感器,安装于不同的高度,监测通行情况,反馈信号控制闸门,保护已进入通道的乘客,防止闸门夹住乘客。

④ D 出站区域 1。采用通行传感器,检测乘客是否已通过闸门,当发现乘客已通过闸门,如有跟随通行行为,反馈信号控制闸门关闭,防止第二个乘客通过。

⑤ E 出站区域 2。采用通行和高位传感器的组合,检测与自动检票机设定方向反向进入通道的乘客,如有逆向通行的行为,检票机将关闭闸门并报警。

(4) 扇门

扇门装置由扇形门、机械控制结构和控制板组成。扇门通常采用常开状态,接受一张有效车票后,扇门打开允许通行,乘客通过后关闭。停电或电源切断时扇门自动打开。当闸机检测到无效车票或闸机通道监测到障碍物时,扇门维持关闭状态,同时发出报警提示。

(5) 出站车票投入口

出站车票投入口位于乘客行进闸方向右侧,在上面会设置标志引导投票和车票投入口挡板。IC 卡票可以在正、反、前、后 4 个方向中任一方向投入。在已投入车票未处理完毕时或非服务状态下,舌挡关闭,禁止车票投入。对于设定为双向模式的双向检票机,当一端乘客使用车票时,另一端舌挡关闭,禁止车票投入,直至乘客通过。

(6) 车票处理装置

车票处理装置是自动检票机的另一个关键部件，负责完成车票读写、传送及回收处理等任务。车票处理装置主要包括两大部分：车票读写设备和车票传送装置。车票处理装置通常需要配置两个票箱，并实时监控票箱的状态，在票箱未安装、票箱将满或票箱已满时，需要向主控单元发送相关信息。

2. 自动检票机的分类

自动检票机根据功能可以分为进站检票机（图2-25）、出站检票机（图2-26）和双向检票机三种。进站检票机用于完成进站检票，检票端在非付费区；出站检票机用于完成出站检票，检票端在付费区；双向检票机既可完成进站检票也可完成出站检票，在非付费区和付费区可分别按进站和出站的处理规则完成检票功能。

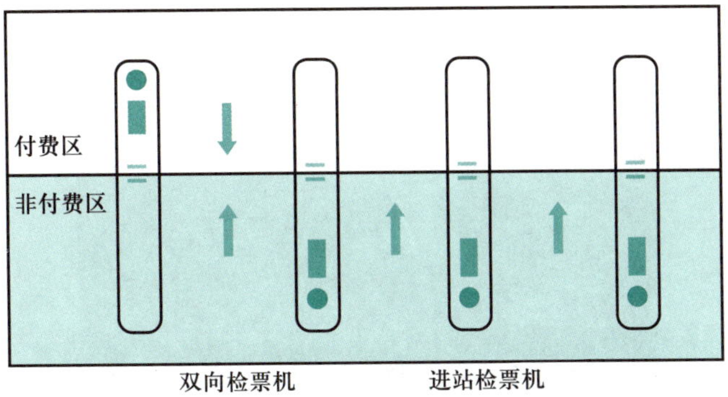

图2-25　进站检票机

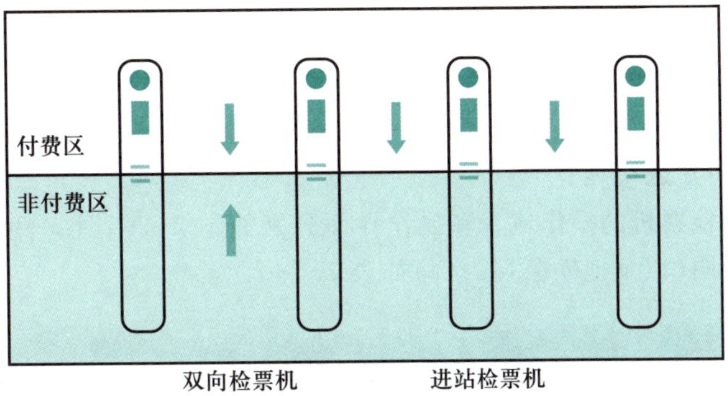

图2-26　出站检票机

根据阻挡装置的类型，自动检票机可以分为三杆式检票机、扇门式检票机和拍打式检票机3种（图2-27），根据通道宽度可以分为普通检票机和宽通道检票机（方便残疾人和携带大件行李的乘客通行）两种类型（图2-28）。

3. 自动检票机的功能

自动检票机的基本功能是对乘客所持的车票进行检验，并完成进站或出站的交易处理。按计时计程的收费规则，在进入收费区及离开收费区时都需要进行车票检验。进入收费区时检查车票的合法性并记录进入时的地点和时间；离开收费区时检查车票的合法性、进站信息的合法性

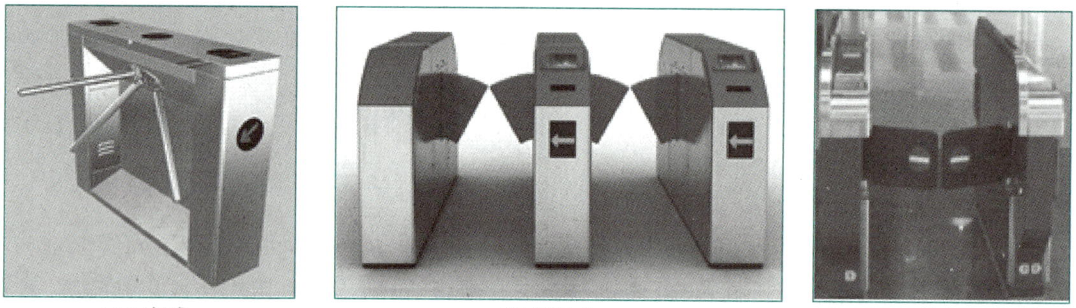

(a) 三杆式　　(b) 扇门式　　(c) 拍打式

图 2-27　自动检票机

图 2-28　普通检票机和宽通道检票机

及收费区内的停留时间,并根据进入位置和离开位置计算本次旅程的费用,完成车票扣款操作。

4. 自动检票机的基本操作

票务人员对自动检票机的操作流程和操作界面分别如图 2-29、图 2-30 所示。票务人员对自动检票机的操作说明(以某地铁公司为例)如表 2-5 所示。

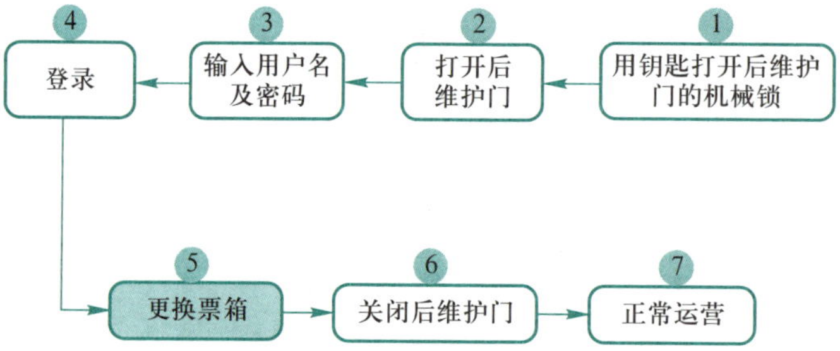

图 2-29　票务人员对自动检票机的操作流程

自动检票机更换票箱的操作步骤如表 2-6 所示。

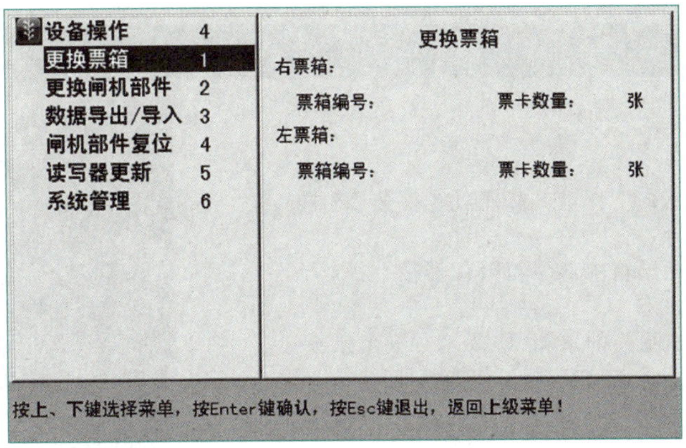

图 2-30 自动检票机的操作界面

表 2-5 票务人员对自动检票机的操作说明

<table>
<tr><td colspan="2">车票回收(不同岗位操作权限不同)</td></tr>
<tr><td>概述和说明</td><td>① 由两个车票箱组成,用于回收单程票,车票箱储存容量为 100 张。
② 每日运营结束后,需要卸下票箱,收回票箱内的票卡。
③ 运营期间,票箱模块因“满”或“将满”报警时,需要及时清理票卡</td></tr>
<tr><td>操作流程</td><td>① 打开出站闸机维护门并取出维修键盘,乘客显示屏显示“暂停服务”。
② 用维修键盘输入工号及密码,按【Enter】键进入操作界面。
③ 用维护键盘上的上下键选择【4】(设备操作)。
④ 进入【4】(设备操作)后,在子菜单中利用维修键盘上的向下键选择【更换票箱】。
⑤ 进入更换票箱界面后,界面右边出现票箱数据,记录票箱 1、票箱 2 里单程票数据(备注:左票箱为票箱 2、右票箱为票箱 1。回收单程票时票箱 1 先回收,票箱 1 满了后再进入票箱 2)。
⑥ 取出单程票箱:按压向下按钮将托盘降到最底部,将挡板推入,用钥匙将挡板锁紧;一只手按压限位按钮,往里按压的同时,另一只手向外拉,取出单程票箱。
⑦ 装入单程票箱:装入前检查单程票内托盘已在单程票箱内最底部,将单程票箱放入卡槽内,拉出挡板放下,用钥匙锁紧单程票箱,按压向上按钮,将托盘升至顶部</td></tr>
<tr><td colspan="2">设备模式查询及设置(不同岗位操作权限不同)</td></tr>
<tr><td>概述和说明</td><td>闸机的运营模式包括正常模式、降级模式、紧急模式。正常模式包括正常运营模式、停止服务模式。降级模式包括临时关站、进站免检、出站免检、时间日期免检、车费免检和列车故障 6 种</td></tr>
<tr><td>操作流程</td><td>① 登录界面,选择【2】。
② 选择二级菜单进行操作</td></tr>
</table>

表 2-6 自动检票机更换票箱的操作步骤

操作任务	操作步骤	图示
自动检票机更换票箱操作	(1) 按压向下托盘升降阀红色按钮,将托盘降至底部; (2) 将两票箱中部票箱限位器往上提起,转至垂直状态; (3) 将需更换的票箱,如票箱右下角票箱限位器转至垂直状态,即可将票箱取出; (4) 装入票箱后按压向下托盘升降阀绿色按钮,将托盘升至顶部; (5) 恢复票箱限位器	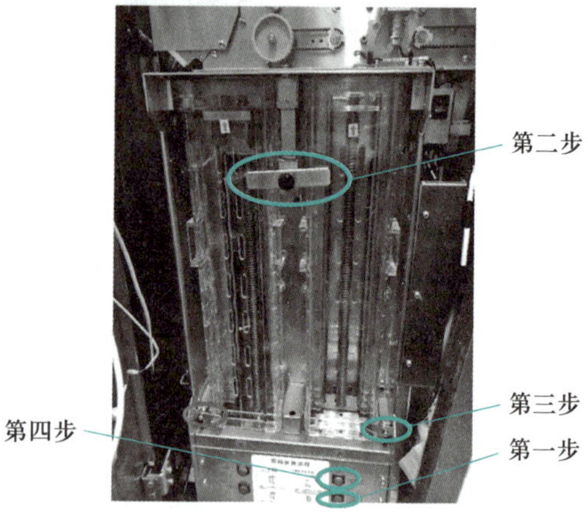

2.2.4 自动查询机

1. 自动查询机的构成

自动查询机(Ticket Checking Machine,TCM)安装在非付费区,供乘客自助查看车票的信息及有效性,如图 2-31 所示。自动查询机的操作方式采用触摸屏,读取过程不修改车票上的任何数据。自动查询机应可显示从线路 AFC 系统下载的乘客服务信息。

自动查询机主要由主机、电源、读卡器和触摸显示器等结构组成。自动查询机界面如图 2-32 所示,自动查询机查询界面如图 2-33 所示。

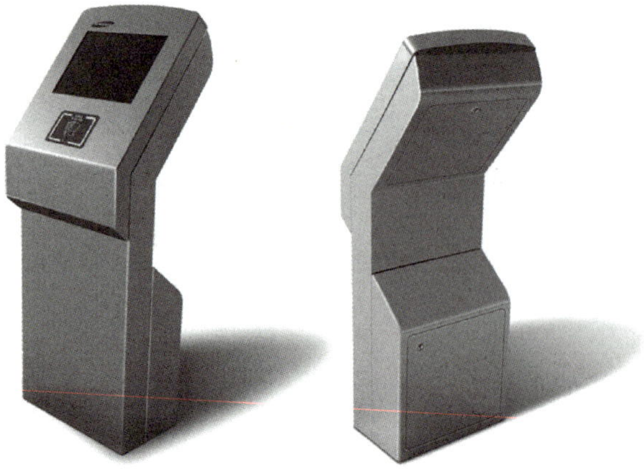

图 2-31 自动查询机

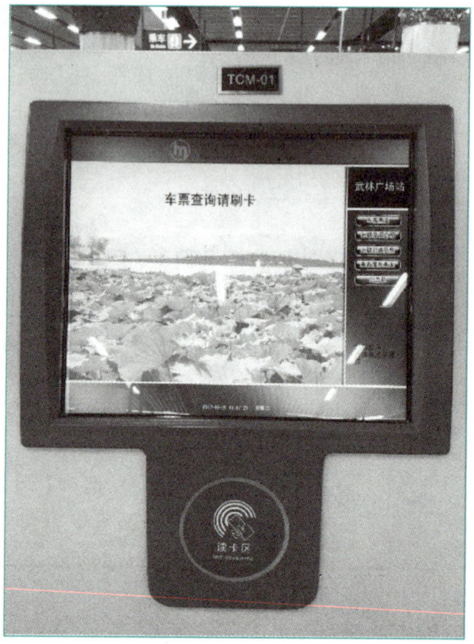

图 2-32 自动查询机界面

图 2-33　自动查询机查询界面

2. 自动查询机的功能

自动查询机具有车票查询和乘客服务信息查询等功能。车票查询是读取票卡信息，不具备写票功能，工作人员将车票在阅读器/天线出示后 1 s 内，能查询车票的以下内容。

① 车票逻辑卡号。

② 车票类型。

③ 余额/使用次数。显示该车票当前所剩余额及使用次数。

④ 车票有效期。显示该车票的有效期限。

⑤ 车票无效原因（如安全性检查、出入顺序检查、黑名单票检查、超乘、超时等）。

⑥ 交易历史等。

2.3 自动售检票设备的故障处置

微课
自动售票机基本故障处置

2.3.1 自动售票机基本故障处置

自动售票机基本故障处置如表 2-7 所示。

表 2-7　自动售票机基本故障处置

序号	故障现象	原因分析	解决办法
1	系统无法启动	① 系统损坏。 ② 部件接线异常。 ③ 主板松动。 ④ 工控机电源电压不稳	① 重装系统。 ② 拆除单个硬件，定位故障点，插拔屏幕信号线和电源线 ③ 在断电情况下，固定主板 ④ 检查电路接触情况

续表

序号	故障现象	原因分析	解决办法
2	提示暂停服务	① 单程票处理异常。 ② 硬币处理单元、纸币处理单元异常。 ③ 维修门在打开状态或维护门状态检测传感器异常	① 检查单程票有关部件、电源及通信连接 ② 检查硬币、纸币有关部件、电源及通信连接 ③ 检查关闭维修门(维护门)是否正常,若仍有异常,联系检测传感器异常专业维护人员
3	不接受硬币	① 硬币接收器卡币或故障。 ② 暂存器位置偏移。 ③ 硬币箱满,无硬币箱。 ④ 投币口卡币。 ⑤ 硬币传送通道故障。 ⑥ 硬币闸门故障	① 清理卡币或更换硬币接收器。 ② 重新调整暂存器位置。 ③ 更换新的硬币箱,放入硬币箱。 ④ 手动清除投币口硬币。 ⑤ 检查硬币传送通道是否异常。 ⑥ 检查硬币闸门是否异常
4	屏幕显示“网络连接失败”	网络出现故障	① 检查自动售票机和服务器之间的网络连接是否正常。 ② 检查系统服务器软件是否正常运行
5	少找零或找零失败	① 主找零器或缓存找零器卡币,送币通道有故障。 ② 设备中记录的硬币数量与实物不一致。 ③ 硬币模块没有推到位	① 清理卡币并检查各找零器出币是否异常(如在通道卡币或通道传零失败)。 ② 建议结账,重新补充数据及硬币。 ③ 把硬币模块推到位
6	不接收纸币	① 纸币模块卡币。 ② 纸币箱满。 ③ 无硬币找零。 ④ 纸币机芯故障	① 取出卡住的纸币(如进钞口、暂存器退钞口)。 ② 更换新的纸币箱。 ③ 补充硬币。 ④ 初始化纸币机芯,检查出具体故障位置再维修
7	找零纸钞未能掉到找零口	纸钞找零机芯出钞口处静电毛刷变形或位置过低,造成出钞时摩擦过大,从而无法自动落到找零口	将静电毛刷片左右两侧螺钉拧松,用一张较新纸钞从出钞口转入一半,将毛刷片调到毛刷末端刚好与纸钞面接触时,拧紧毛刷两端的螺钉固定
8	屏幕显示“只充值”	单程票发售模块内没有放入车票或票箱没有正确安装	放入发售用车票,正确安装票箱
9	屏幕显示“只发售”	储值票读卡器有故障或连接错误	联系厂家更换储值票读卡器或检查连接线缆
10	启动后乘客显示器没有显示	自动售票机的内部工控机没有开机或显示器处于关闭状态	打开工控机电源或打开显示器电源

2.3.2　半自动售票机基本故障处置

微课
半自动售票机基本故障处置

半自动售票机基本故障处置如表 2-8 所示。

表 2-8　半自动售票机基本故障处置

序号	故障现象	原因分析	解决办法
1	半自动售票机无法正常充值	储值卡读卡器没有正确连接	正确连接储值卡读卡器
2	半自动售票机屏幕显示“网络连接失败”	网络出现问题	① 检查半自动售票机和服务器之间的网络连接是否正常。 ② 检查系统服务器软件是否正常运行
3	半自动售票机屏幕显示器没有显示	乘客显示器电源没有打开或者连接错误	打开乘客显示器电源或者检查线缆连接
4	半自动售票机不能打印凭条	打印机电源没有打开或者打印纸已经用尽	打开打印机电源或者正确安装打印纸
5	半自动售票机无法发售单程票	单程票发售模块内没有放入车票或者票箱没有正确安装	① 放入发售用车票。 ② 正确安装票箱
6	半自动售票机启动后显示“暂停服务”，不能进入工作状态	维修门没有关上	检查维修门并将维修门全部关紧上锁
7	半自动售票机打印的凭条没有内容	打印机色带没有安装或者已经用尽	正确安装色带或更换色带
8	半自动售票机启动后操作员显示器没有显示	半自动售票机内部工控机没有开机或显示器处于关闭状态	打开工控机电源或打开显示器电源

2.3.3　自动检票机基本故障处置

微课
自动检票机基本故障处置

地铁车站在正常运营过程中，自动检票机会出现暂停服务和服务受限的情况。

1. 暂停服务

(1) 出现暂停服务的情况

① 设备发生故障（自动切入暂停服务）或被设置成关闭模式。

② 任一维修门被打开，设备自动进入暂停服务状态。

③ 双向闸机被设置成单向模式时，另一方向的乘客显示器将显示暂停服务界面。

(2) 处置注意事项

① 向值班站长汇报并确认此情况。

② 若更换票箱或设备维修时需要将闸机暂停服务，应提前立警示牌或用围栏隔离此通道，且尽量在非运营时间或客流较少时段进行，并注意不要让乘客围观。

2. 服务受限

（1）出现服务受限的情况

① A、B 两票箱都满时，出站闸机将不再回收车票，设备将进入仅刷卡出站状态，乘客显示器界面将提示“禁止投入车票”。

② 车票回收装置发生卡票情况时，出站闸机将不再回收车票，设备将进入仅刷卡出站状态，乘客显示器界面将提示“卡票”。

（2）处置注意事项

① 卡票等机械故障。卡票是机械故障中最常见的（图 2-34），车票在读取中被卡在闸机内，没有识别出来，乘客无法通过闸机进入站厅，更无法取回车票。这时乘客可按压求助按钮发出求助信息。站务人员收到信息会立刻赶到现场，并且可以根据显示屏显示的错误代码判断闸机是否卡票，卡票可以使用闸机记录进行查询，打开闸机维修门帮助乘客寻找车票，按照相关地铁运营乘务项处理规定进行处置。若发现不是卡票，而是其他相关故障，站务人员应该在该闸机上方放置“设备故障”标志，联系维修人员进行处置和维修。

训练与思考
自动售检票设备故障处置记录表

微课
新型移动支付技术发展现状及其在杭州地铁的应用

图 2-34　自动检票机卡票

② 车票误用。车票误用包含进出次序错误、无法读取票卡、超时超程乘车和无效票等。这时要确定闸机本身没有出现机械故障。站务人员可以根据闸机显示的错误代码确定是否是误用车票，引导乘客到票亭由售票员进行处理。

③ 票箱已满。票箱已满时，会自动提示车站计算机，在屏幕上会弹出相应警示窗口。更换检票机票箱时，打开维修门后，按维修面板显示要求输入正确的操作员号和密码，选择服务中的更换票箱操作，在更换票箱操作中选择取下票箱，当票箱电动机完全降下后取出票箱。

拓展知识

新型移动支付技术发展现状及其在杭州地铁的应用

随着互联网技术的迅速发展，在传统票务支付体系基础上，衍生出了互联网票务支付体系，即云支付体系。为方便乘客出行，提高运营服务质量，部分城市轨道交通公司结合互联网支付技术，在传统票务体系下，增加了云支付设备，杭州是全国首个实现移动支付全覆盖的城市。

1. 轨道交通新型支付技术现状

轨道交通新型支付技术包括实体卡（逻辑加密卡、CPU 卡、PBOC 3.0 等复合卡）、手机支付（二维码、NFC、云闪付、蓝牙、光闪）、生物识别（指纹支付、虹膜支付、人脸支付等）。以下简要介绍二维码、NFC、云闪付支付技术。

（1）二维码支付技术[支付宝、微信、银联二维码、八维通（码上行）二维码及其他第三方 App 二维码等]

① 二维码支付购票、取票。

② 二维码过闸。

（2）NFC 支付技术

① 嵌入式安全元件（Embedded SE，ESE）。

② 主机卡模拟（Host Card Emulation，HCE）。

（3）云闪付支付技术

① 电子现金模式。

特点：通过银行卡上的电子现金及地铁交易复合应用文件完成脱机过闸，卡上记录地铁进出站交易记录。银行卡初始化时需要加载行业密钥，类似普通储值票。

优势：脱机刷卡，实时性要求不高。

劣势：只支持 PBOC 3.0 带芯片银行卡；在 ATM 机圈存电子现金；银行宣传力度不够，乘客熟知度不高。

案例：宁波、成都、无锡、青岛、合肥、南宁等城市地铁。

② 银联 ODA。

特点：采用脱机过闸，延迟计费及账户延迟扣款；对银行卡操作只读取不写入。

优势：脱机刷卡，实时性要求不高。

劣势：仅支持信用卡；存在多进多出情况；出站时闸机无法显示 OD 扣款金额；扣款信息不及时（一般在运营结束后）；存在扣款歧义，从而导致乘客投诉率高；系统对 OD 交易匹配过于复杂，不一定完全反映乘客实际情况。

案例：广州、宁波等城市地铁。

③ 联机预授权模式。

特点：采用联机过闸，进站时完成账户联机预授权，出站时后台实时计费及账户延迟联机扣款，对银行卡操作只读取不写入。

优势：完全遵循地铁票务规则，地铁不存在收入损失情况；覆盖带芯片的所有银行卡、手机 PAY；做到准实时扣款，乘客投诉率低。

劣势：网络实时性要求高。

案例：杭州市地铁。

2. 杭州地铁移动支付技术实践

（1）杭州地铁移动支付背景

在国家大力提倡“互联网+”概念的大背景下，支付电子化已是大势所趋，2016 年的 G20 杭州峰会更是杭州向世界展示其国际化的一个契机。各支付企业都希望与杭州地铁合作,能在此之前推出新的支付方式,以提升各自企业的形象。杭州地铁充分合理地利用相关资源,完成杭州地铁电子支付业务的建设与创新。在杭州移动支付技术的研究中,涉及的技术团队有支付宝、蚂蚁金服、银联闪付、数梦工场、浙江众合科技股份有限公司等。

(2) 杭州地铁移动支付发展历程

杭州地铁移动支付发展历程如图2-35所示。

① 第一阶段:互联网购票。

a. 银联云闪付购票。对现有自动售票机(TVM)加装银联读卡器;标准车站每站2台,大客流车站按每排一半售票机数量改造。线网全覆盖,共改造199台,约占所有TVM(579台)总数的34%。

b. 互联网换票。车站新增互联网换票机,接入AFC、ACC系统统一进行票务管理;通过杭州地铁App、支付宝App、浙江政务服务网App线上购票获取二维码,互联网换票机上扫码取票。线网全覆盖,每站至少设置2台。

② 第二阶段:互联网过闸(银联闪付、二维码)。

手机二维码刷码(手机购票后生成的二维码)、银联卡及Apple Pay等直接过闸。单脱机模式,即设备实时在线,手机可离线脱机的模式。在后台新建电子支付平台,独立于原ACC系统。扫码或刷卡时终端设备通过原AFC系统网络与新建电子支付平台进行实时通信。考虑到实时并发数据量,对既有AFC网络带宽进行提升。

③ 第三阶段:互联网过闸(银联闪付、Apple Pay等)。

a. 适用于所有支持银联闪付的卡片和移动设备。

- 银联IC卡,包括借记卡、信用卡(所有62开头,QuickPass闪付卡)。
- 银联手机云闪付,包括Apple Pay、三星Pay、华为Pay、小米Pay、Hce等。

b. 进、出闸场景介绍。

- 进闸:(银联后台联机)闸机读取卡信息,联机预授权一笔最高单程票价(9元)的交易,并将卡信息、进站站点及进站时间信息送地铁ACC并开闸进站。
- 出闸:(地铁后台授权出闸)闸机读取卡信息,通过地铁ACC系统查询找到进闸记录后,开闸出站。

c. 实时扣款。

地铁ACC系统在任何一笔起点到终点(OD)交易,打开闸机放行后,即刻向银联发起离线预授权完成,将扣款信息传送至银行,该笔预授权完成交易,扣款成功后,银行第一时间以短信方式提醒用户。

④ 第四阶段:二维码过闸(杭州地铁App、支付宝App、浙江政务网App)。

a. 领卡流程在支付宝完成。

- 获取用户实名授权。
- 获取票卡管理系统账户数据。
- 为用户开通先乘车后付款服务(需鉴权)。

b. 二维码用卡流程。

- 入口:首页付钱-乘车码,首页卡包,城市服务。

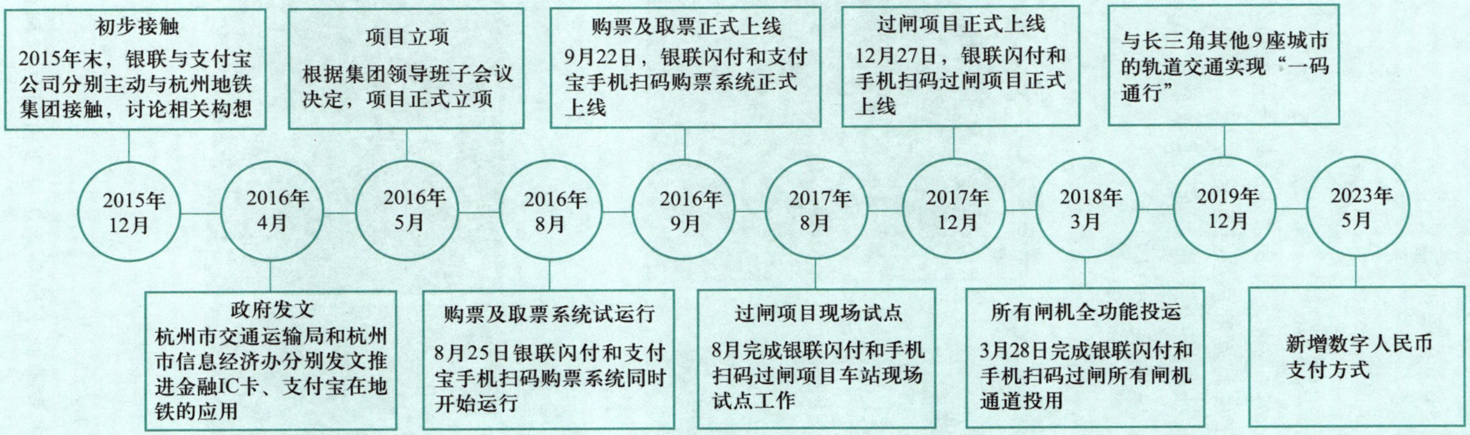

图 2-35　杭州地铁移动支付发展历程

- 展示离线二维码。
- 在闸机上进行核验。
- 完成进出站流程后,由地铁ACC发起扣款。

c. 用户资金风险管理。

- 资金风险管理(先享后付)。
- 一般情况下,从用户支付宝资金渠道扣款。
- 当用户资金渠道无法完成付款时,由支付宝为用户提供资金垫付。
- 支付宝通过全面的风险管理控制为用户垫付资金风险。

支付宝刷码扣款流程如图2-36所示,手机二维码刷码和银联卡、Apple Pay等直接过闸如图2-37所示,设备刷卡(码)区如图2-38、图2-39所示。

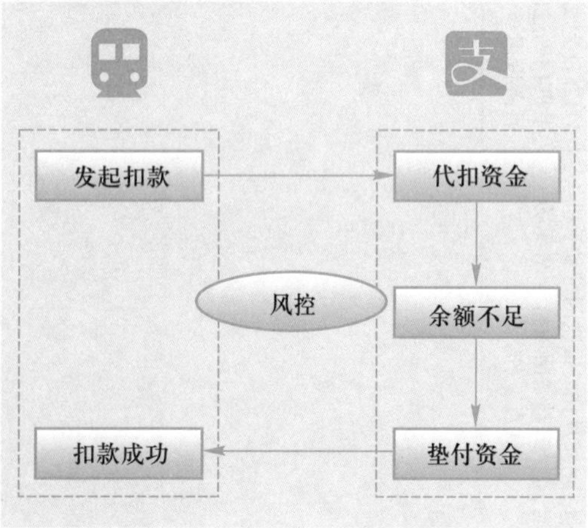

图2-36 支付宝刷码扣款流程

图2-37 手机二维码刷码和银联卡、Apple Pay等直接过闸

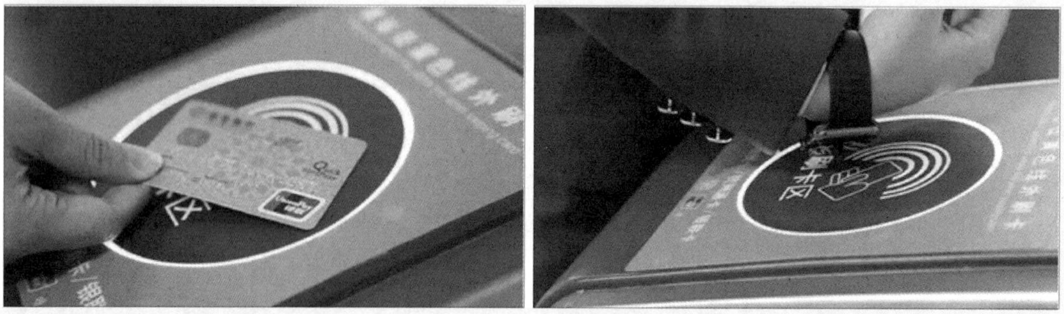

(a) (b)

图2-38 设备刷卡(码)区(一)

(3) 移动支付刷闸机上线情况

① 2017年12月27日,全线网所有车站平均每站2进2出闸机可刷银联闪付卡、手机Pay或扫二维码过闸。

② 2018年1月8日起,移动刷卡进站客流超过单程票进站客流。

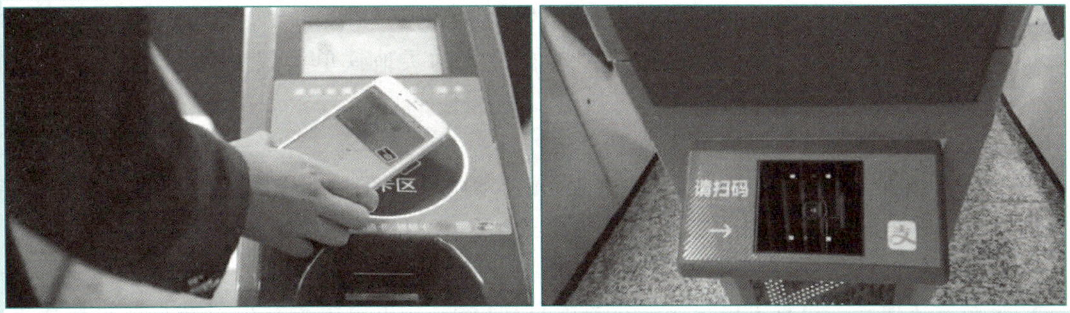

(a)　　　　　　　　　　　　(b)

图 2-39　设备刷卡(码)区(二)

③ 截至 2018 年 3 月 4 日,移动刷卡累计进站客流合计 1 875.39 万人次,日均 27.58 万人次,占线网进站总客流的 31.38%。

④ 2018 年 3 月 28 日,全线网所有车站、所有闸机实现“四项全能”。既支持传统的单程票、储值票(杭州通卡、市民卡、公交卡等)过闸,又支持银联云闪付(银联 IC 卡或承载银联 IC 卡信息的移动设备,如智能手机、手表、手环等)和杭州地铁官方 App、支付宝扫二维码过闸。

⑤ 2018 年 3 月 30 日,移动支付(银联+支付宝)的乘客比例达到 43%,而储值票占比 36%,单程票占比 21%,移动支付比例首超储值票。

⑥ 2019 年 5 月,移动支付的乘客比例达到 59%,成为杭州地铁最主要的支付方式。

⑦ 2023 年,移动支付的乘客比例达到 75%。

⑧ 2024 年,移动支付的乘客比例达到 77%。

习题及思考

一、不定项选择题

1. 以下属于自动售检票系统的运营管理模式的是(　　)。

A. 正常运营管理模式　　B. 紧急放行模式

C. 降级运营管理模式　　D. 其他运营管理模式

2. 以下属于基本降级运营管理模式的是(　　)。

A. 时间免检运行模式　　B. 列车故障运行模式

C. 紧急放行模式　　D. 日期免检运行模式

3. 以下不属于自动售检票机根据功能划分的是(　　)。

A. 进站检票机　　B. 双向检票机

C. 出站检票机　　D. 普通检票机

4. (　　)模式具有最高级的模式执行优先权。

A. 紧急放行模式　　B. 降级运行管理模式

C. 非正常运行管理模式　　D. 正常运行管理模式

5. 城市轨道交通的 AFC 系统通常采用(　　)。

A. 分散式架构　　B. 分级集中式架构

C. 区域式架构　　　　　　　　　　　　D. 线路式架构

二、判断题(正确的在括号内画“√”,错误的在括号内画“×”)

1. 自动售票机设于车站付费区,用于乘客自助式购买地铁单程票和对储值票进行充值。(　　)

2. 自动售检票系统只能以磁卡为车票介质。(　　)

3. 在运营过程中,当车站或列车发生火灾、爆炸等危及乘客和工作人员安全的紧急情况,需要乘客紧急撤离车站时,应启用降级运营管理模式。(　　)

4. 任一维修门被打开,设备自动进入暂停服务状态。(　　)

5. 车站紧急模式的设置可由车站防灾系统自动设定,亦可由综控室值班站长通过按压紧急按钮进行设定。(　　)

三、简答题

1. 简述什么是自动售检票系统。

2. 简述自动售票机的故障现象和解决方法。

模块3 升降电梯、自动扶梯及无障碍设施

职业技能等级证书考证要点

◆自动扶梯的紧急停止操作。

◆扶梯电梯故障应急处置程序及相关要求。

知识体系

- 升降电梯、自动扶梯及无障碍设施
  - 升降电梯的认识
    - 升降电梯的构造
      - 基本结构
      - 系统组成
    - 升降电梯的运行原理
  - 升降电梯的检查与操作
    - 升降电梯的检查
      - 运营前检查
      - 其他定期检查
    - 升降电梯的操作
  - 自动扶梯的认识
    - 自动扶梯的分类
    - 地铁车站自动扶梯的设计要求
    - 自动扶梯的基本构造
    - 自动扶梯的运行原理
  - 自动扶梯的检查与操作
    - 自动扶梯的检查
      - 运营前检查
      - 其他定期检查
    - 自动扶梯的操作
  - 无障碍设施的认识
    - 盲导带和盲文导向牌
    - 无障碍导向标识
    - 专用电梯（无障碍电梯）
    - 楼梯升降机和轮椅坡道
    - 轮椅踏板
    - 无障碍洗手间
    - 列车轮椅席位

建议学时

8学时

学习目标

1. 了解地铁车站升降直梯、自动扶梯的基本结构和功能。
2. 地铁车站升降直梯、自动扶梯的运行原理。
3. 掌握地铁车站升降直梯、自动扶梯的定期检查和基本操作。
4. 了解地铁车站无障碍设施。

电子教案
电梯、自动扶梯及无障碍设施

电子课件
电梯、自动扶梯及无障碍设施

电梯是指动力驱动,利用沿刚性导轨运行的箱体或者沿固定线路运行的梯级(踏步),进行升降或者平行运送人、货物的机电设备,包括载人(货)电梯、自动扶梯、自动人行道等。非公共场所安装且仅供单一家庭使用的电梯除外,如图3-1所示。

(a) 载人(货)电梯　(b) 自动扶梯　(c) 自动人行道

图3-1　电梯

3.1 升降电梯的认识

地铁是城市交通的重要载体,地铁车站电梯作为车站设备中的重要运载工具,其设计和布置应充分体现以人为本的理念,需满足无障碍设施设计的相关要求。在地铁车站中,电梯同时兼顾着大尺寸重行李的垂直乘降功能。根据无障碍设计要求,在车站站房区内,站厅层至站台层之间宜设垂直电梯,以方便残疾人及携带重行李的旅客通行。

微课
升降电梯的结构和操作

升降电梯以电力或液体作为拖动动力,轿厢可以运送乘客或货物,运行在两根垂直的或倾斜度小于15°的刚性导轨之间,驱动方式包括电力驱动(强制驱动和曳引驱动)和液压驱动两种。

3.1.1 升降电梯的构造

(1) 基本结构

电梯从空间结构上分为机房部分、井道及坑底部分、轿厢部分、层站部分。电梯组成结构框图如图3-2所示,电梯基本结构示意图如图3-3所示。

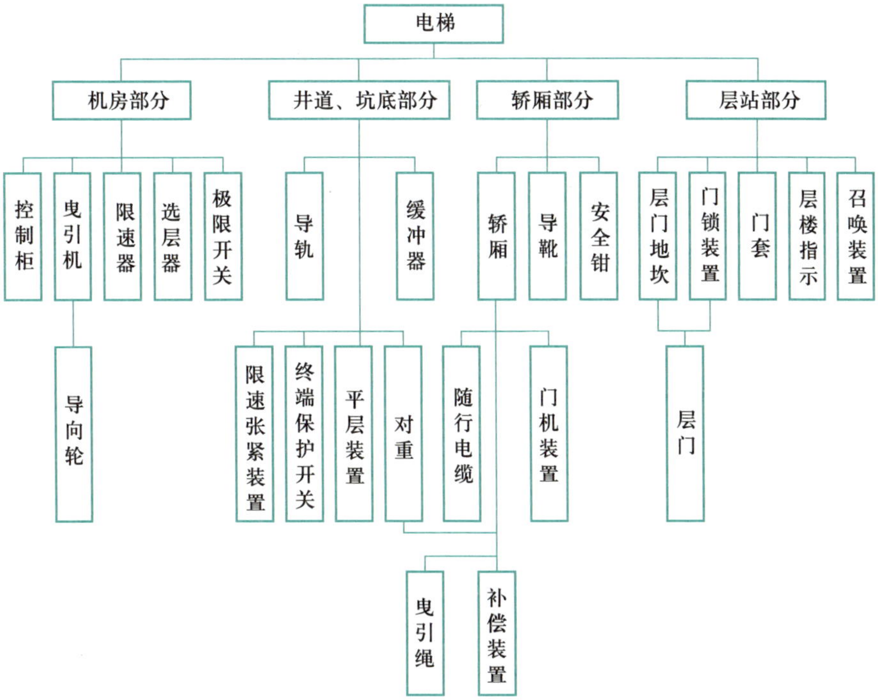

图3-2　电梯组成结构框图

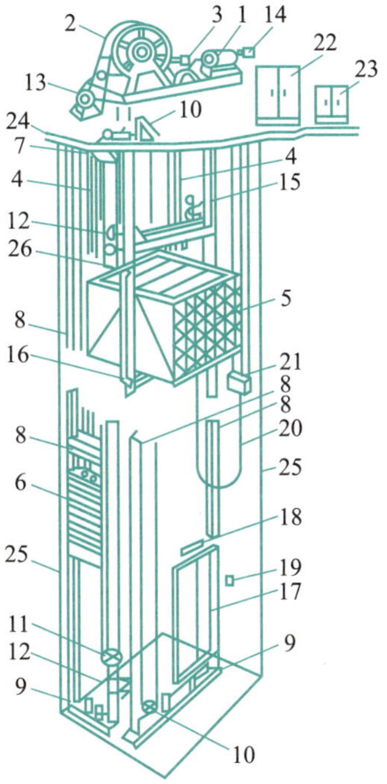

图3-3　电梯基本结构示意图

1—主传动电动机；2—曳引机；3—制动器；4—牵引钢丝绳；5—轿厢；6—对重装置；7—导向轮；8—导轨；9—缓冲器；10—限速器（包括转紧绳轮、传动绳轮）；11—极限开关（包括转紧绳轮、传动绳索）；12—限位开关（包括向上限位、向下限位）；13—楼层指示器；14—球形速度开关；15—平层感应器；16—安全钳及开关；17—厅门；18—厅外指层灯；19—召唤灯；20—供电电缆；21—接线盒及线管；22—控制屏；23—选层器；24—顶层地坪；25—电梯井道；26—限位器挡块

(2) 系统组成

升降电梯由曳引系统、导向系统、轿厢系统、门系统、重量平衡系统、电力拖动系统、电气控制系统、安全保护系统等组成。电梯各系统的作用和主要构件与装置见表3-1。

表3-1 电梯各系统的作用和主要构件与装置

序号	系统名称	作用	主要构件与装置
1	曳引系统	输出与传递动力,驱动电梯运行	曳引机、牵引钢丝绳、导向轮、反绳轮等
2	导向系统	限制轿厢和对重的活动自由度,使轿厢和对重只能沿着导轨做上、下运行	轿厢的导轨、对重的导轨及其导轨架
3	轿厢系统	用以运送乘客和货物的组件,是电梯的工作部分	轿厢架和轿厢体
4	门系统	乘客或货物的进出口,运行时层、轿门必须封闭,到站时才能打开	轿厢门、层门、开门机、连动机构、门锁等
5	重量平衡系统	相对平衡轿厢重量以及补偿高层电梯中曳引绳长度的影响	对重和重量补偿装置等
6	电力拖动系统	提供动力,对电梯实行速度控制	曳引电动机、供电系统、速度反馈装置、电动机调速装置等
7	电气控制系统	对电梯的运行实行操纵和控制	操纵装置、位置显示装置、控制柜、平层装置、选层器等
8	安全保护系统	保证电梯安全使用,防止一切危及人身安全的事故发生	机械方面:限速器、安全钳、缓冲器、端站保护装置等

3.1.2 升降电梯的运行原理

曳引绳两端分别连着轿厢和对重,缠绕在曳引轮和导向轮上,曳引电动机通过减速器变速后带动曳引轮转动,靠曳引绳与曳引轮摩擦产生的牵引力,实现轿厢和对重的升降运动,达到运输目的。电梯原理示意图如图3-4所示。

现代电梯主要由曳引机(绞车)、导轨、对重装置、安全装置(如限速器、安全钳和缓冲器等)、信号操纵系统、轿厢与厅门等组成。这些部分分别安装在建筑物的井道和机房中。电梯通常采用钢丝绳摩擦传动,钢丝绳绕过导向轮,两端分别连接轿厢和对重装置,电动机驱动曳引机使轿厢升降。电梯要求安全可靠、输送效率高、平层准确和乘坐舒适等。电梯的基本参数主要有额定载重量、可乘人数、额定速度、轿厢外廓尺寸和井道形式等。

载人电梯都是微机控制的智能化、自动化设备,不需要专门的人员来操作驾驶,普通乘客只要按下列程序乘坐和操作电梯即可。

① 在乘梯楼层电梯入口处,根据自己上行或下行的需要,按上方向或下方向箭头按钮,只要

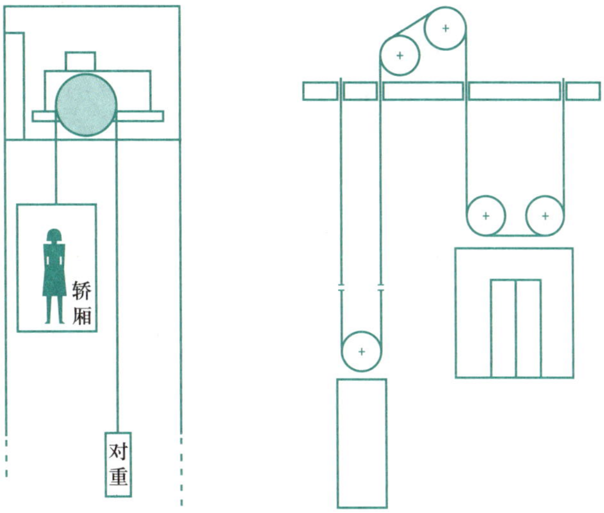

图 3-4　电梯（升降直梯）原理示意图

按钮上的灯亮，就说明呼叫已被记录，只要等待电梯到来即可。

② 电梯到达开门后，先让轿厢内人员走出电梯，然后呼梯者再进入电梯轿厢。进入轿厢后，根据需要到达的楼层，按下轿厢内操纵盘上相应的数字按钮。同样，只要该按钮灯亮，则说明选层已被记录，此时不用进行其他任何操作，只要等电梯到达目的层停靠即可。

③ 电梯行驶到目的层后会自动开门，此时按顺序走出电梯即完成一次乘梯过程。

3.2 升降电梯的检查与操作

3.2.1 升降电梯的检查

1. 运营前检查

地铁运营前站务人员将对电梯进行基本检查，如表 3-2 所示。

表 3-2　运营前检查项目及标准

检查项目	检查标准
电梯、电扶梯	设备运行正常，无异响、无异物，招援按钮有效，通话清晰

2. 其他定期检查

值班站长、站长、站区经理将定期对电梯设备进行检查，如表 3-3 所示。

3.2.2 升降电梯的操作

升降电梯的基本操作说明如表 3-4 所示。

表 3-3　其他定期检查项目及标准

范围	需求	检查频率		
		值班站长	站长	站区经理
电梯设备间				
警告/危险提示	未受损充足	每日	每周	每月
门锁	可上锁			
紧急下降设备	状态良好			
设备运行	运作正常无漏油			
灭火设备	到位			
房间整洁	正常			
直通通话				
正常/紧急照明				
结构				
黄色荧光箭头				
爬梯	上锁逾期检查			
所有电缆间	无障碍			

表 3-4　升降电梯的基本操作说明

类别	操作说明	
概述和说明	① 正常情况下，车站人员可根据车站实际需要开启和关闭升降电梯。 ② 应急情况下，乘客可以通过轿厢内紧急呼叫按钮联系车控室。 ③ 车站升降电梯具备消防联动功能，发生火灾时，停于基层，处于打开状态	
开启操作	① 用专用钥匙打开升降电梯，升降电梯即可自动运行。 ② 开启后试乘 2～3 次，检查厅门开启是否良好、厅门地坎有无异物、轿内对讲功能是否正常后方可离开	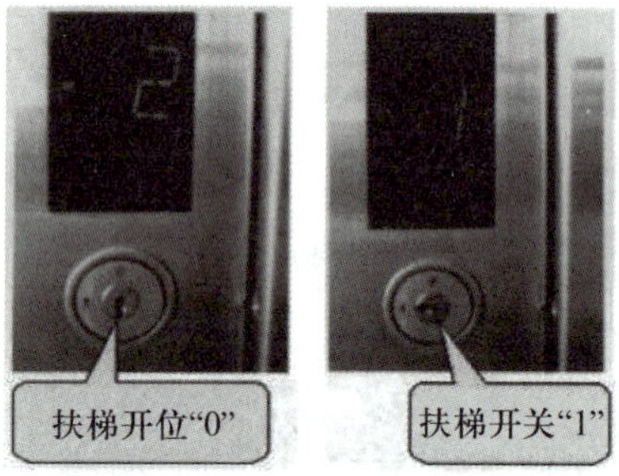 (a) 电梯开启图示　(b) 电梯关闭图示
紧急情况发生时操作	发生紧急情况时，乘客可按轿厢内紧急呼叫按钮与车控室联系，配合指挥人员等待救援	

续表

类别	操作说明	
关闭操作	用升降电梯专用钥匙进行锁梯，升降电梯自动回闭到基层并关闭风扇和轿内照明，升降电梯停止运行	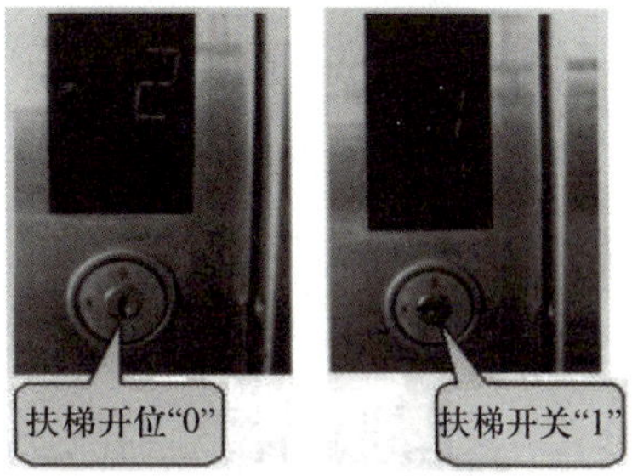 (a) 电梯开启图示　(b) 电梯关闭图示
注意事项	① 电梯关梯前确认轿厢内没有人。 ② 站内电梯的基站在站厅层，出入口电梯的基站在地面层。 ③ 电梯在关梯后，将不再响应其余呼梯信号，直接进入基站，打开门后电梯将关门，停止运行	

3.3 自动扶梯的认识

自动扶梯作为地铁车站内集散乘客的主要运输工具，可以将乘坐地铁的乘客安全、快捷、舒适地送入或送出车站，是地铁车站建筑设计中非常重要的一个环节。自动扶梯作为主要的大运载工具，能有效地解决地面至站厅、站厅至站台不同标高间乘客的乘降需要，改善乘客乘车条件，增加乘车舒适度。

3.3.1 自动扶梯的分类

根据不同的特征，常见的自动扶梯分类见表 3-5。

表 3-5　常见的自动扶梯分类

序号	特征	分类名称
1	按驱动装置的位置分类	端部驱动自动扶梯
		中间驱动自动扶梯
2	按扶手外观分类	全透明扶手自动扶梯
		半透明扶手自动扶梯
		不透明扶手自动扶梯
3	按扶梯路线型分类	直线型自动扶梯
		螺旋型自动扶梯
4	按使用条件分类	普通型自动扶梯
		公共交通重载型自动扶梯

续表

序号	特征	分类名称
5	按提升高度分类	小提升高度(最大至 8 m)扶梯
		中提升高度(最大至 25 m)扶梯
		大提升高度(最大可达 65m)扶梯
6	按运行速度分类	恒速扶梯
		可调速扶梯

自动扶梯的输送能力可根据不同的梯级宽度、提升高度和倾斜角度进行划分,以每小时运送乘客的数量来衡量输送能力,其分类见表 3-6。

表 3-6　自动扶梯输送能力分类　　单位:人/h

梯级宽度/m	名义运行速度/(m/s)		
	0.50	0.65	0.75
0.60	3 600	4 400	4 900
0.80	4 800	5 900	6 600
1.00	6 000	7 300	8 200

3.3.2 地铁车站自动扶梯的设计要求

地铁扶梯采用公共交通重载型扶梯,是各大扶梯厂商专门针对地铁大客流量所研发的梯型,这些扶梯在结构、配置和性能上,有比普通扶梯更完善的安全性、更长的工作寿命。参照《地铁设计规范》,地铁车站自动扶梯设计应符合如下要求。

微课
自动扶梯的设计要求和基本结构

① 车站出入口、站台至站厅应设上、下行自动扶梯,在设置双向自动扶梯困难且提升高度不大于 10 m 处,可仅设上行自动扶梯。每座车站至少有一个出入口,站台至站厅至少有一处必须设上、下行自动扶梯。

② 地铁应采用重载荷公共交通型自动扶梯。

③ 自动扶梯和自动人行道连续运行时间,每天不应少于 20 h,每周运行不应少于 140 h,每 3 h 应能以 100%制动载荷连续运行 1 h。

④ 自动扶梯和自动人行道的额定速度不应小于 0.5 m/s,宜选用 0.65 m/s。

⑤ 自动扶梯的倾斜角度不应大于 30°。

⑥ 自动扶梯及自动人行道应具备变频调速的节电功能。

⑦ 设置于室外的自动扶梯应选用室外型产品,上下平台应配有防滑措施;严寒地区应配有防止冰雪积聚的设施。

⑧ 自动扶梯和自动人行道应接受地铁环境与设备监控系统(BAS)的监控。

拓展知识——节能环保

自动扶梯及自动人行道检测到轻载状态一段时间后,会从全速运行降到半速运行。如果一定时间后没有人乘坐,会逐渐减速直至停止运行,这样可以有效节约电能(30%~50%),减少不必要的机械磨损。

⑨ 自动扶梯和自动人行道布置处应设置摄像监视装置。

3.3.3 自动扶梯的基本构造

自动扶梯主要由桁架、驱动装置(工作制动器及附加制动器)、梯路导轨系统、扶手装置、梯级链、梯级、梳齿板及支撑板(前沿板)、检修盖板和楼层板(床盖板)组成,如图 3-5 和图 3-6 所示。

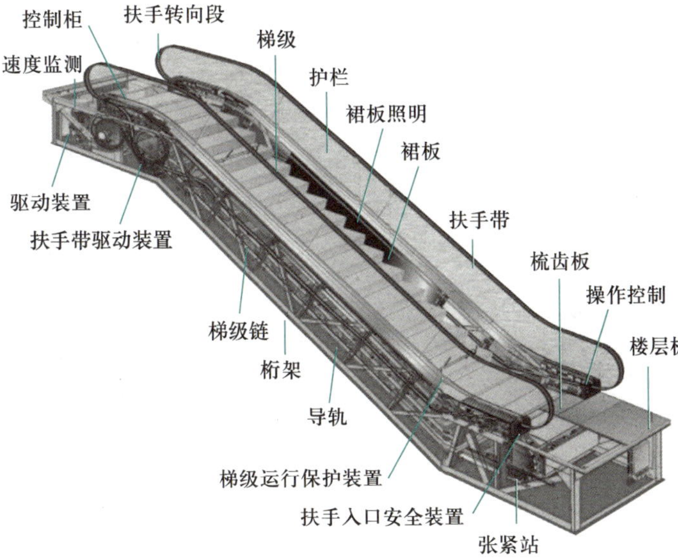

图 3-5 自动扶梯的基本结构

桁架:是指供支撑梯级、踏板、胶带以及运行机构等部件的金属结构体。

扶手装置:是指位于自动扶梯和自动人行道两侧,对乘客起安全防护作用,也便于乘客站立扶握的部件。它包括扶手盖板、扶手导向、护壁板、裙板和外包板等。

梯级:是指在桁架上循环运行,供乘客站立的部件。

导轨:使梯级按一定的规律运动以防止梯级跑偏,承受梯级主轮和副轮传递来的梯路载荷,具有光滑、平整、耐磨的工作表面。

梯级链:主要由梯级主轮、内外链片、异型销轴、圆柱销轴、套筒等组成。于梯级两侧各装设一条,两侧梯级链条通过梯级轴连接起来,一起牵引梯级运行。

3.3.4 自动扶梯的运行原理

从最基本的功能来说,自动扶梯就是一个经过简单改装的输送带。两根转动的链圈以恒定周期拖动一组台阶,并以稳定速度承载许多人进行短距离移动。自动扶梯的核心部件是两根链条,它们绕着两对齿轮进行循环转动。在扶梯顶部,有一台电动机驱动传动齿轮以转动链圈。典型的自动扶梯使用 100 马力(1 马力≈735 W)的发动机来转动齿轮。发动机和链条系统都安装在桁架中,桁架是在两个楼层间延伸的金属结构。

与传送带移动一个平面不同,链圈移动的是一组台阶。链条移动时,台阶一直保持水平。在自动扶梯的顶部和底部,台阶彼此折叠,形成一个平台,这样使人们上、下自动扶梯比较容易。

(a) 桁架

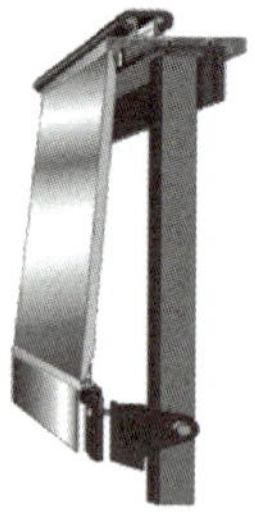

(b) 扶手装置

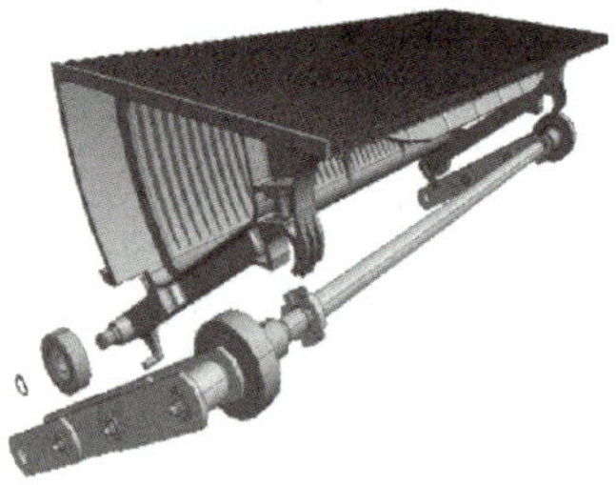

(c) 梯级

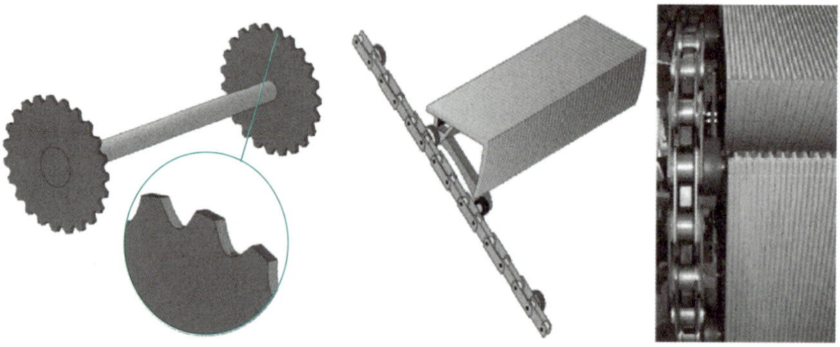

(d) 梯级链

图 3-6 自动扶梯的构件

3.4 自动扶梯的检查与操作

3.4.1 自动扶梯的检查

1. 运营前检查

地铁运营前站务人员将对自动扶梯进行基本检查,如表 3-7 所示。

表 3-7 运营前检查项目及标准

检查项目	检查标准
电梯、自动扶梯	设备运行正常,无异响、异物,招援按钮有效,通话清晰

微课
自动扶梯的日常检查及操作

2. 其他定期检查

值班站长、站长、站区经理将定期对自动扶梯、自动人行道设备间进行检查,如表 3-8 所示。

3.4.2 自动扶梯的操作

自动扶梯的基本操作如表 3-9 所示(不同的厂家生产的自动扶梯操作具有差异性,这里以杭州地铁 2 号线和 4 号线为例进行操作说明)。

表 3-8　其他定期检查项目及标准

范围	需求	检查频率		
		值班站长	站长	站区经理
电扶梯/自动人行道设备间				
警告/危险提示	未受损充足	每日	每周	每月
爬梯	爬梯上锁			
门锁	可上锁			
隔尘盘	无堵塞			
缓慢移动装置	到位无漏油			
设备运行				
灭火设施	正常	每日	每周	每月
房间整洁				
发电机及安全保护装置				
正常/紧急照明				
结构				
黄色荧光箭头				
所有电缆间	无障碍			

表 3-9　自动扶梯的基本操作

<table>
<tr><th>类别</th><th colspan="2">操作说明</th></tr>
<tr><td>概述和说明</td><td colspan="2">① 在每日运营前，通过就地手动方式将自动扶梯开启。
② 在每日运营结束后，通过手动方式将自动扶梯关闭。
③ 在车站发生紧急情况时，可手动/远程将自动扶梯紧急停止</td></tr>
<tr><td>开启操作</td><td>① 检查确认自动扶梯上无乘客且自动扶梯周围无障碍物，查看梯级梳齿板内有无异物，检查相关安全提醒标识是否完好。
② 在梯头或梯尾的启动开关处用钥匙向所需运行方向旋转，启动自动扶梯。
③ 在达到额定转速前，检查自动扶梯是否启动自如，若有异常，即按急停按钮停止。
④ 扶梯运行平稳后取出钥匙，待扶梯运转 2~3 圈后无异常方可离开</td><td>

</td></tr>
</table>

续表

类别	操作说明	
正常关闭操作	① 检查确认自动扶梯上无乘客。 ② 在梯头或梯尾的启动开关处反向旋转钥匙,自动扶梯停止运行。 ③ 待完全停止后取出钥匙	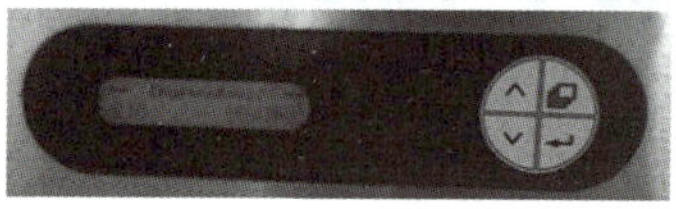
应急操作	紧急情况时,先通知乘客,后按自动扶梯上下头部、中部或车控室的紧急停止按钮停止自动扶梯运行	
转变行程方向操作	① 检查确认自动扶梯上无乘客。 ② 在梯头或梯尾的启动开关处反向旋转钥匙,自动扶梯停止运行。 ③ 待自动扶梯完全停止后,再按所需运行方向旋转钥匙。 ④ 自动扶梯运行平稳后取出钥匙,待扶梯运转2~3圈后无异常方可离开	

3.5 无障碍设施的认识

无障碍设施是指为保障残疾人、老年人等群体的安全通行和使用便利,在建设项目中配套建设的服务设施。无障碍设施的定义决定了其使用性质,因而在设计过程中无障碍设施的设置都具有较强的针对性。

微课
车站无障碍设施的基本认识

根据使用对象,地铁的无障碍设施主要包括两大类:根据盲人具体出行需求设置的盲导带、盲文导向牌;根据肢残人士出行需求设置的无障碍导向标识、专用电梯、楼梯升降机、轮椅坡道、轮椅踏板、无障碍洗手间和列车轮椅席位。

3.5.1 盲导带和盲文导向牌

地铁车站一般会设有盲导带和盲文导向牌,广州地铁每个车站至少有两个出入口设计有盲导带与地面市政盲导带相连接。车站内的盲导带由出入口至通道再到站厅,经由专用电梯(或楼梯)至站台,引导盲人乘客完成进站、乘车、出站一系列行为活动。在车站内直导带行进路中的关键节点处(如入口、出口、入闸、站台等位置)配套设有盲文导向牌,包括盲文入口导向牌、盲文出口指引牌、盲人求助按钮牌(盲人求助按钮)、盲文乘车导向牌,如

图 3-7 所示。

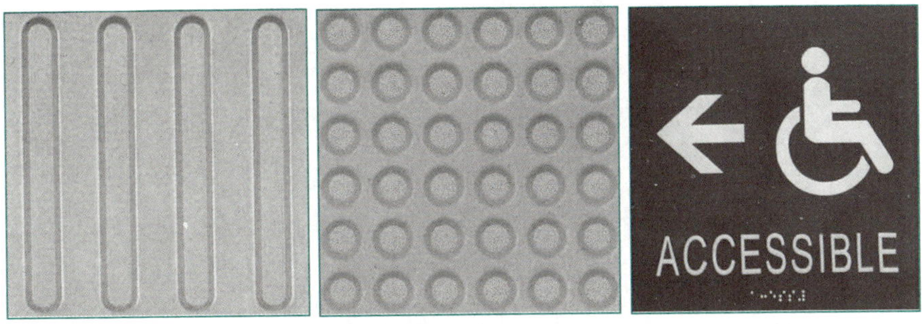

(a) (b) (c)

图 3-7 盲导带和盲文导向牌

3.5.2 无障碍导向标识

为了引导残疾人安全、顺畅地完成车站内每一层的相关乘车活动，地铁车站通道内、站厅层、站台层及各无障碍设备处等位置连续设置无障碍导向标识，如图 3-8 所示。

(a) (b)

图 3-8 无障碍导向标识

3.5.3 专用电梯(无障碍电梯)

地铁的专用电梯(图 3-9)设置在站厅层付费区通往站台层或出入口通往站厅层非付费区。专用电梯的使用功能完备，有盲文功能按键、求助按键、引导说明等。电梯外部门上方设有专用电梯导向标识，门前方地面设置有盲导带。根据肢残人士的安全和需要，电梯内还设有面向电梯门的镜子。

3.5.4 楼梯升降机和轮椅坡道

楼梯升降机(图 3-10)设置在出入口通往站厅的通道楼梯处，同时在出入口配套设有轮椅坡道(图 3-11)。楼梯升降机设有完备的对讲及操作装置，可帮助肢残人士完成进入车站的行为活动。

图 3-9　专用电梯(无障碍电梯)

(a)　(b)　(c)

图 3-10　楼梯升降机

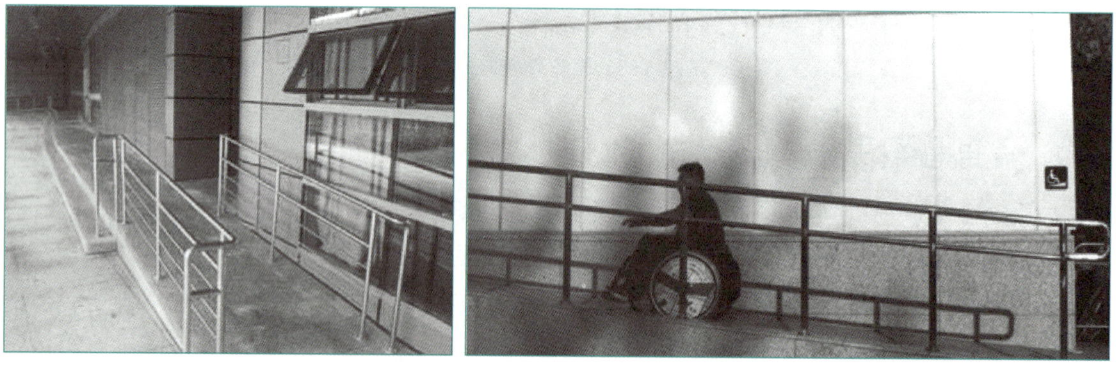

(a)　(b)

图 3-11　轮椅坡道

3.5.5　轮椅踏板

轮椅踏板为一块可折叠的具有一定强度的硬质板,如图 3-12 所示。其主要功能为帮助轮椅乘客安全、平稳地度过站台与列车之间的间隙与高度差，一般放置于站台垂直电梯处。

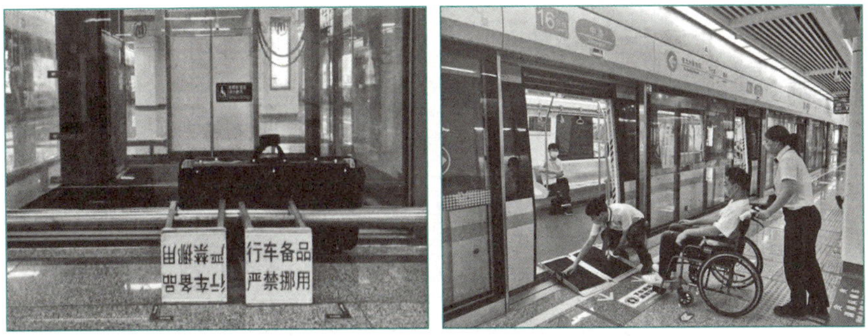

图 3-12　轮椅踏板

轮椅踏板的操作流程：

① 选择靠近司机端 7 或 8 号车门对应的屏蔽门（具有残疾人标识）上车，便于司机观察；

② 将轮椅踏板展开，黑色面向上（top），竖直平铺在站台与列车之间；

③ 将轮椅乘客由站台推至列车上轮椅乘客专用位处，固定轮椅乘客的轮椅；

④ 向车控室汇报乘客所乘坐列车的班次、乘客上车的位置（××卡××号门，屏蔽门编号×××）。

3.5.6　无障碍洗手间

无障碍洗手间为不分性别的独立卫生间，配备专门的无障碍设施。方便乘坐轮椅人士以及其他需要人士，配置专用的洁具、与洁具配套的安全扶手等，为残障者、老人或妇幼如厕提供便利。

无障碍卫生间求助/报警设备安装在车站公共区的残疾人厕所内，每个残疾人厕所内设有两个按钮（便池旁及残疾人厕所门旁，如图 3-13 所示），便于行动不便的乘客在发生突发事件时向车站求助。无障碍卫生间求助/报警按钮为非自复位开关，无法通过多次按压达到复位效果，如图 3-14 所示。

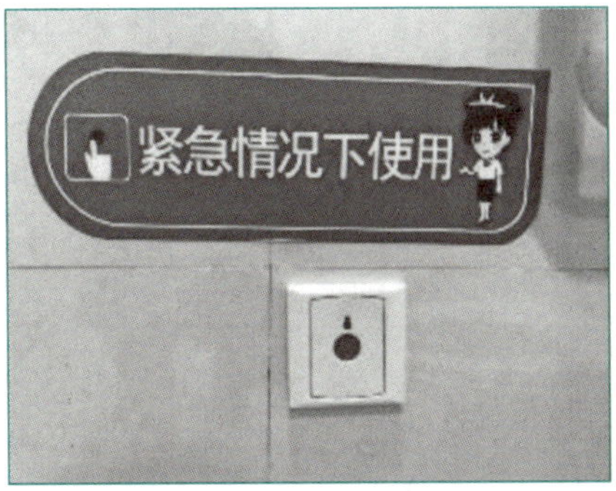

图 3-13　求助按钮

无障碍卫生间紧急救助流程：① 使用时按压红色按钮，按钮会锁死在最底层；② 位于无障碍卫生间外的声光报警器会报警；③ 复位时需用专用复位钥匙插入复位孔内即可；④ 复位后声光报警器不在报警，红色按钮弹出至初始状态。

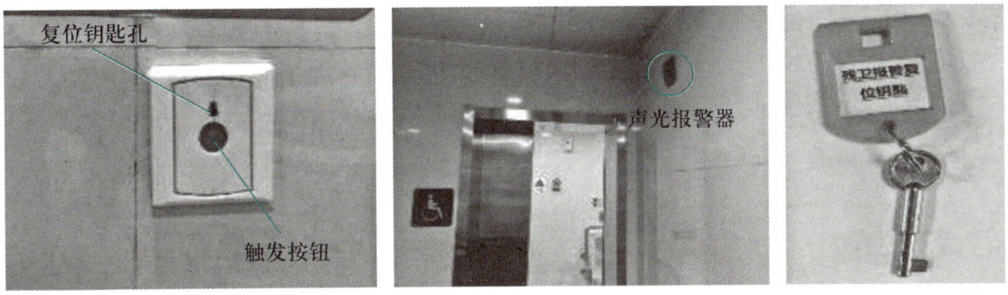

图 3-14　无障碍卫生间求助/报警设备

3.5.7 列车轮椅席位

列车轮椅席位(图 3-15)供残疾人乘坐地铁时使用。广州地铁除了3号线部分列车外,其余列车车厢内均设有一定数量的轮椅席位,供坐轮椅的残疾人使用,每个轮椅席位处都配套设有残疾人标识。

训练与思考

升降电梯与自动扶梯检查及操作记录表

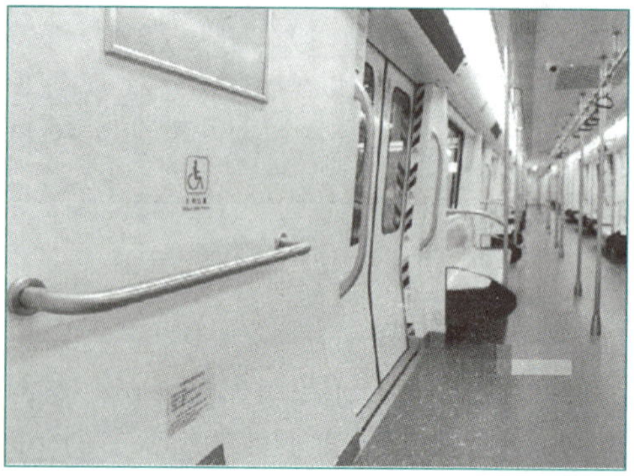

图 3-15 列车轮椅席位

拓展知识

电梯突然停止运行自救口诀如图 3-16 所示,电梯下坠故障自救方法如图 3-17 所示。

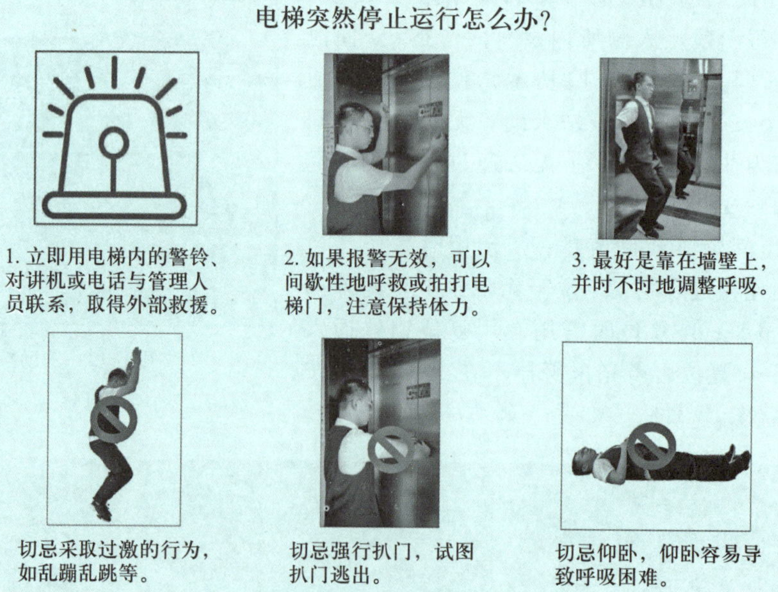

图 3-16 电梯突然停止运行自救口诀

遇到电梯下坠故障怎么办？

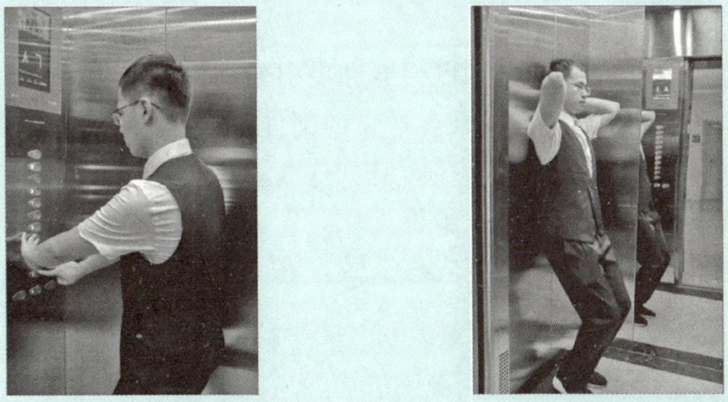

不论有几层楼，迅速从下往上把每层楼的按键都按下，哪怕不亮也要按下。当紧急电源启动时，电梯可以马上停止继续下坠。

整个背部、头部紧贴电梯内墙，呈一条直线；如果电梯内有把手，双手扶住把手，如果电梯内没有把手，双手抱颈；膝盖呈弯曲姿势，脚尖点地，脚跟提起。

图3-17 电梯下坠故障自救方法

习题及思考

一、不定项选择题

1. 升降直梯从空间结构上可分为(　　)。

A. 机房部分　　B. 井道及坑底部分

C. 轿厢部分　　D. 层站部分

2. 升降直梯轿厢内的按钮一般包括(　　)等。

A. 报警按钮　　B. 楼层选择按钮

C. 开门按钮　　D. 关门按钮

3. 地铁的自动扶梯应采用(　　)。

A. 公共交通重载型　　B. 普通型

C. 螺旋型　　D. 恒速型

4. 自动扶梯的倾斜角度不应大于(　　)。

A. 25°　　B. 30°　　C. 35°　　D. 45°

5. 自动扶梯的优点有(　　)。

A. 生产率即输送能力大

B. 人流均匀,能连续运送人员

C. 自动扶梯可以逆转,即能向上和向下运转

D. 当停电或重要零件损坏需要停用时,可作普通扶梯使用

二、判断题(正确的在括号内画"√",错误的在括号内画"×")

1. 升降电梯的驱动方式包括电力驱动和曳引驱动两种。(　　)

2. 自动扶梯和自动人行道连续运行时间,每天不应少于20 h,每周运行不应少于140 h。(　　)

3. 在客流量大的地铁车站中,无障碍电梯是最便利、最迅速的升降设备,优点是运送效率高。( )

4. 轿厢与对重能做相对运动是靠曳引绳和曳引轮间的摩擦力来实现的。( )

5. 梯级在桁架上循环运行,是供乘客站立的部件。( )

三、简答题

1. 简要说明自动扶梯的开启操作步骤。

2. 简述遇到电梯下坠故障时乘客应怎么做。

模块4 站台门系统

职业技能等级证书考证要点

- ◆站台门结构及功能；
- ◆站台门夹人夹物处理程序及相关要求；
- ◆站台门故障处置程序及相关要求；
- ◆就地控制盘操作相关规定。

知识体系

- 站台门系统
  - 站台门的认知
    - 站台门分类与功能
      - 站台门的分类
      - 站台门的功能
    - 站台门的机械结构及电气控制
      - 机械结构
        - 门体结构
        - 门机传动系统
      - 电气控制
        - 系统级控制
        - 站台级控制
        - 手动级控制
  - 站台门的检查与操作
    - 站台门的检查
    - 站台门的操作
  - 站台门的应急处置
    - 单对门不能开启
    - 多对或整列门不能开启
    - 单对门不能关闭
    - 多对或整列门不能关闭
    - 站台门玻璃破碎/破裂（没有列车在站台）
    - 站台门玻璃破碎/破裂（有列车在站台）
    - 站台门因不明原因自动开启
    - 无法取得站台门信号

建议学时

6 学时

学习目标

电子教案
站台门系统

1. 了解地铁车站站台门的分类及功能。
2. 理解站台门的机械结构。
3. 掌握站台门的控制系统。
4. 掌握站台门的运营前检查和基本操作。
5. 掌握不同情形下站台门的应急处置。

4.1 站台门的认识

4.1.1 站台门分类与功能

电子课件
站台门系统

站台门系统安装于地铁、轻轨等车站的站台边缘,将轨道与站台候车区隔离,设有与列车门相对应,可多级控制开启与关闭滑动门的连续屏障,可称为站台门或安全门或屏蔽门。

站台门能有效地减少空气对流造成的站台冷热气流失,保障列车、乘客进出站时的安全,降低了列车运行所产生的噪声对车站的影响,地铁站台门能为乘客营造一个安全、舒适的候车环境,具有节能、安全、环保、美观等功能。

1. 站台门的分类

从结构形式上,站台门可以分为封闭式站台门和开放式站台门,开放式站台门又可分为全高和半高两种,如图4-1所示。

(1) 封闭式站台门

微课
站台门的认识

如图4-2所示,封闭式站台门除具有保证乘客的安全作用外,还具有隔断区间隧道内气流与车站内空调环境间的冷热气流交换的功能,要求站台门的气密性良好,这样才能使车站与区间的热交换减小到最低程度,达到节能的目的。门体高度一般为2 800~3 200 mm,这种结构多用于有空调系统的地下车站。

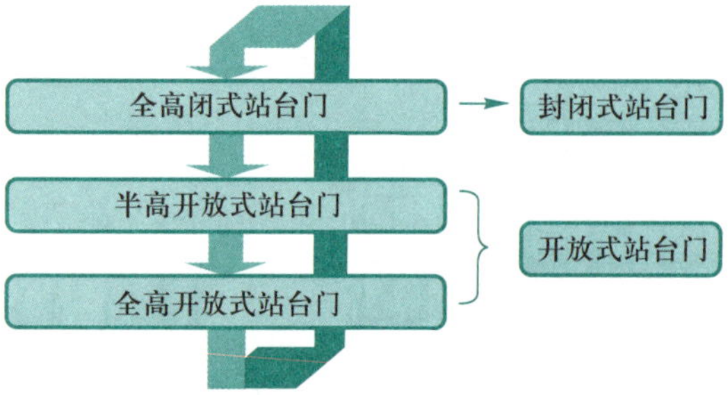

图4-1 站台门的分类

图4-2 封闭式站台门

(2) 开放式站台门

① 全高开放式站台门如图4-3(a)所示,安装于地铁、轻轨等交通车站,门体结构超过人体高

度,门体顶部与站厅顶面之间有一段不封闭空间,下部也可根据需要设置通风口,允许轨道与站台之间有空气对流,造价低,多应用于没有空调系统的地下车站站台,其总体高度为 2 050 mm。

② 半高开放式站台门如图 4-3(b)所示,主要的作用是保证乘客的安全,高度一般为 1 200~1 500 mm,由于不能完全隔绝风和噪声对乘客的影响,因此,这种结构多用在敞开式地面站台或高架站台。

(a) 全高式站台门　　(b) 半高式站台门

图 4-3　开放式站台门

2. 站台门的功能

(1) 提高候车安全

① 防止乘客因车站客流拥挤或其他原因跌落轨道;

② 避免乘客被列车活塞风吹吸的潜在危险;

③ 避免无关人员进入隧道。

(2) 改善站台环境

站台区域更加舒适、美观,隔音隔热效果好。

(3) 节约运营成本

① 节省车站的空调负荷,一定程度上降低能耗;

② 减少站台边缘区域站务人员的数量。

4.1.2　站台门的机械结构及电气控制

站台门系统由机械和电气两部分组成。机械部分包括门体结构和门机传动系统;电气部分包括电源系统、控制部分、监视部分和接口部分。站台门系统框架和站台门系统结构分别如图 4-4和图 4-5 所示。

机械部分:站台门门体结构由承重结构(包含上部钢结构)、滑动门、固定门、应急门和端门、门槛、顶箱等组成具体可参考图 4-4,把站台侧与轨行区侧安全隔离开。

电气部分:电源系统主要由交流自动切换装置(ATS)、三相隔离变压器、UPS(含蓄电池、监测模块等)、AC-DC 转换装置(冗余配置)、输出配电回路、装置监控模块等组成;控制系统主要由门控单元(DCU)、中央接口盘(PSC)、就地控制盘(PSL)、就地控制盒(LCB)、紧急控制盘(IBP)等组成。

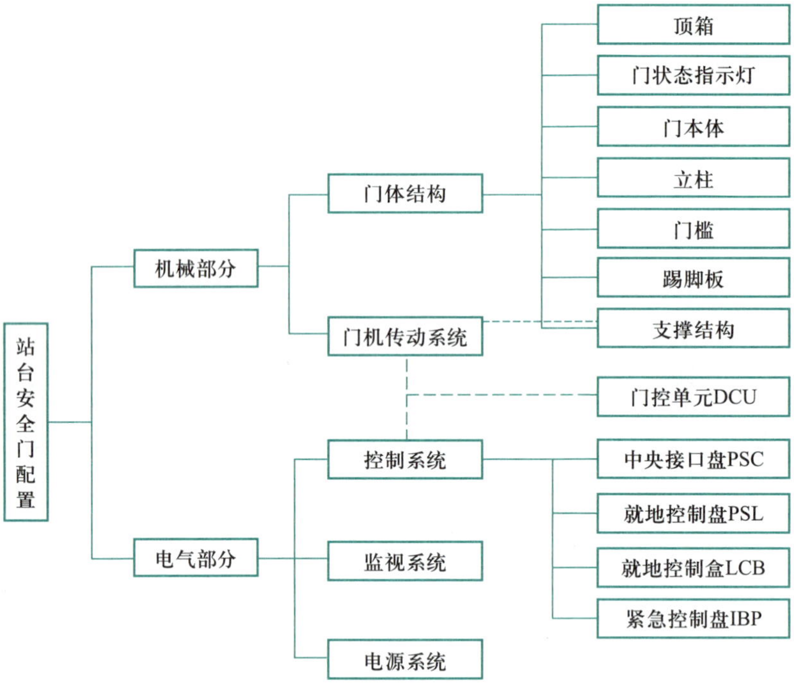

图 4-4 站台门系统框架

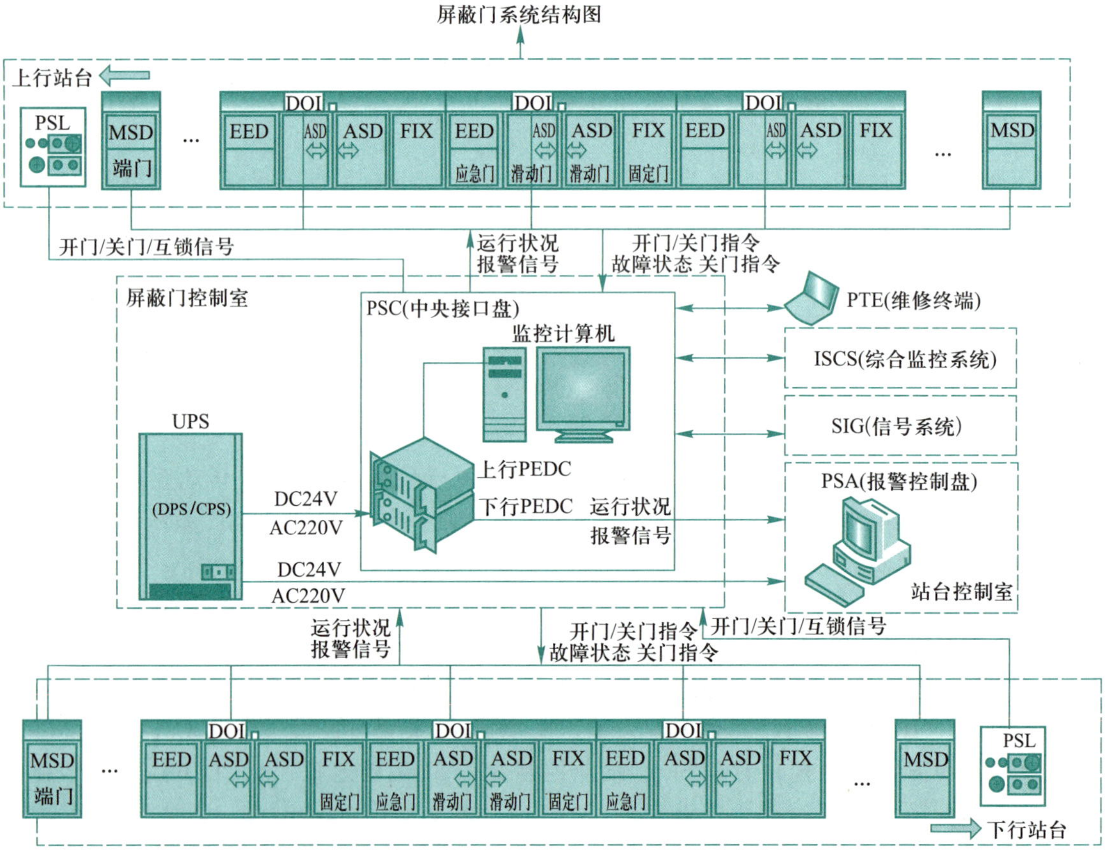

图 4-5 站台门系统结构

1. 机械结构

(1) 门体结构

站台门门体结构主要有顶箱、门状态指示灯、门本体、立柱、踢脚板、门槛等部分组成。一般而言,每侧站台门共有 24 对滑动门、2 对应急门、2 套端门、25 扇固定门。门体结构如图 4-6 所示。

微课
站台门的机械结构

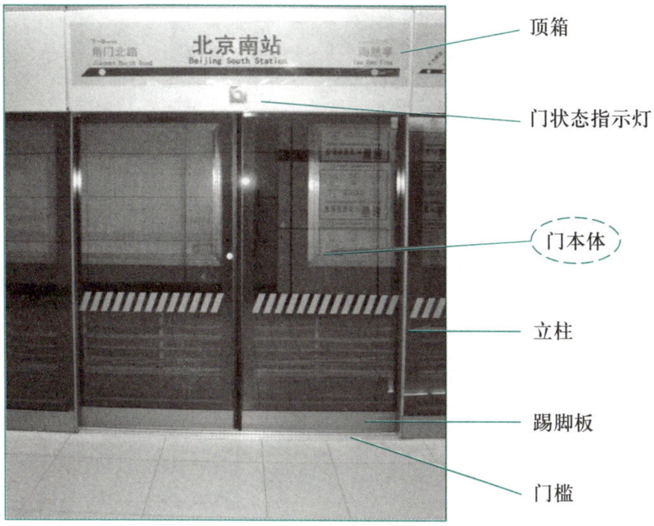

图 4-6　门体结构

如图 4-7 所示为一个典型的站台门机械门门体组合。

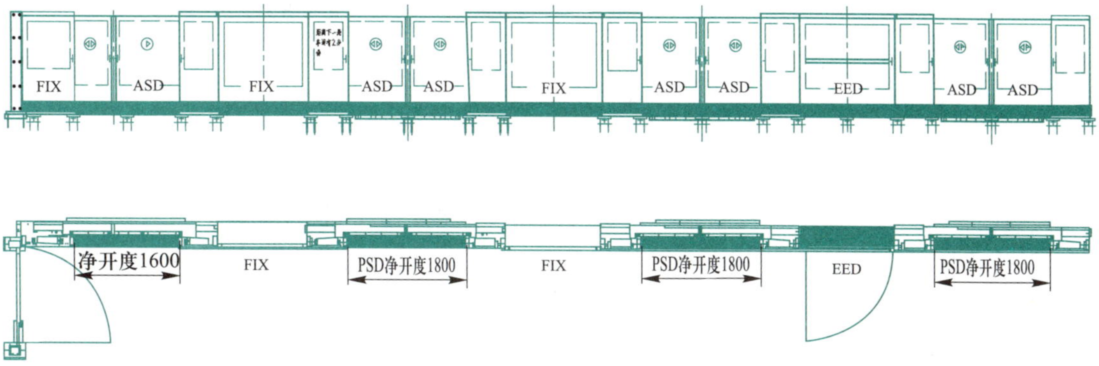

图 4-7　典型的站台门机械门门体组合

① 顶箱:顶箱上可安装一些导向性标志,但其主要功能是对内部零部件进行密封保护,并设置防电磁干扰措施。从材料选择和密封设计上讲,顶箱既能减振,又能有效地屏蔽外界的电磁干扰。顶箱及前盖板如图 4-8 所示。

注意:站务人员如发现顶箱没有完全关闭,应立即汇报,并采取必要措施,否则站台门系统可能会因其他设备的电磁干扰而无法正常工作。

② 门状态指示灯:滑动门指示灯分为红色和黄色两种,其状态见表 4-1。

图 4-8 顶箱及前盖板

表 4-1 滑动门指示灯的状态

状态		指示灯	蜂鸣器
正常开关门时	正常	黄色 1 Hz(赫兹)闪烁	发声
	待开门到位	黄色指示灯常亮	不响
	关门到位	不动作	不动作
手动开关门时	手动	黄色 1 Hz(赫兹)闪烁	发声
	待开门到位	黄色指示灯常亮	不响
	关门到位	不动作	不响
隔离模式		红色常亮	不响
故障状态		红色指示灯 2 Hz 闪烁	蜂鸣器 2 Hz 发声
火灾模式		红灯、黄色指示灯交替 1 Hz 闪烁	蜂鸣器 2 Hz 发声
安全回路丢失		红灯、黄灯常亮	不响

端门指示灯:端门打开,指示灯亮;端门关闭,指示灯熄灭,打开 2 min 后 2 Hz 报警。

应急门指示灯:应急门打开,指示灯亮;应急门关闭,指示灯灭。

③ 踢脚板:它采用的是不锈钢材料,主要是用来提高站台门的强度,防止乘客有意或无意地踢脏或踢碎门体玻璃。

④ 门槛:它采用铝合金材料,表面用一种凸凹结构作防滑处理,门槛位于所有能够滑动的门体下端,以避免乘客经过时发生不必要的摔倒;同时它与站台板进行绝缘固定,以防止乘客触电。

⑤ 支撑结构:站台门的支撑结构包括立柱、下面的底座以及上方支撑组件。底座通过绝缘件与站台板进行螺栓连接,既保证牢固可靠,又可以保证站台门系统与站台板地面绝缘隔离。

⑥ 门本体。

滑动门(ASD):它的数量应与列车一侧乘客舱室门的数量一致,位置对应。正常情况下,滑动门的开/关应由门机总承的驱动机构操作,由门控单元(door control unit,DCU)控制。在紧急情况下应能实现如下功能:在轨行区侧的乘客可操作设置在门扇上的门把手手动开门;在车站站台侧的站务人员可用专用钥匙开门,如图 4-9 和图 4-10 所示。

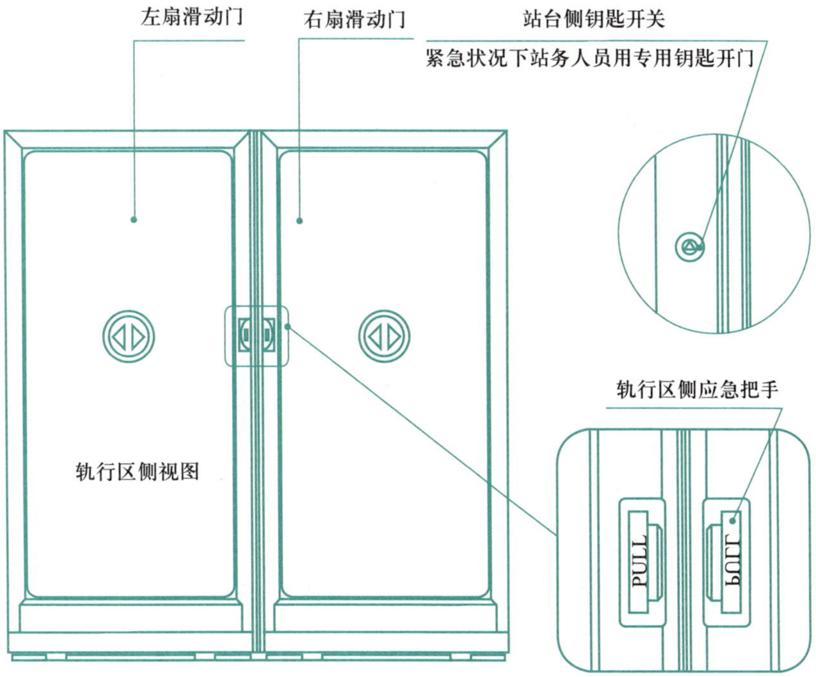

图 4-9 滑动门

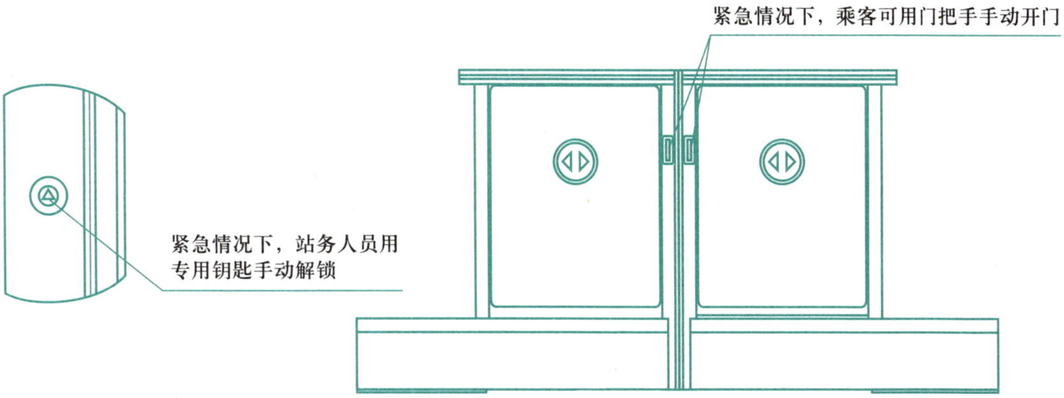

图 4-10 紧急情况下应急操作示意图

滑动门设有障碍物探测功能，能探测到的最小障碍物为 5 mm（厚）×40 mm（宽）（视品牌而定）的物体。

滑动门关门受阻时，门操作机构能通过探测器检测到有障碍物存在并释放关门力，停顿 2 s 后（0~10 s 可调）继续关闭。若障碍物仍存在，门立即全开，然后再次关门，重复关门 3 次（1~5 次可调）门仍不能关闭，则滑动门全开并进行报警，ISCS 设备可显示具体故障信息和位置，门状态指示灯闪烁，等待处理，滑动门探测装置如图 4-11 所示。

站台门固定门（FIX）：固定门为不可开启的门体，位于滑动门与应急门之间，是站台与区间隧道隔离和密封的屏障，固定门没有需要运营操作的人机界面。

站台门应急门（EED）：应急门一般当作固定门使用，在列车进站无法停靠在允许的误差范围

图 4-11 滑动门探测装置

位置时,必有一道列车门对准应急门。若需要由应急门紧急疏散时,可由乘客在轨行区侧列车上打开相对应的列车门后推动应急门的解锁装置,或由车站站台侧的站务人员用专用钥匙打开应急门进行紧急疏散。

应急门的人机操作界面主要包含手动解锁装置和门状态指示灯(EOI)。

对于站台门,每扇 EED 在轨行区侧应急门中部都装有逃生装置推杆锁,在站台侧安装锁芯;在轨行区侧推压推杆可将门打开,在站台侧的站务人员用钥匙可将门打开。

站台门固定门、应急门如图 4-12 所示。

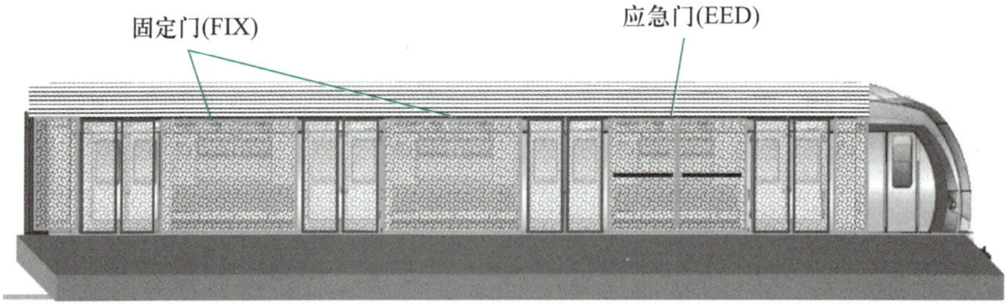

图 4-12 站台门固定门、应急门示意图

端门(MSD):端门位于站台的两个端头,设在列车司机门和乘客门之间,垂直于站台边线布置,将乘客区与设备区分隔开,其示意图如图 4-13 所示。

端门是列车在区间隧道火灾或故障时的乘客疏散通道以及站务人员进出站台公共区的通道。正常运营状态,端门应保证关闭并锁紧,不会由于风压而导致端门解锁打开。端门上的轨行

图 4-13　端门示意图

区侧设置有横向的手动开门推杆，端门上的站台区侧设有门锁，可由站务人员用钥匙手动开门。开门转角为朝向站台侧 90°，如图 4-14 所示。

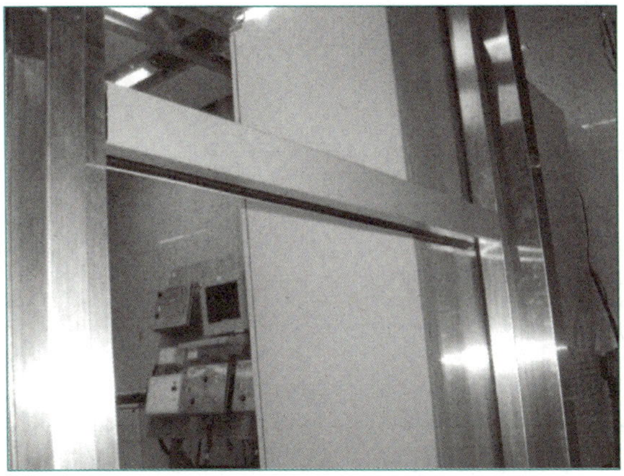

(a) 手动开门推杆

(b) 门锁

图 4-14　端门手动操作示意图

（2）门机传动系统

如图 4-15 所示，站台门的门机传动系统设置在顶箱内，它由驱动电动机（直流电动机）、传动装置（传动皮带或螺杆）、自动锁紧装置及门体悬挂装置组成。其中，传动装置分为皮带传动和螺旋副传动两种方式。

滑动门（ASD）就是利用这些不同类型的门机驱动系统实现了自动开关门功能。当滑动门收到开关门信号时，电动机动作，带动传动装置，以门悬挂设备为基础带动门体开关。

2. 电气控制

站台门控制系统如图 4-16 所示，主要由中央接口盘（PSC）、就地控制盘（PSL）、综合后备盘（IBP）、门控单元（DCU）、通信介质及控制系统通信接口（BAS）等设备组成。

通常除线路两端车站外，每个车站均设有一套中央接口盘用来控制站台两侧的所有站台门，并且每侧站台门都由一套独立的逻辑控制子系统组成，确保一侧站台门的故障不影响另一侧站台门的正常运行。

中央接口盘及监控主机一般设在车站的站台门设备室内；站台门远程监视系统（PSA）、综合后备盘设在车站综控室；就地控制盘通常安装在非公共区与轨行方向平行的设备房墙壁上。另外，在站台监控亭里设有站台门状态报警盘（PSAP）。

微课
站台门的电气控制

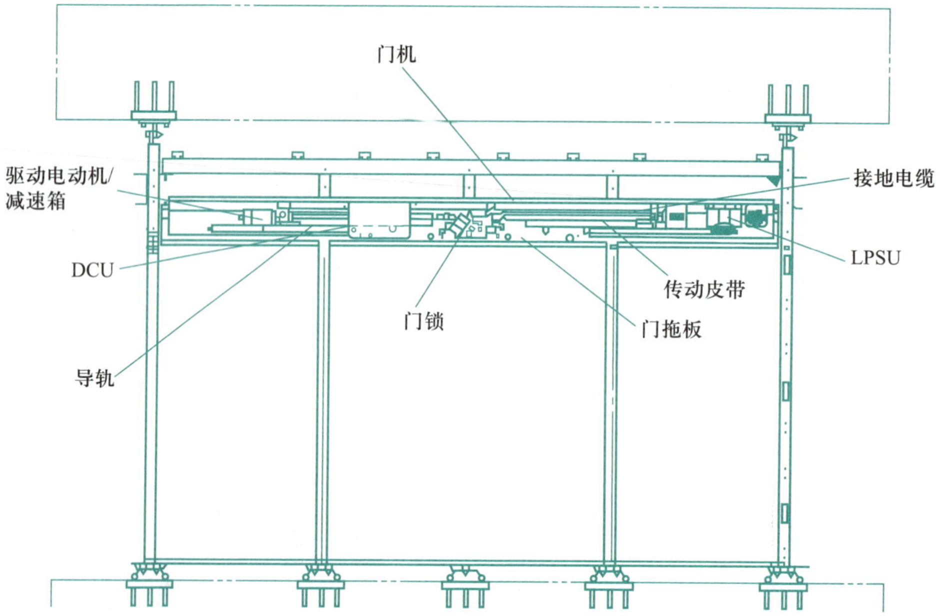

图 4-15 门机传动系统

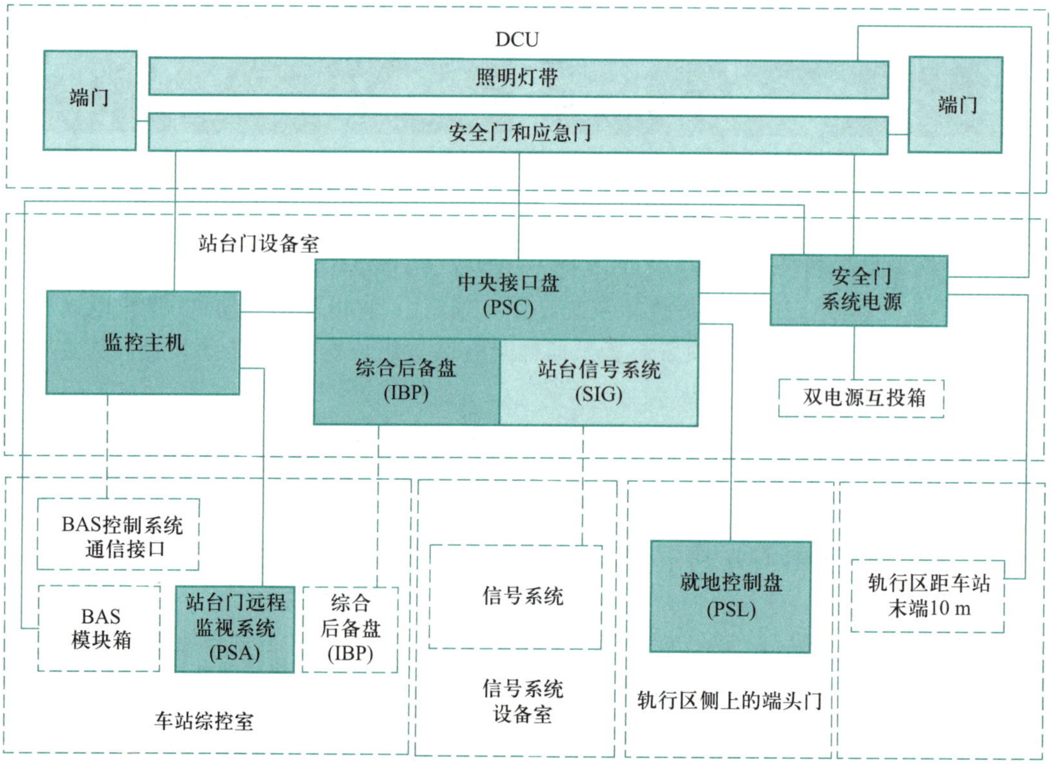

图 4-16 站台门控制系统

站台门控制系统一般有系统级控制、站台级控制和手动级控制，共三级控制方式，如图 4-17 所示。其中以手动级控制优先级最高，系统级控制优先级最低。

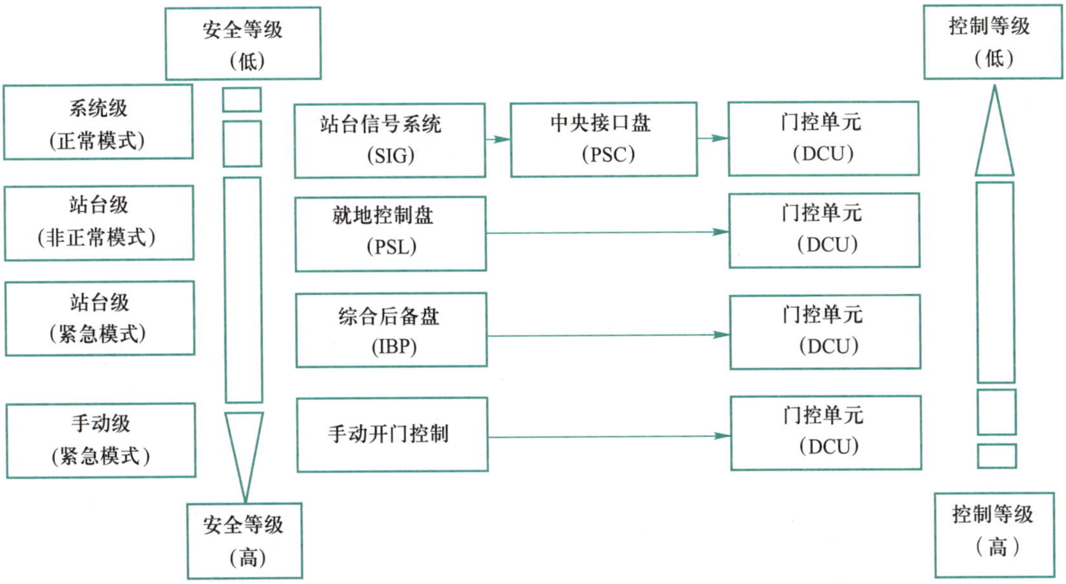

图 4-17 站台门控制等级

系统级控制为正常情况下站台门采用的控制方式，当列车进站时，经由信号系统通过 PSC 控制站台门。

站台级控制由两侧站台的 PSL 或者通过 IBP 上的站台门开关对站台门进行紧急控制。

手动级控制是通过每个门单元的 LCB 来进行开关门操作或者由站务人员通过专用钥匙进行开关门操作。

(1) 系统级控制

在正常情况下，站台门的开关均由信号系统通过 PSC 控制，具体开关门过程如图 4-18 所示。

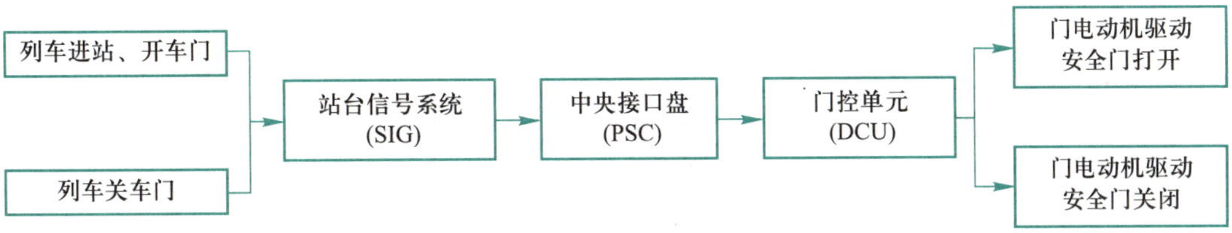

图 4-18 系统级控制开关门过程

PSC 由单元控制器控制系统和监视系统构成，每个单元控制器各控制一侧站台的站台门；各单元控制器都配备有与相应侧信号系统进行接口的设备。

PSC 内部能完成与其他系统接口前的所有准备工作，如将两侧站台门的状态信息集成，并将信息以每个车站为单位与 BAS 进行数据传送。

(2) 站台级控制

① 就地控制盘(PSL)控制：在系统级控制出现故障时，可进行 PSL 操作。如信号系统故障、信号系统与中央控制盘开/关门指令界面故障的状态下，列车司机或站务人员可在就地控制盘上

动画
PSL操作互锁解除

进行开门、关门操作,实现站台门的PSL控制操作。PSL盘面如图4-19所示,其盘面指示灯说明见表4-2。

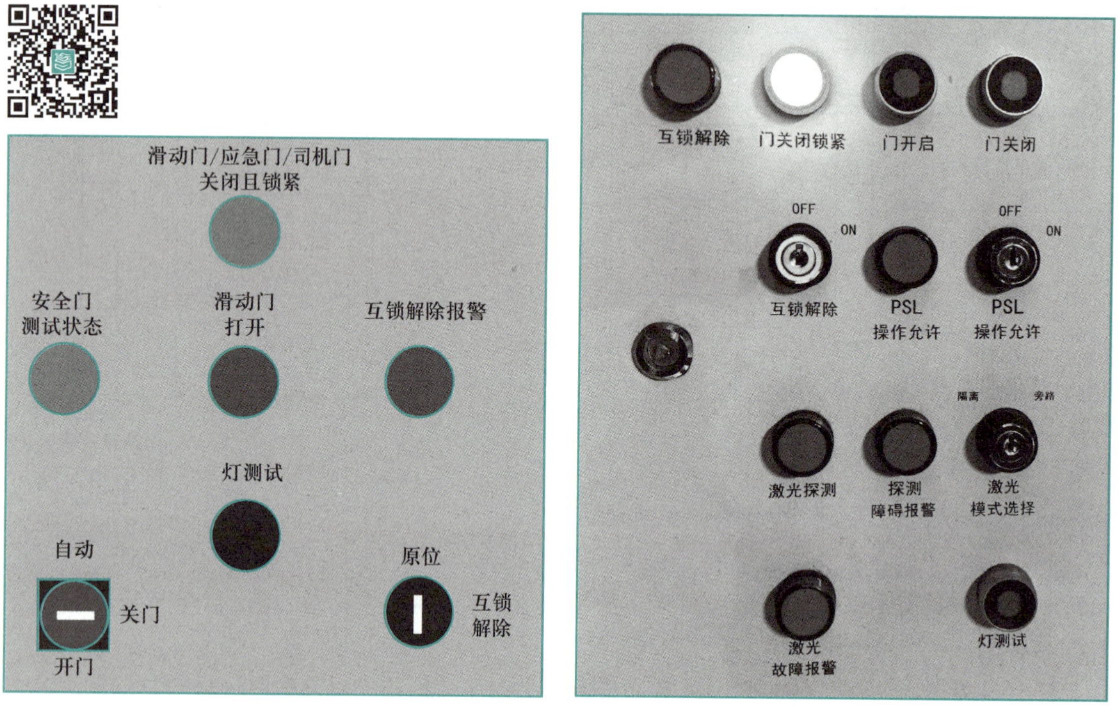

图4-19 就地控制盘(PSL)盘面

表4-2 就地控制盘盘面指示灯说明

指示灯	颜色	说明
关闭锁紧	绿色	所有单元门关闭且锁紧后,指示灯亮;当某一个ASD或EED没有关闭且锁紧时,指示灯灭
开门指示	红色	所有滑动门单元全开到位后指示灯亮;当滑动门开/关过程中,指示灯闪烁
互锁解除	红色	强制执行互锁解除开关时,该红色的指示灯将被点亮
测试灯	绿色	只用指示灯测试按钮后,PSL上所有的指示灯将被点亮,以监测是否有指示灯损坏

开门操作:列车司机或站务人员将PSL开/关门钥匙开关打到“开门位”发出开门指令,滑动门开始打开,PSC面板、PSL、IBP、整合屏上的所有“关闭锁紧”状态指示灯熄灭。滑动门完全打开后,PSC面板“开门指示”状态指示灯点亮。

关门操作:列车司机或站务人员将PSL开/关门钥匙开关打到“关门位”发出关门指令,滑动门开始关闭;当站台门全部关闭且锁紧后,PSC面板、PSL、IBP的所有“关闭锁紧”状态指示灯点亮。

门关闭后无法发车:当滑动门全部关闭后,所有“关闭锁紧”信号丢失或信号系统无法确认站台门是否锁闭而不能发车时,列车司机或站务人员在PSL上对“互锁解除”开关进行互锁解除操作,“互锁解除”状态指示灯亮。

② 综合后备盘(IBP)控制:IBP 的控制模式是以每侧站台门为独立的控制对象。车站紧急情况时(如火态指灾),在车站控制室操作 IBP 上的开门按钮,打开滑动门,完全打开后 PSC 面板、PSL、IBP 上的开门指示灯亮。

动画
IBP 控制站台门开关操作

综控室 IBP 的应急操作只在紧急情况下使用,不具备正常运营时的操作功能,待突发事件处置过后,必须对此项操作进行核实、记录存档、恢复确认,其盘面如图 4-20 所示。

在 IBP 上设置开门按钮、关门按钮、开门状态指示灯、关门状态指示灯、关门锁紧指示灯。开/关门状态指示灯能实时反映门状态,其显示功能与 PSL 的状态指示灯一致。

动画
站台门手动操作(把手)

(3) 手动级控制

手动操作是指站务人员或乘客对站台门进行的手动操作,如图 4-21 所示。当系统电源或个别站台门操作机构发生故障时,站务人员可在站台侧用钥匙打开站台门,或者乘客在轨道侧操作站台门开门把手打开站台门。此时,PSC 面板、PSL、IBP、整合屏上的所有“关闭锁紧”状态指示灯熄灭。

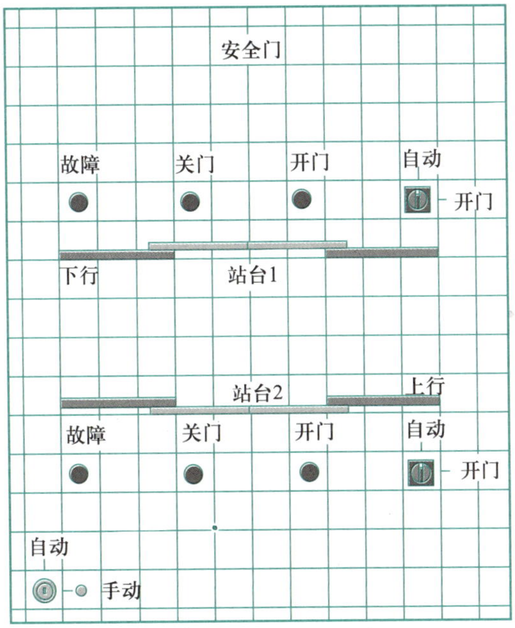

图 4-20　综合后备盘(IBP)盘面

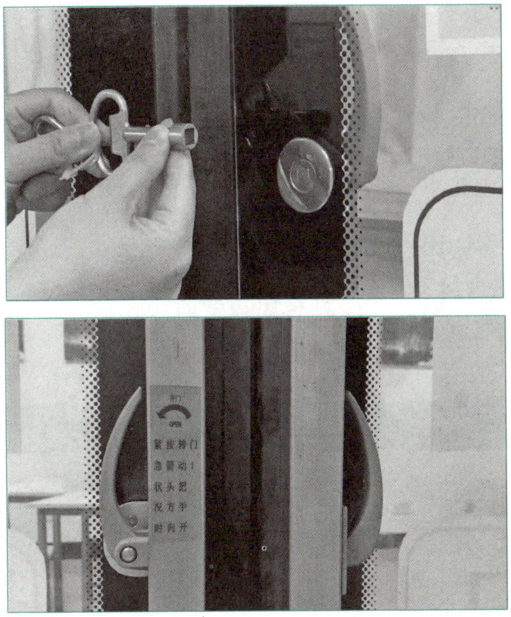

图 4-21　手动操作示意图

维修测试时,由维修保养人员使用就地控制盒(LCB),对单道站台门进行单扇门就地操作,如图 4-22 所示。全高站台门的 LCB 位于顶箱门楣下方,每一道门均有 LCB 钥匙开关。

动画
站台门手动操作(机械钥匙)

每个门单元中无论发生网络通信故障、电源故障、门机故障还是其他故障,均可通过 LCB 使此单元隔离,切断电源,从而不影响整个系统的正常工作。LCB 的设置充分考虑了系统的运行安全,并且 LCB 各挡位均有中文标识。其工作原理是将开关串联到门单元的回路中,开关“自动”挡位为常闭点,平时为自动;当发生故障时,开关打到“隔离”挡位,“隔离”挡位为常开点,电源回路断开,从而将门单元隔离。

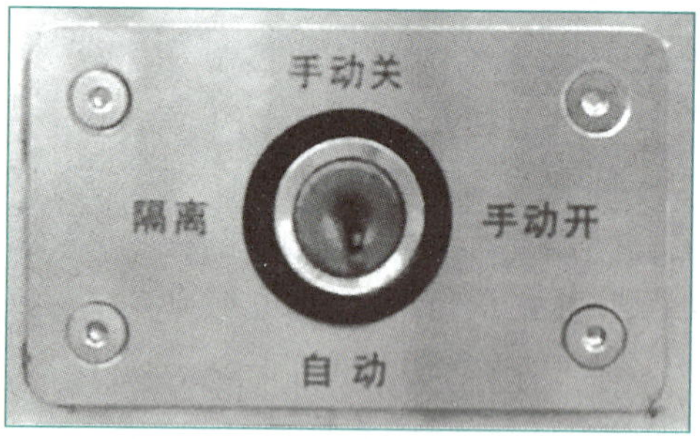

(a) LCB转换开关

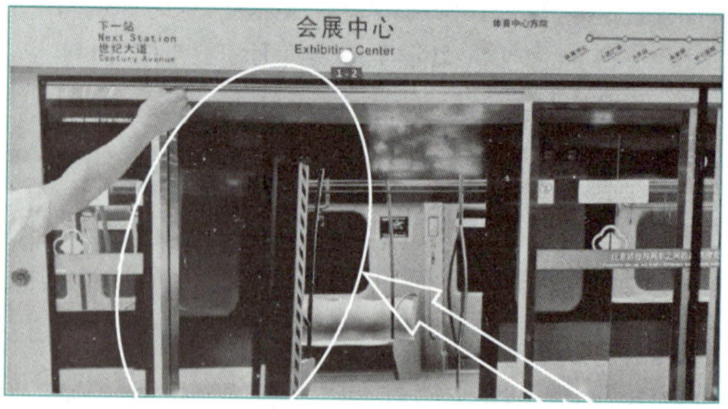

(b) LCB位置示意图

图 4-22 就地控制盒(LCB)

动画 LCB打开站台门

如图 4-22 所示,LCB 一般设“自动”“手动关”“手动开”“隔离”四个挡位,钥匙可以从“手动开”挡位顺时针旋转为“手动关”挡位,再顺时针旋转为“自动”挡位,再顺时针旋转为“隔离”挡位;钥匙只有在“自动”挡位时可取出。

钥匙在“自动”挡位时,允许门控单元接收中央控制盘的“开门命令”与“关门命令”。

钥匙在“隔离”挡位时,单个滑动门单元与系统隔离,隔断本单元的电力供应,不影响整个系统的正常工作,便于维修。

当钥匙处于“手动开”或“手动关”挡位时,站台门不执行来自 PSC 的命令,由 PSL 控制。

微课 站台门的基本检查和操作

4.2 站台门的检查与操作

4.2.1 站台门的检查

站台门运营前检查见表 4-3。

表 4-3 站台门运营前检查

检查项目	运营前检查流程及标准
就地控制盘(PSL)指示灯状态	(1) 按下“灯测试按钮”后,面板上所有灯都亮起并处于正常显示状态,同时蜂鸣器鸣叫。 (2) 松开后,“全门关闭锁紧”指示灯保持常亮,其余灯熄灭。 (3) 如在未测试情况下安全防护装置报警灯亮红灯,同时蜂鸣器报警,则表示安全防护装置故障
就地控制盘(PSL)功能状态	(1) 将“自动就地控制”切换到“就地”挡位,开关站台门 1 次,整侧站台门正常开启和关闭。 (2) 开启后,PSL 上的“全门关闭锁紧”指示灯熄灭;关闭后,PSL 上的“全门关闭锁紧”指示灯亮绿灯。 (3) 检查滑动门上指示灯的状态:滑动门开启后,门头灯常亮黄灯;滑动门关闭后,门头灯黄灯灭。 (4) 每侧站台门均需使用 PSL 测试开、关门 3 次

续表

检查项目	运营前检查流程及标准
检查安全防护装置	(1) 观察安全防护装置上两个指示灯(正常均为白灯,故障为红灯和白灯),正常情况下在站台门关闭后 3 s,检查 PSL“安全防护装置启用”灯是否点亮,“安全防护装置报警”灯是否报警。 (2) 在 PSL 上的“安全防护装置启用”灯点亮的情况下,使用异物遮挡激光光束,检查 PSL 上的“安全防护装置报警”灯是否报警,移除异物,检查报警是否消除
就地控制盘(PSL)侧面钥匙开关	(1) “互锁解除”钥匙开关切换到“激活”位,黄色指示灯亮起。 (2) “安全防护装置”钥匙开关切换到“旁路”位,黄色指示灯亮(操作完成后均切换到“自动”位)
应急门状态	不需要打开,观察应急门门状态指示灯(DOI),正常为熄灭,故障为黄灯
端门状态	锁闭时门锁插销正常落位,绿色推杆是否灵活,观察端门 DOI,正常关闭为熄灭,故障或未关紧为黄灯

4.2.2 站台门的操作

站台门操作见表 4-4。

表 4-4 站台门操作

操作项目	操作原因	操作步骤
站务人员手动操作滑动门	某道滑动门在关闭锁紧状态下发生故障,无法执行信号系统的开门命令或 PSL、IBP、LCB 的开门命令	(1) 将钥匙插入左滑动门锁内,逆时针旋转,透过门玻璃看到门内把手同步转动,直到不能转动为止,此时门已解锁到位。 (2) 握住钥匙柄继续向左拉开滑动门,露出一定缝隙。 (3) 双手握住左/右玻璃门,向左/右边推开玻璃门到全开门位  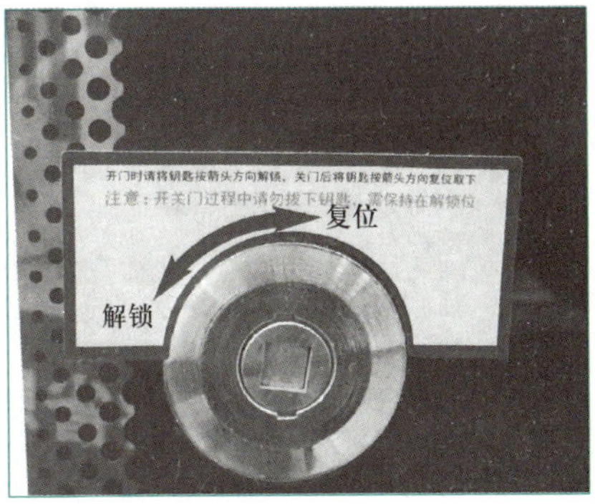 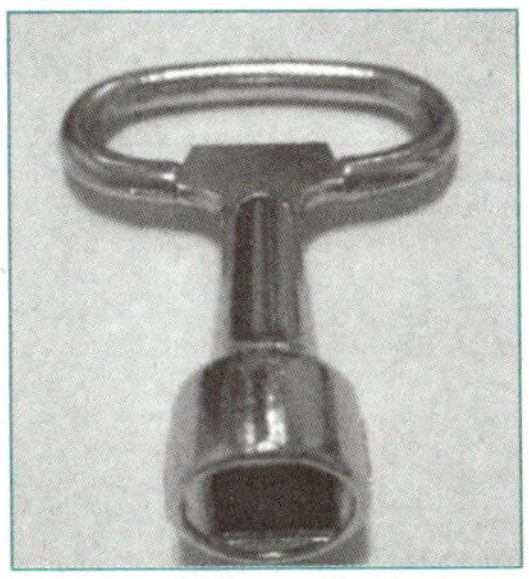

续表

操作项目	操作原因	操作步骤
乘客手动操作滑动门	乘客遇到突发情况,从轨行区侧打开滑动门	(1) 找到轨行区侧开门手把,位于滑动门中间。 (2) 向一侧扳动把手,拉开滑动门
LCB 操作滑动门	当某个滑动门在自动模式下不能执行开门或关门命令时,就地开关门	(1) 准备好钥匙,到达滑动门处,找到 LCB 位置(有的 LCB 在门上方,需借用梯子,有的在滑动门门柱侧面下方)。 (2) 将钥匙转到手动位,按下红、绿指示灯按钮,分别表示关门或开门(有的 LCB 的手动位分别有“手动开”和“手动关”挡,此时则不需要按动按钮)。 (3) 将钥匙转到自动位,取下钥匙。 注意:手动状态下,滑动门不再受系统开关门控制,“隔离”挡位一般为维修人员使用,隔离状态下滑动门依然向监视系统上传门的状态信息
PSL 操作滑动门	某种原因(如有异物等)导致部分滑动门不能正常开关,需重新开关一次	(1) 站务人员到达指定位置或通过手台通知司机用 PSL 开关门一次(端门的开启方式同滑动门手动开门方式)。 (2) 准备好钥匙,插入钥匙孔打到“开关门”位,打开或关闭站台门,同时观察 PSL 上指示灯的情况,当绿色“门关闭锁紧”指示灯点亮时,说明滑动门恢复正常
	当所有滑动门均关闭,但信号系统始终无法收到关闭锁紧信号,导致列车不能正常驶入或离站	(1) 到达 PSL 所在位置,准备好钥匙。 (2) 将钥匙插入“互锁解除”锁内,顺时针旋转至“解除”位,互锁解除报警灯亮,互锁解除成功,列车进入或离开车站,互锁解除复位。 注意:互锁解除操作后,将自动恢复;除非极特殊的情况,否则不适用互锁解除;明确不同钥匙的使用,若使用不当,容易造成开关损坏
IBP 操作滑动门	紧急情况(如火灾、暴恐等情况发生时)	(1) 操作 IBP 前,先选择相应上行/下行操作开关,用钥匙从“禁止”位往右扭转至“允许”位。 (2) 根据现场需要按压“上行侧站台门”或“下行侧站台门”按钮,此时相应的上行/下行侧站台门指示灯亮,同时站台相应侧站台门全部开启。 (3) 当关闭相应侧站台门时,再次按压“上行侧站台门”或“下行侧站台门”按钮,此时现场站台门全部关闭,相应的上行/下行侧站台门指示灯灭。 (4) 操作完毕后将钥匙打至“禁止”位。 (5) 日常需测试站台门相应指示灯是否正常时,可按压试灯按钮
应急门手动操作	当列车停车过程中没有对准滑动门,并且无法移动,需要疏散乘客时,手动打开应急门	(1) 到达所在位置,站务人员通过开门钥匙打开应急门。 (2) 乘客通过下压推杆打开应急门。 注意:应急门为纯机械结构,不能自动恢复

4.3 站台门的应急处置

站台门出现以下情形时需车站工作人员进行应急处置,包括:单对门不能开启,多对或整列门不能开启,单对门不能关闭,多对或整列门不能关闭,站台门玻璃破碎/破裂(没有列车在站台),站台门玻璃破碎/破裂(有列车在站台),站台门因不明原因自动开启,无法取得站台门锁闭/站台门信号。

1. 单对门不能开启(表 4-5)

表 4-5 站台门单对门不能开启应急处置流程

步骤	负责人	行动
发生		
1	值班站长	(1) 接获通知或发现有站台门不能开启后,指示站务人员立刻到有关站台处置。 (2) 报告行车控制主任及维修工程中心。 (3) 通过 PA(人工广播)、PIS(乘客信息系统)通知乘客不要靠近故障站台门
调查及处置		
2	站务人员	发现故障或接到通知后,确认位置,带手持台,立即到有关站台
3	站务人员	到达站台后: (1) 检查故障站台门是否有障碍物。 (2) 引导故障站台门处的乘客上下车。 (3) 通知列车司机再开关站台门一次: 如成功,执行步骤 4; 如不成功,执行步骤 5
4	站务人员	(1) 向司机展示"好了"手信号。 (2) 观察之后 3 班列车的开关门情况是否正常: 如是,恢复正常运作,并执行步骤 7; 如不是,向行车控制主任报告,并执行步骤 5
5	站务人员	(1) 通知行车控制主任需要人工处置。 (2) 使用专用钥匙将该故障站台门就地控制盒打到"隔离"位置。 (3) 确保故障站台门已完全人工关上后,向司机展示"好了"手信号
6	站务人员	列车驶离站台后: (1) 在故障门上贴上"此门不用"告示。 (2) 留守在故障站台门处维持秩序并提醒乘客不要靠近。 (3) 若在高峰时段,后续每班列车到站后,均须人工解锁故障站台门让乘客乘降,且每次完全人工关上后,向司机展示"好了"手信号
跟进		
7	值班站长	(1) 向行车控制主任报告。 (2) 在车站工作日志上做好记录。 (3) 跟进站台门维修情况

2. 多对或整列门不能开启(表4-6)

表4-6 站台门多对或整列门不能开启应急处置流程

步骤	负责人	行动
发生		
1	值班站长	(1) 接获通知或发现有多对或整列站台门不能开启,并确定就地控制盘也不能开启站台门后,指示值班员及所有可调动的站务人员立刻到有关站台处置。 (2) 报告行车控制主任及维修工程中心。 (3) 通过PA、PIS通知乘客不要靠近故障站台门
调查及处置		
2	站务人员/值班员	发现故障或接到通知后,确认位置,带手持台,立即到有关站台
3	行车控制主任	通知司机通过广播告诉乘客手动打开站台门
4	站务人员/值班员	到达现场后,用专用钥匙将故障或整列站台门就地控制盒打到“隔离”位置并保持开启状态
5		(1) 完成乘降后,向司机展示“好了”手信号。 (2) 确保站台乘客安全的情况下,用手持台通知司机在就地控制盘启动“互锁解除”功能,让列车离开
6		列车离开后: (1) 留守在故障站台门处维持秩序,并提醒乘客不要靠近。 (2) 后续每班列车乘客完成乘降后,向司机展示“好了”手信号
7	值班站长	安排一名站务人员到达事故站台头端墙,并负责在每班列车完成乘降后,启动“互锁解除”功能让列车离开
8		(1) 通过PA、PIS通知乘客不要靠近已打开的站台门。 (2) 向行车控制主任报告情况并告知进站列车要以RM进站。 (3) 向人力后援车站要求额外人手
9		(1) 在工作日志上做好记录。 (2) 跟进站台门维修情况
10	行车控制主任	透过无线电通知全线司机在到达事故站台时须以RM入站
11	站务人员	(1) 前往事故站台头端墙。 (2) 当每班列车完成乘降后,启动“互锁解除”功能让列车离开

拓展知识——规范操作

站务人员需要严格按照运营前检查流程及标准进行相应的操作,以确保轨道交通正常有序、高效安全运营,这就要求站务运营人员严格遵守服务规范、操作规程,不违章作业。

3. 单对门不能关闭(表 4-7)

表 4-7 站台门单对门不能关闭应急处置流程

<table>
<tr><th>步骤</th><th>负责人</th><th colspan="2">行动</th></tr>
<tr><td colspan="4">发生</td></tr>
<tr><td>1</td><td>值班站长</td><td colspan="2">(1) 接获通知或发现有站台门不能关闭后,指示站务人员立刻到有关站台处置。
(2) 报告行车控制主任及维修工程中心</td></tr>
<tr><td colspan="4">调查及处置</td></tr>
<tr><td>2</td><td rowspan="6">站务员</td><td colspan="2">发现故障或接到通知后,确认位置,带手持台,立即到有关站台</td></tr>
<tr><td>3</td><td colspan="2">(1) 到达现场后,查看站台门引导轨是否有外物阻塞并尝试把外物清除。
(2) 通知列车司机再开关站台门一次:
如成功,执行步骤 4;
如不成功,执行步骤 5</td></tr>
<tr><td>4</td><td colspan="2">(1) 向司机展示“好了”手信号。
(2) 观察以后 3 班列车的开关门情况是否正常:
如是,恢复正常运作,并执行步骤 10;
如不是,向行车控制主任报告,并执行步骤 5</td></tr>
<tr><td>5</td><td colspan="2">通知行车控制主任需要人工处置,并尝试用手向内推,关上故障站台门</td></tr>
<tr><td rowspan="2">6</td><td>人工能关上</td><td>人工不能关上</td></tr>
<tr><td>(1) 用专用钥匙将该故障站台门就地控制盒打到“隔离”位置。
(2) 向司机展示“好了”手信号</td><td>(1) 用专用钥匙将该故障站台门就地控制盒打到“手动”位置。
(2) 向司机展示“好了”手信号</td></tr>
<tr><td rowspan="2">7</td><td rowspan="2">站务人员</td><td>人工能关上</td><td>人工不能关上</td></tr>
<tr><td>列车驶离站台后:
(1) 在故障门上贴“此门停用”告示。
(2) 留守在故障站台门处维持秩序,并提醒乘客不要靠近。
(3) 若在高峰时段,后续每班列车到站后,均须人工解锁故障站台门让乘客乘降,且每次完全人工关上后,向司机展示“好了”手信号</td><td>列车驶离站台后:
(1) 留守在故障站台门处维持秩序,并提醒乘客不要靠近。
(2) 后续每班列车乘客完成乘降后,向司机展示“好了”手信号</td></tr>
<tr><td colspan="4">跟进</td></tr>
<tr><td>8</td><td>行车控制主任</td><td>不适用</td><td>通知全线列车司机做好乘客广播,提醒乘客在列车到站后使用其他车门上下车</td></tr>
</table>

续表

步骤	负责人	行动	
9	值班站长	不适用	(1) 通过广播和乘客信息显示系统,通知乘客不要靠近故障站台门。 (2) 向行车控制主任要求进站列车需要限速入站
10	值班站长	(1) 在车站工作日志做好记录。 (2) 跟进站台门维修情况	

4. 多对或整列门不能关闭(表 4-8)

表 4-8 站台门多对或整列门不能关闭应急处置流程

步骤	负责人	行动
发生		
1	值班站长	(1) 接获通知或发现有多对或整列站台门不能关闭并确定就地控制盘也不能把站台门关闭后,指示值班员及所有可调动的站务人员立刻到有关站台处置。 (2) 报告行车控制主任及维修工程中心。 (3) 通过 PA、PIS 通知乘客不要靠近故障站台门
调查及处置		
2	站务人员/值班员	发现故障或接到通知后,确认位置,带手持台,立即到有关站台
3	站务人员/值班员	(1) 到达现场,完成乘降后,向司机展示“好了”手信号。 (2) 确保站台乘客安全的情况下,用手持台通知司机在就地控制盘启动“互锁解除”功能,让列车离开
4	站务人员/值班员	列车离开后: (1) 用专用钥匙将整列站台门就地控制盒打到“手动”位并保持开启状态。 (2) 留守在故障站台门处维持秩序,并提醒乘客不要靠近。 (3) 后续每班列车乘客完成乘降后,向司机展示“好了”手信号
跟进		
5	值班站长	安排一名站务人员到达事故站台头端墙,并负责在每班列车完成乘降后,启动“互锁解除”功能让列车离开
6	值班站长	(1) 通过广播/乘客信息显示系统,通知乘客不要靠近已打开的站台门。 (2) 向行车控制主任报告情况并告知进站列车要以 RM 入站。 (3) 向人力后援车站要求额外人手
7	值班站长	(1) 在车站工作日志上做好记录。 (2) 跟进站台门维修情况
8	行车控制主任	通过无线电通信通知全线司机在到达事故站台时需要限速入站

续表

步骤	负责人	行动
9	站务人员	（1）前往事故站台头端墙。 （2）当每班列车完成乘降后，启动“互锁解除”功能让列车离开

5. 站台门玻璃破碎/破裂（没有列车在站台）（表4-9）

表4-9 站台门玻璃破碎/破裂应急处置流程（没有列车在站台）

<table>
<tr><th>步骤</th><th>负责人</th><th colspan="2">行动</th></tr>
<tr><td colspan="4">发生</td></tr>
<tr><td>1</td><td>值班站长</td><td colspan="2">（1）接获通知或发现有站台门破碎/破裂后，在综合后备控制盘盘上启动站台紧急停车按钮。
（2）指示值班员、站务人员及保洁人员立刻到有关站台处置，并穿着个人防护装备。
（3）报告行车控制主任及维修工程中心。
（4）通过广播告知乘客不要靠近故障站台门</td></tr>
<tr><td colspan="4">调查及处置</td></tr>
<tr><td rowspan="2">2</td><td rowspan="4">站务人员/值班员/保洁人员</td><td colspan="2">到达现场后，查看站台门破损状况：</td></tr>
<tr><td>已出现部分破碎或大面积龟裂：
（1）做好现场范围封锁。
（2）小心地用长杆把破损玻璃向轨旁方向打碎。
（3）在门框处粘贴封箱胶带，防止碎片溅出。
（4）清理站台上的玻璃碎片</td><td>只有细小破裂划痕：
（1）做好现场范围封锁
（2）将破裂玻璃用封箱胶带粘贴，防止突然爆裂</td></tr>
<tr><td>3</td><td colspan="2">若是站台门，使用专用钥匙将该故障站台门就地控制盒打到“手动”位置并保持开启状态。</td></tr>
<tr><td>4</td><td colspan="2">（1）留守在故障站台门处维持秩序并提醒乘客不要站近。
（2）后续每班列车乘客完成乘降后，向司机展示“好了”手信号</td></tr>
<tr><td colspan="4">跟进</td></tr>
<tr><td>5</td><td>值班站长</td><td colspan="2">（1）把综合后备控制盘上的站台紧急停车按钮复位。
（2）报告行车控制主任并要求后续进站列车需要限速入站。
（3）通过广播和乘客信息显示系统，通知乘客不要靠近已打开的站台门。
（4）在车站工作日志上做好记录。
（5）跟进站台门维修情况</td></tr>
</table>

6. 站台门玻璃破碎/破裂(有列车在站台)(表4-10)

表4-10 站台门玻璃破碎/破裂应急处置流程(有列车在站台)

<table>
<tr><th>步骤</th><th>负责人</th><th colspan="2">行动</th></tr>
<tr><td colspan="4">发生</td></tr>
<tr><td>1</td><td>值班站长</td><td colspan="2">(1) 接获通知或发现有站台门破碎/破裂后,在综合后备控制盘上启动站台紧急停车按钮
(2) 指示值班员、站务人员及保洁人员立刻到有关站台处置,并穿着个人防护装备。
(3) 报告行车控制主任及维修工程中心。
(4) 通过广播,告知乘客不要靠近故障站台门</td></tr>
<tr><td>2</td><td>行车控制主任</td><td colspan="2">通知司机不要打开车门及站台门</td></tr>
<tr><td colspan="4">调查及处置</td></tr>
<tr><td rowspan="2">3</td><td rowspan="2">站务人员/值班员/保洁人员</td><td colspan="2">到达现场后,查看站台门破损状况</td></tr>
<tr><td>已出现部分破碎或大面积龟裂:
(1) 做好现场范围封锁。
(2) 做好防护后,通知司机、值班站长</td><td>只有细小破裂划痕:
(1) 做好现场范围封锁。
(2) 将破裂玻璃用封箱胶带粘贴,防止突然爆裂</td></tr>
<tr><td>4</td><td>值班站长</td><td>通知行车控制主任站台已经做好防护</td><td>(1) 通知行车控制主任站台已经做好防护。
(2) 在综合后备控制盘上恢复紧急停车按钮</td></tr>
<tr><td>5</td><td>行车控制主任</td><td>安排列车越站并以RM,慢速驶离站台</td><td>通知司机开车门</td></tr>
<tr><td>6</td><td>司机</td><td>通过广播,告知乘客站台有站台门破裂,列车需要越站</td><td>打开车门,按正常作业</td></tr>
<tr><td>7</td><td rowspan="2">站务人员/值班员</td><td>列车驶离后:
(1) 小心地用长杆把破损玻璃向轨旁打碎。
(2) 清理站台上的玻璃碎片。
(3) 在门框处粘贴封箱胶带,防止碎片溅出。
(4) 若是滑动门,将该故障门LCB打到“手动”位,并保持开启状态</td><td>(1) 若是滑动门,将该故障门LCB打到“手动”位置,并保持开启状态。
(2) 乘客乘降完毕后,向司机展示“好了”手信号</td></tr>
<tr><td>8</td><td colspan="2">(1) 留守在故障站台门处维持秩序,并提醒乘客不要靠近。
(2) 后续每班列车乘客完成乘降后,向司机展示“好了”手信号</td></tr>
<tr><td>9</td><td>值班站长</td><td>在综合后备控制盘上恢复紧急停车按钮</td><td>不适用</td></tr>
</table>

续表

步骤	负责人	行动
跟进		
10	值班站长	(1) 报告行车控制主任并要求后续进站列车需要限速入站。 (2) 通过广播和乘客信息显示系统,通知乘客不要靠近已打开的站台门。 (3) 在车站工作日志上做好记录。 (4) 跟进站台门维修情况

7. 站台门因不明原因自动开启(表 4-11)

表 4-11　站台门因不明原因自动开启应急处置流程

步骤	负责人	行动
发生		
1	值班站长/站务人员	在没有列车在站台而综合后备控制盘受到站台门开启警报后,立即启动有关站台紧急停车按钮
2		通过闭路电视监控系统监察站台的情况
3		通过广播和乘客信息显示系统,通知乘客不要靠近已打开的站台门
调查及处置		
4	值班站长	安排值班员与站务人员到现场查看。 (1) 如相关站台门已打开: 确保轨道畅通,没有阻塞,人工关上故障门,执行步骤 6。 (2) 如相关站台门是关上的: 密切留意站台门的状况,要求维修人员监察整个系统,如有需要,按表 4-5~表 4-8 处理
5	站务人员/值班员	有关的站台门能否关上及锁闭。 (1) 如能:留守在故障站台门处维持秩序,并提醒乘客不要靠近,直至维修完毕并恢复正常运作。 (2) 如不能:根据表 4-7 或表 4-8 处置
跟进		
6	值班站长	(1) 报告维修工程中心。 (2) 跟进维修情况。 (3) 在车站工作日志做好记录

8. 无法取得站台门信号(表 4-12)

表 4-12　无法取得站台门信号应急处置流程

步骤	负责人	行动
1	值班站长	与行车控制主任及司机确认已进行就地控制盘试灯测试

续表

步骤	负责人	行动
2	站务人员	(1)前往有关站台。 (2)检查所有应急门及滑动门是否已在关闭状态(留意状态显示灯是否显示熄灭)。 (3)向值班站长回报检查结果
3	值班站长	向维修工程中心报告
4	站务人员/司机	再开关站台门一次
如没有发现任何异常或故障,而列车仍然接收不到站台门锁闭信号		
5	值班站长	报告行车控制主任
6	行车控制主任	指示司机/站务人员在就地控制盘激活“互锁解除”功能
7	站务人员	留守在站台并留意后续进站列车与站台门的状况。如有必要,与行车控制主任协议是否继续需要启动“互锁解除”功能

微课 站台门应急处置(一)

微课 站台门应急处置(二)

微课 站台门应急处置(三)

微课 站台门应急处置(四)

拓展知识

训练与思考 站台门运营前检查/操作记录表

地铁站台门安全防护装置

1. 物理方法

常用的物理安全防护方法是锁紧装置,即门内安装机械锁并带有高强度把手,该锁紧装置俗称轨道站台门锁——全高应急门锁。工作原理是当电磁铁带动滑块向上运动,销跟随其移动,使锁舌转动并接连带动锁块转动脱离固定销,使小球绕固定点转动,从而触发开关接通电源,继而锁紧,避免出现危险状况。这种方法是传统机械防护方法,自动化程度不够,反应比较缓慢,效果比较差,依赖人的反应能力。

2. 红外探测器

红外探测器是常用的安全防护装置,结构和原理:一个红外探测器至少有一个对红外辐射敏感的物体,和可以让红外线透过并划分区域的介质。电流-电压变换器把来自热电元件的电流变换成电压信号,在地铁门边安装红外发射器和红外接收器,发射器在门上方发射红外信号,与接收器形成保护帘幕。一旦遇到障碍,接收器所接收的红外信号就会不均匀,而阻止门的关闭,以防发生意外。

红外探测器的优势：环境适合性优于可见光，尤其是在夜间和恶劣天气下的工作能力屏蔽性好，比雷达和激光探测安全且保密性强，不易被干扰，与雷达系统相比，红外系统体积小，质量轻，功耗低。

习题及思考

一、不定项选择题

1. 下列站台门适用于有空调系统的地下车站的是（　　）。

A. 全高开式站台门　　B. 全高闭式站台门

C. 半高式站台门　　D. 以上都适用

2. 一般情况下，滑动门关门受阻时，停顿（　　）s 后，再次关门，若重复（　　）仍不能关门，则滑动门全开并进行报警。

A. 2　3 次　　B. 3　2 次　　C. 2　2 次　　D. 3　3 次

3. 站台门控制系统一般具有（　　），共三级控制方式。

A. 系统级控制　　B. 站台级控制　　C. 手动级控制　　D. 站厅级控制

4. 站台门站台级控制包括（　　）。

A. PSL 控制　　B. IBP 控制　　C. LCB 控制　　D. 手动控制

5. 单扇站台门故障时，工作人员应用专用钥匙将故障站台门 LCB 转到（　　）。

A. 隔离位　　B. 手动位　　C. 自动位　　D. 旁路位

二、判断题（正确的在括号内画"√"，错误的在括号内画"×"）

1. 全高开放式站台门可在下端设通风口。（　　）

2. 站台门最大运行强度一般保证 1 min 开闭 2 次。（　　）

3. 站台门系统一般由机械和电气两大部分构成，机械部分主要包括门体结构和门机系统。（　　）

4. 对 LCB 进行操作，钥匙在"自动"位置时，允许门控单元接收中央控制盘的"开门命令"与"关门命令"。（　　）

5. 对就地控制盘进行运营前检查时，每侧站台门均需使用 PSL 测试开、关门 3 次。（　　）

三、简答题

1. 简述滑动门障碍物探测功能。

2. 简述站台门的控制系统及控制系统的优先级。

模块5 车站消防系统

知识体系

职业技能等级证书考证要点

◆ 消防自我防护；

◆ 消防备品使用；

◆ 火灾初期灭火方法；

◆ 防灾报警系统操作相关规定。

- 车站消防系统
  - 车站消防系统的认识
    - 车站火灾的类型及原因
      - 地铁火灾的分类和事故特点
      - 地铁火灾事故原因
      - 地铁消防系统作用
      - 常见地铁消防标识
    - 车站消防系统的组成及功能
      - 防灾报警系统
      - 自动灭火系统
  - 车站消防设备的定期检查和常规使用
    - 车站消防设备的定期检查
    - 车站消防设备的常规使用
      - FAC系统
      - 气体灭火系统
      - 消火栓
      - 灭火器
  - 车站火灾的应急处置
    - 火灾的处置原则
    - 火灾的信息通报
    - 火灾的应急处置
      - 车站设备区（无气体保护房间）火灾
      - 车站设备区（有气体保护房间）火灾
      - 车站站厅公共区火灾
      - 车站站台公共区火灾
      - 列车在站台（包括列车区间火灾后运行到车站）火灾

建议学时

6学时

电子教案
车站消防系统

电子课件
车站消防系统

学习目标

1. 了解车站火灾的分类、特点和事故原因。
2. 识记常见地铁消防标识。
3. 理解车站防灾报警系统和自动灭火系统。
4. 掌握车站消防设备的定期检查和常规使用。
5. 掌握不同情形下车站火灾的应急处置。

5.1 车站消防系统的认识

微课
城市轨道交通车站消防的基本认识

5.1.1 车站火灾的类型及原因

近些年来,随着轨道交通建设的不断发展,我国城市交通压力得到缓解。但在轨道交通发展带来便利的同时,也存在各种隐性的危险。火灾是发生在城市轨道交通中很严重的事故,它不仅会造成人员的大量伤亡,而且会使城市交通发生大面积堵塞,近些年来各个国家都在不断上演一幕幕的火灾惨剧。

1. 火灾的分类和事故特点

(1) 火灾的分类

轨道交通火灾可以分为车站火灾、列车火灾、隧道火灾、车辆段/场火灾以及主变电所火灾五大类,具体各分类的影响范围和严重程度如表 5-1 所示。

表 5-1 火灾的分类

事件类别	种类	影响范围	严重程度
火灾	车站火灾	车站	影响车站运营
			造成人身伤害
	列车火灾	列车	影响车辆运行
			影响车站运营
			造成人身伤害
	隧道火灾	车站、列车	影响车辆运行
			影响车站运营
			造成人身伤害
	车辆段/场火灾	车辆段	影响车辆运行
			造成人身伤害
	主变电所火灾	控制中心、车站、列车	影响车辆运行
			影响车站运营

（2）火灾事故特点

① 疏散难度大

a. 垂直高度深。如果仅考虑到地铁商业运营的特点，地铁一般建于地下 15 m 左右，如上海地铁一号线的垂直深度为地下 7～25 m；如果考虑商业和战备兼顾的地铁，则一般建于地下 30～70 m，如日本东京都营大江户地铁线，其中六本木车站共七层，深入地下达 42.3 m，仅台阶就多达 200 级。一旦突发火灾事故后，乘客从站台或站厅仅凭自身体力往地面逃生，外加对地铁环境的不熟悉，安全逃生的可能性不大。

b. 逃生途径少。地铁运营环境的特定性，决定了供乘客安全逃生途径的单一性，除安全疏散通道外，既没有供乘客使用的垂直电梯（部分地铁设计上仅考虑残疾人专用电梯），也没有紧急避难场所。突发火灾事故时，大量乘客同时涌向狭窄的通道和楼梯，严重影响乘客快速逃生。列车若在隧道内发生火灾，更加不具备大量乘客安全逃生的条件。

c. 营救路线单一。消防人员想要进入地铁站内或隧道内实施救援，无其他捷径，只能从乘客逃生方向的通道逆向进入，这样消防人员势必与逃生群体发生冲撞，人员救助的及时性和有效性就不能保证。

② 扑救难度大

火情侦察困难，难以接近火点。

地铁位于地下有限空间，地铁出入口少，通道狭窄，且疏散距离长。因此，组织扑救和撤离困难。

大型灭火设备无法进入现场，进入人员因烟热作用，不易接近起火部位，延长扑救时间。

地铁密闭条件好，火灾发生后，热量不易散出，火势猛烈阶段，温度可达 1 000 ℃以上，有时会造成气流方向的变化，对救援和逃生影响较大。

隧道火灾多半是缺氧燃烧，产生大量烟雾以及一氧化碳等有害气体，若疏散不及时，将导致中毒或窒息危险。

③ 允许逃生时间短

针对地铁火灾事故，日本消防部门曾做过试验，日本地铁的车厢虽被确认具有不易燃烧性，但起火后，快则 1 min，慢则 8 min 之后就会出现对人体有害的气体，2～5 min 时间，车厢内烟雾弥漫就无法看清逃生出口，相邻的车厢在 5～10 min 也会出现相同情形。试验证明，允许乘客逃生的时间只有 5 min 左右。此外，车内乘客的衣物一旦引燃，火势将在短时间内扩大，允许逃生的时间则更短。

2. 火灾事故原因

城市轨道交通发生火灾，在做好救援工作以及善后工作之后，要反思发生火灾的原因，在城市轨道交通中，存在着人为因素、物品因素、环境因素以及管理因素。

（1）人为因素

人作为主体存在于事件的推动和发展中，在轨道交通中包括乘客、操作人员、管理人员等都属于人行为主体。乘客可能在有意识或无意识的情况下产生破坏行为，如携带违禁品进站、吸烟后乱扔烟头、恶意纵火以及精神问题导致不能自控的破坏行为。

（2）物品因素

相比于人为因素，物品因素要相对复杂很多，但是物品因素还是在一定程度上可以控制的因素，例如，在进站处要对乘客进行违禁物品和易燃易爆物品的全面检查，做到防患于未然；车站的装修材料是否严格按照要求使用无烟材料，电缆电线是否为耐火低烟材料；消防设施处理是否得当，有无火灾探测器与报警器，是否有足够的消防设备等方面都有相应标准要求。

（3）环境因素

指是否建立很好的法制体系环境，若缺乏专门的有效防火法律条款或规定，将使得轨道交通防火处于无法可依的状态，与此同时会造成一个不安定的社会环境。自然环境的变化，如地震、雷击等不可抗力的自然环境因素的出现，同样会使轨道交通（如地铁设备）受到损坏而引发事故。

（4）管理因素

管理上的缺陷或失误对轨道交通车站火灾的发生也有不可忽视的影响，如技术上存在缺陷、劳动组织不合理、员工的安全教育以及安全技能培训不够或者政府部门没有承担起应有的管理职能，这些管理上的缺失都会对轨道交通的火灾安全造成一定的影响。

3. 消防系统作用

世界各大城市地铁火灾时有发生，且频率越来越高。2000 年 4 月 16 日，加拿大蒙特利尔地铁爆炸起火，造成整个地铁系统停止运作。2003 年 2 月 18 日，韩国大邱市地铁 1 号线一列列车遭人纵火，车厢内起火后，地铁车站的电力设备立刻自动断电，车门无法打开。由于车厢内弥漫着大量有毒气体，许多乘客因来不及逃离而窒息死亡。据统计，大火造成至少 140 人死亡，140 多人受伤，另有 99 人失踪。世界各国地铁火灾事故的惨痛教训，给人们敲响了警钟。据测试，人们在地铁火灾事故中如果不能在 6 min 内迅速有效逃生，就很难有生还的可能。因此，构建便捷高效的地铁消防系统，保障地铁应急处置设施的良好和安全疏散通道的畅通就显得尤为必要，具有重要的现实意义。

目前，灭火的机理主要有冷却灭火、窒息灭火、隔离灭火和化学抑制灭火。根据地铁的条件只能选择冷却灭火和化学抑制灭火的系统。冷却灭火中的干粉灭火容易发生复燃，不能扑救深度阴燃物质的火灾，且容易对人体造成伤害，因此，在地铁中选择水消防系统目前来说是最好的。一般来说，地铁水消防系统由消火栓系统、水幕系统、水喷淋系统和消防泵房组成。水消防系统在地面分别设置水泵接合器，水消防系统中不设消防水池，消防用水由水泵通过吸水管直接向城市自来水环状管网抽吸。

当火灾报警信息得到确认后，各个与消防有关的系统就会相互协调工作，启动相关的防火救灾消防设施，从而迅速控制灾情；同时安全有序地疏散车站内人群。由此达到防止和减少火灾造成的危害，确保乘客人身安全并将财产损失尽可能降到最低的目的。

4. 常见消防标识

微课 常见地铁消防标识

总结以往的火灾事故，往往是在发生事故的初期，人们看不到消防标识、找不到消防设施，而不能采取正确的疏散和灭火措施，以致造成大量人员伤亡。因此，消防标识不但是消防官兵处理火险时的好帮手，也是群众在火灾危急关头的救命符。

（1）红色消防标识

红色的消防标识牌用于说明各种消防设备、设施安装的位置，引导人们在发生火灾时采取合理正确的行动。常见的红色消防标识如图 5-1 所示。注：图片颜色不代表实际颜色。

（2）绿色发光疏散指示标识

绿色的发光疏散指示标识设置在疏散走道和主要疏散路线的地面或靠近地面的墙上。常见的绿色发光疏散指示标识如图 5-2 所示。注：图片颜色不代表实际颜色。

(a) 手动启动器　(b) 发声警报器　(c) 火警电话　(d) 灭火器

(e) 地下消火栓　(f) 地上消火栓　(g) 水泵接合器　(h) 灭火设备

(i) 消防水带　(j) 消防梯　(k) 灭火设备或报警装置方向

图 5-1　常见的红色消防标识

(a) 滑动开门(1)　(b) 滑动开门(2)　(c) 紧急出口(1)　(d) 紧急出口(2)

(e) 疏散通道方向(1)　(f) 疏散通道方向(2)　(g) 推开　(h) 拉开

(i) 击碎板面

(j) 安全通道方向

(k) 安全楼梯方向

图 5-2　常见的绿色发光疏散指示标识

(3) 其他禁止类有关标识

在车站设备用房等区域还有禁止类相关消防标识，此类标识背底为白色，符号为黑色，圆圈和斜线为红色。其他禁止类有关标识如图 5-3 所示。

(a) 禁止用水灭火

(b) 禁止烟火

(c) 禁止吸烟

(d) 禁带火种

(e) 禁止燃放鞭炮

(f) 禁放易燃物

图 5-3　其他禁止类有关标识

5.1.2　车站消防系统的组成及功能

微课

火灾自动报警系统的原理和构成

1. 防灾报警系统

(1) 防灾报警系统概述

火灾发生的概率高，危害严重，损失大，为了尽早探测到火灾的发生并发出火灾警报，启动有关防火、灭火装置而在建筑物中设置了一种自动消防设施，这种装置称为火灾自动报警系统(fire alarm system，FAS)。

火灾自动报警系统一般由火灾触发器件、火灾报警控制装置、火灾警报装置以及火灾联动控制装置组成。在火灾发生初期，系统通过设置在现场的感烟、感温和感光火灾探测器等火灾触发器件自动接收火灾燃烧所产生的烟雾、温度变化和热辐射等物理信号，并将其变换成电信号输入火灾报警控制器；也可以通过手动报警按钮以手动的方式向火灾报警控制器通报火警。火灾报警控制器对输入的报警信号进行处理、分析,经判断为火灾时,立即以声、光信号等火灾报警装置向人发出火灾警报,并记录、显示火灾发生的时间和位置,同时向防烟排烟系统、自动喷水灭火系统、室内消火栓系统、管网气体灭火系统、泡沫灭火系统、干粉灭火系统以及防火门、防火卷帘等防烟防火设施发出控制命令,启动各种消防装置,指挥人员疏散、控制火灾蔓延、发展。

(2) 防灾报警系统构成及功能

全线火灾自动报警系统由控制中心级和车站/控制室级二级监控管理方式构成。控制中心级实现对全线火灾自动报警系统的集中监视和管理;车站/控制室级在各车站、车辆段、停车场设火灾报警控制器,对其所管辖范围独立执行消防监控和管理。FAS主要由控制中心级设备、车站级设备,现场各类探测器、输入模块、输出模块、控制模块、手动火灾报警按钮、消防电话等设备,以及全线设备维修维护系统等组成。

① 控制中心

a. 控制中心级设备。配置两台计算机,分别为监控管理操作终端和历史资料存档管理操作终端;可以以图形和文本两种方式处理事件;能对事件进行合理分类及过滤筛选;可以通过对事件储存文件的分析,了解何时发生何事,便于分析事件发生的原因。

b. 控制中心级功能。监视全线火灾自动报警系统设备的运行状态,接收全线各车站、车辆段、停车场、主变电所等发送的火灾报警信息,监控设备的运行状态及故障信息。当发生各种报警信号或故障信息时,应及时以地图式画面在FAS工作站上显示信息,打印各类信息报警时间、地点,启动火灾报警的声光报警信号,并储存、实时打印故障、设备维修等其他各项记录;记录存档,按信息类别进行历史资料档案管理。

② 车站/控制室

a. 车站/控制室级设备。由火灾报警控制盘、图形监视工作站计算机、综合后备盘、消防壁挂电话、各类探测器、手动报警按钮、消防电话插孔、监视模块、控制模块等构成,如图5-4所示。FAS和自动气体灭火系统设有接口,接收气体灭火系统的故障信号和每个保护区的预警信号、报警信号、喷放信号、手/自动信号。FAS和BAS、通信、给排水、环控等设备设有接口。

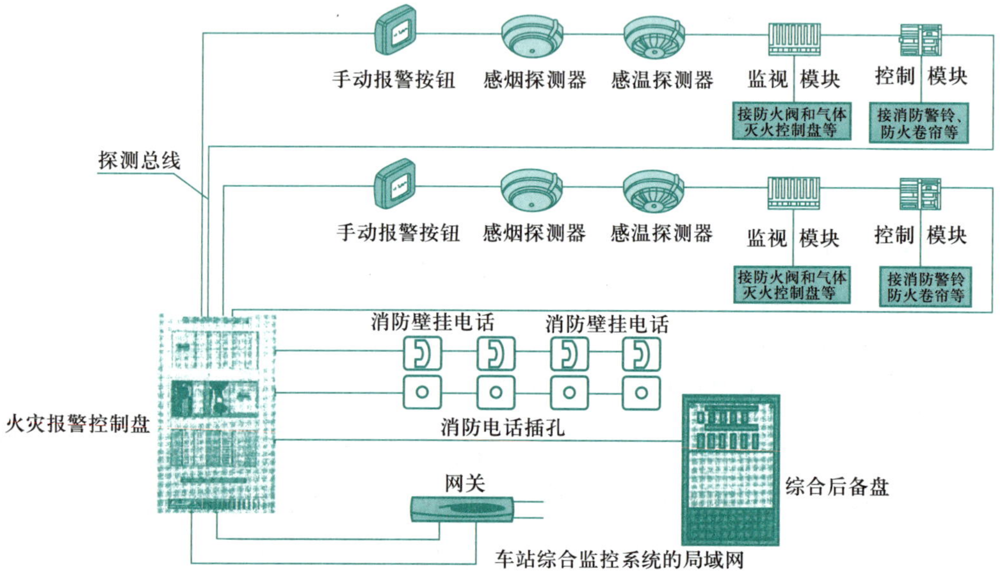

图5-4 车站/控制室级设备构成

b. 车站/控制室级功能。负责监视车站 FAS 设备的运行状态，接收火灾报警信号，并显示报警部位，优先接收控制中心发出的消防救灾指令和安全疏散命令。通过火灾报警控制盘上的数据接口或消防联动控制盘上的手动控制按钮，向其联锁系统发出模式指令。各类探测器、手动报警按钮如图 5-5 所示。

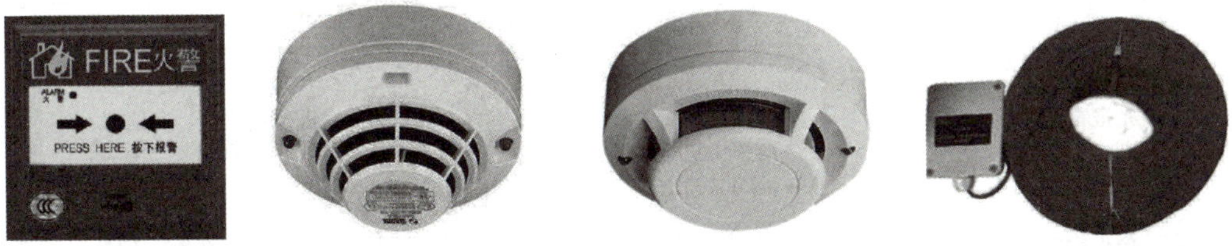

(a) 手动报警按钮　(b) 感温探测器　(c) 感烟探测器　(d) 感温电缆

图 5-5　各类探测器、手动报警按钮

③ 维护中心

维护中心是全线系统的设备与信息的管理中心。维护工作站能实现接收、显示、储存统计、查询、打印全线火灾报警系统所有设备和联动设备的状态信号，建立、保存火灾报警系统设备维修计划及档案等全线历史数据。

(3) 防灾报警系统运转模式

① 监视模式

在正常状态下，火灾报警控制器及车站现场设备均处于监视状态；车站图形显示终端显示车站各处的平面及车站现场设备状态。火灾报警控制器自动巡视车站设备的状态，巡检一次时间不超过 2 s。

② 车站 FAS 运行方式

FAS 在正常情况下处于广播、系统手动联动状态；在人员暂时离开时将控制显示联动板上的广播切换和系统切换旋钮切换到自动联动状态。

当 FAS 处于广播、系统手动联动状态时，FAS 确认现场有火警后只进行报警，不进行相应的广播及系统设备联动。当确定是火灾后，首先人为用钥匙将控制显示面板上的系统封锁旋钮切换到正常位置，然后在控制显示面板上人为用钥匙进行以下操作：

a. 系统切换旋钮切换到自动状态，系统将启动系统联动设备。

b. 广播切换旋钮切换到自动状态，系统将启动消防广播。

当 FAS 处于广播、系统自动联动状态时，在系统确认火警后进行报警，并自动进行消防广播及自动启动系统联动设备。

火灾自动报警流程如图 5-6 所示。消防报警信号处置程序如图 5-7 所示。火灾自动报警系统逻辑关系如图 5-8 所示。

③ 设备正常状态

a. 图形监视工作站计算机应正常工作，图面上无任何事件。

b. 火灾报警控制器操作盘。信息按钮左边的灯亮，按下信息按钮，信息栏内显示的内容只有无人值班。系统正常运行灯亮，其余灯均不亮，面板上无其他内容。

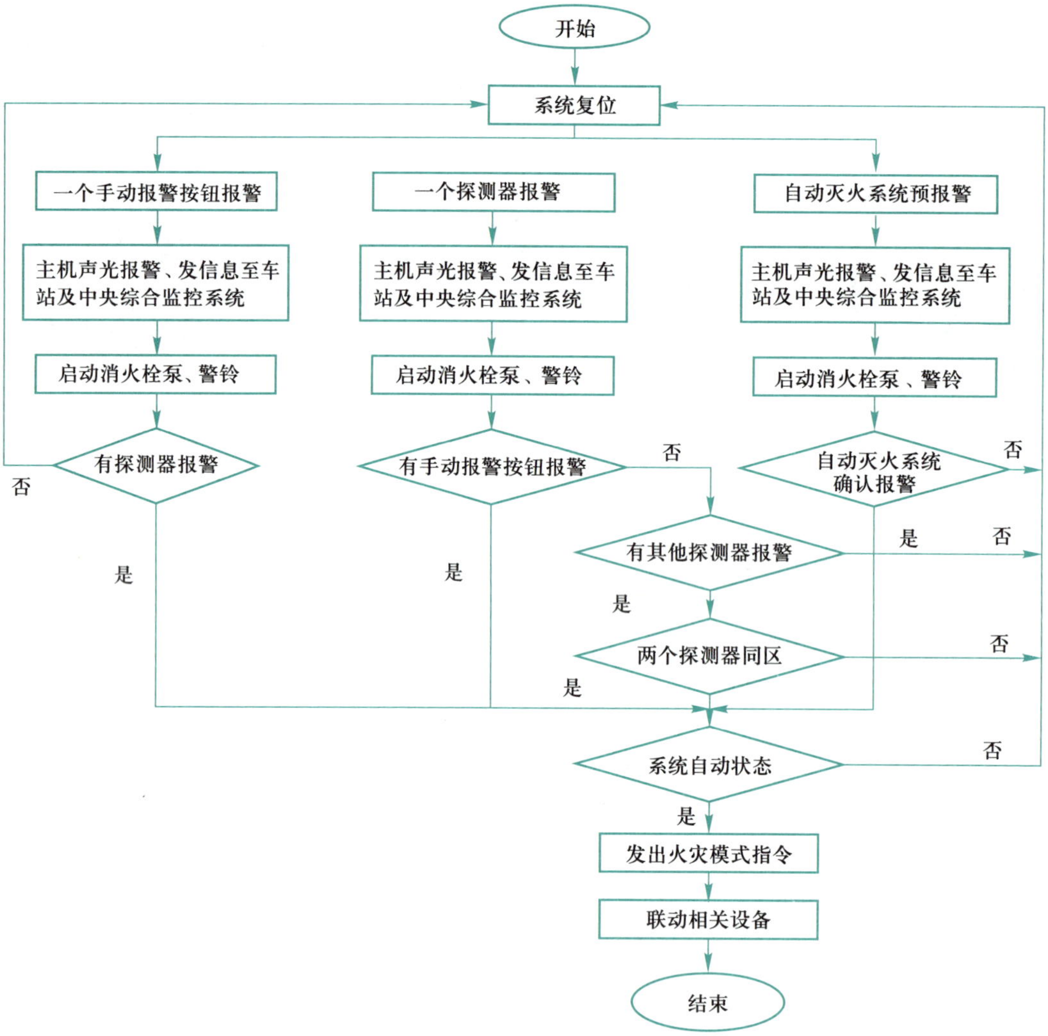

图 5-6　火灾自动报警流程

c. 控制显示联动板（广播手动、系统手动）。广播切换位于手动位置、系统切换位于手动位置、系统封锁位于封锁位置，保证切换开关的钥匙在控制显示联动板上。

d. 充电器处于打开状态，正常的两个灯（交流电、直流电）亮。

e. 打印机处于不间断工作状态，走纸须正常，打印字迹应清晰。

f. 消防电话主机、消防电话分机、便携式消防插孔电话、电话插孔应工作正常。

g. 各类探测器、模块、手动报警器、感温电缆、警铃应工作正常。

h. 充电装置、24 V 直流电源箱自动切换装置应工作正常。

i. 所有设备外观无损坏。

2. 自动灭火系统

(1) 自动灭火系统概述

① 自动灭火系统的选择

地铁消防应根据不同部位的环境条件、器材安装、设备特点等要求，选择相应的灭火系统和器材。

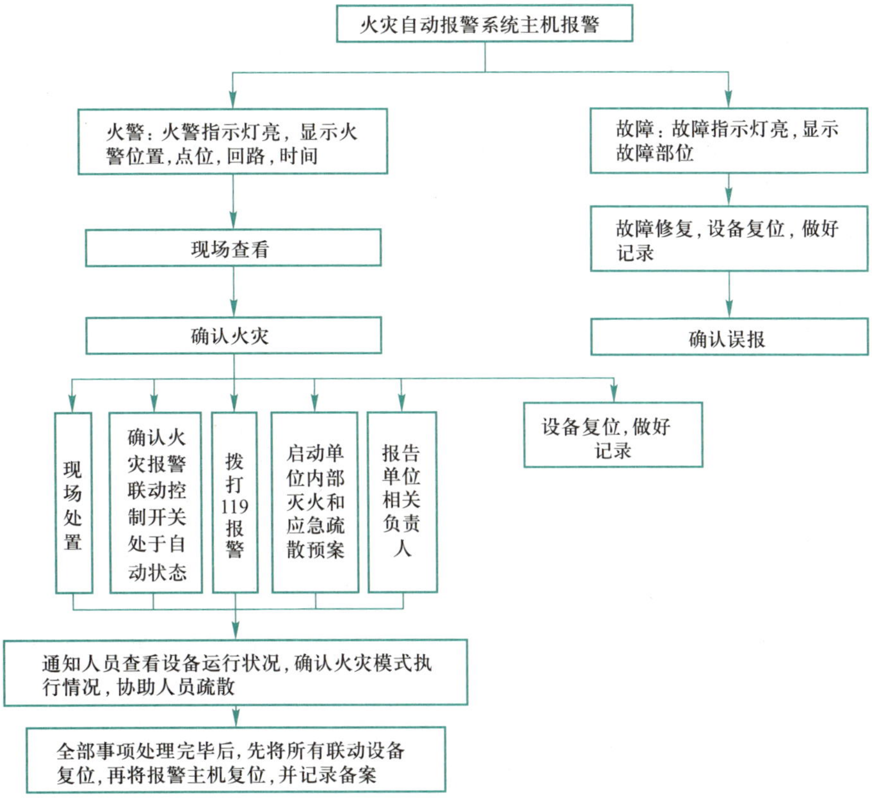

图 5-7　消防报警信号处置程序

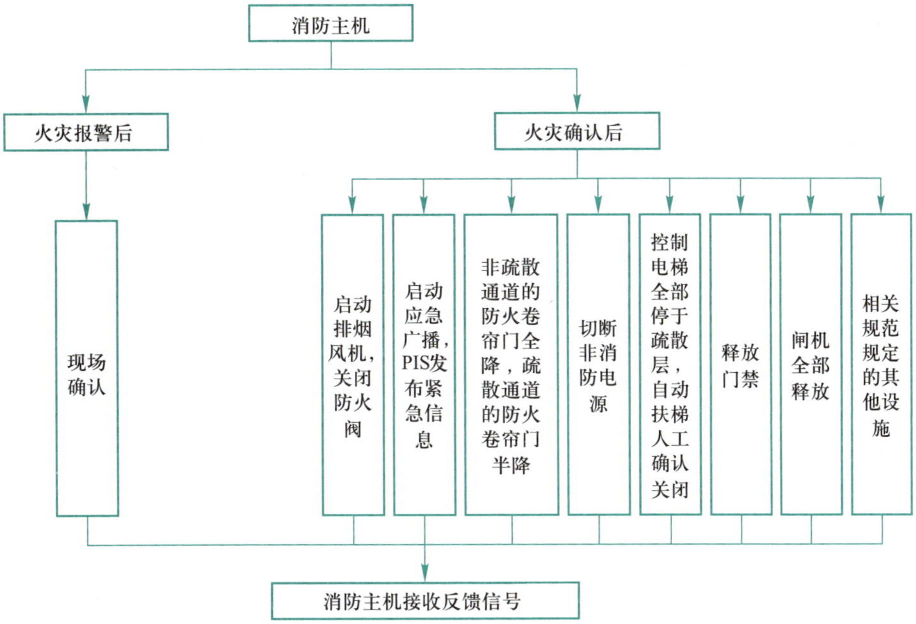

注：1. 火灾确认是指探测区内任一手动火灾报警按钮和一感烟器动作，或探测区域内任一手动火灾报警按钮和一感烟器动作，或一个火灾探测器报警后经人工确认，或同一报警区域两个火灾探测器报警。

2. 消防控制室应能直接启动下列消防设施：① 排烟风机、防火阀；② 防火卷帘；③ 应急广播；④ 门禁；⑤ 闸机；⑥ PIS（乘客信息系统）；⑦ 非消防电源；⑧ 其他有关设施。

图 5-8　火灾自动报警系统逻辑关系

在车站的公共区,应以消火栓系统为主,将整个车站覆盖在消火栓的保护范围内。

在车站的设备用房,由于仪器众多、设备复杂,在此类相对封闭的区域应以气体自动灭火系统为主。

自动喷水系统在公共区的作用不是很显著,甚至会造成地面湿滑,影响人群疏散的速度,因而在车站的公共区可不设置自动喷水灭火系统。

在区间隧道中要沿线布设消火栓灭火系统,条件允许时还可在区间隧道中加装移动式灭火系统。

移动式灭火系统宜采用泡沫灭火剂。

无论是在车站、区间隧道、地铁列车上,都要配备一定数量的灭火器。

② 常见自动灭火系统

目前常见的自动灭火系统主要归纳为以下几大类:二氧化碳灭火系统、气溶胶灭火系统、惰性气体灭火系统、卤代烃类化学气体灭火系统和水灭火范畴的细水雾系统。其中二氧化碳灭火系统和气溶胶灭火系统不适用于城市轨道交通。

(2) 细水雾灭火系统

① 细水雾灭火系统的原理

使用具有特殊构造的细水雾喷嘴,通过水与雾化介质作用而产生水微粒,水微粒受热后,产生体积急剧膨胀的水蒸气(大约1 700倍),膨胀后的水蒸气可以达到灭火的作用。上述过程一方面冷却燃烧反应;另一方面产生的大量水蒸气能降低封闭火场的氧浓度,起到窒息燃烧反应的作用,达到双重物理灭火的效果。细水雾灭火系统的灭火场景和灭火喷头如图5-9所示。

(a) 灭火场景

(b) 灭火喷头

图5-9 细水雾灭火系统的灭火场景和灭火喷头

② 细水雾灭火系统的特点

细水雾灭火系统的特点如表5-2所示。

表5-2 细水雾灭火系统的特点

优点	缺点
灭火介质水源容易获取,灭火的可持续能力强	灭火速度较气体灭火系统慢
优良的火情抑制能力,既起冷却作用又能有效隔绝辐射热	系统选型和设计受水雾本身和被保护对象的影响大,个性化要求高

续表

<table>
<tr><th>优点</th><th>缺点</th></tr>
<tr><td>有效去除火灾区域内的烟气</td><td>灭火介质为水，这样对保护区电源系统的要求也较高</td></tr>
<tr><td>可承受一定限度的通风，对防护区密闭要求相对较低</td><td rowspan="4">系统喷放后对电子、电气设备造成的二次危害程度，需要通过实体火灾试验来确定</td></tr>
<tr><td>无浓度方面的限制，对人体无害，环保性能高</td></tr>
<tr><td>既可局部应用，保护独立的设备或设备的一部分，又可作为全淹没系统，保护整个防护区</td></tr>
<tr><td>对大中空间场所的保护具有技术和经济方面的优势</td></tr>
</table>

（3）气体灭火系统

① 自动气体灭火系统

城市轨道交通采用的气体灭火系统主要有二氧化碳灭火系统、卤代烷灭火系统及烟烙气体灭火系统等。具体介绍如下几种。

a. 七氟丙烷气体灭火系统。七氟丙烷气体不导电，不破坏大气层，在常温下可加压液化，常温常压条件下能全部挥发，灭火后无残留物；全淹没系统可以扑救 A、B、C 类和电气火灾，可用于保护有人场所。

b. 二氧化碳灭火系统。它适用于扑救 A、B、C 类和电气火灾。它主要是依靠高浓度二氧化碳喷放至所保护的区域，使其中的氧气浓度急速下降至一定浓度，并产生窒息作用，使燃烧无法继续下去。但此种灭火机理会严重影响停留在保护区域中的人员生命安全及健康，因此不能用于有人场所。二氧化碳（高压、低压）系统在释放过程中由于有固态二氧化碳（干冰）存在，会使防护区的温度急剧下降，可能会对精密仪器设备有一定影响；系统对释放管路和喷嘴造型有严格的要求；如设计、施工不合理，会因释放过程中产生大量干冰阻塞管道或喷嘴造成事故。

c. 气溶胶灭火装置。目前国内工程上应用的气溶胶灭火装置都是属于热型的；热气溶胶以负催化、窒息等原理灭火；灭火后有残留物，属于非洁净灭火剂；适用于变配电间、发电机房、电缆夹层、电缆井、电缆沟等无人、相对封闭空间较小的场所；适用扑救生产、储存柴油（35 号除外）、重油、润滑油等丙类可燃液体的火灾和可燃固体物质表面火灾。气溶胶灭火装置不能用于保护经常有人场所，不能用于保护易燃易爆场所，不能用于管网输送系统。

d. 新型惰性气体灭火系统 IG-541。IG-541 灭火剂是由氮气（N_2含量 52%）、氩气（Ar 含量 40%）和二氧化碳（CO_2含量 8%）三种气体组成的无色、无味、无毒的混合气体，不破坏大气臭氧层，对环境无任何不利影响，不导电，灭火过程洁净，灭火后不留痕迹（所以又称洁净气体）；适用于扑救 A、B、C 类及电气火灾，可用于保护有人场所。IG-541 惰性气体灭火系统储存压力为15~20 MPa（20 ℃），属于高压系统。该系统对灭火剂的气体配比、储存瓶、管路、阀门、喷嘴储存间以及周围环境、温度要求严格；系统设备的制造及安装工艺相对复杂。

② 卤代烃类气体灭火系统

卤代烃类气体灭火剂通过化学作用抑制燃烧过程中的化学反应达到灭火目的。常用的有两种，即七氟丙烷和三氟甲烷，按储存压力又分为 2.5 MPa（低压）与 4.2 MPa（高压）两类。影响其灭火效果的主要因素与其他气体灭火系统相同:一方面是防护区封闭情况;另一方面是灭火介质来源受限,不可以持续灭火。卤代烃类气体灭火系统的特点如表5-3所示。

表5-3 卤代烃类气体灭火系统的特点

优点	缺点
适用范围广,适用于任何一种防护区类型,对中、小空间场所的保护具有技术和经济方面的优势	在灭火过程中产生的热腐蚀产物(如HF)容易对精密仪器造成损害,气体喷放后需要及时开启排风系统
灭火效率高,其单位体积防护区空间所用气量要远低于通过物理作用达到灭火目的的其他灭火剂,该类系统储气量较少,单个气瓶占用的面积较少,是惰性气体类灭火系统的1/2	卤代烷灭火剂与哈龙气体都属于氟系列的灭火剂,在大气中存活时间长,同时温室效应值高,不利于环保
前期造价较低,在规模小、防护区集中的车站,在造价上有一定的优势,与惰性气体灭火系统比较,造价比为3∶4	灭火介质单价高,占初期投资比例高,维护充装费用要高于惰性气体灭火系统

③ 惰性气体类灭火系统

惰性气体类灭火系统的原理是,主要靠物理窒息作用将防护区内的氧气浓度降低至不支持燃烧的范围而达到灭火的目的。影响其灭火效果的主要因素与其他气体灭火系统相同,一方面是防护区封闭情况,另一方面是灭火介质来源受限,不可以持续灭火。目前最常见的有三种,即氮气、烟烙烬INERGEN(IG-541)和氩气。惰性气体灭火介质取自于大气,属环保型灭火剂。惰性气体类灭火系统的特点如表5-4所示。

表5-4 惰性气体类灭火系统的特点

优点	缺点
它是纯天然的洁净气体灭火剂,使用它灭火时,只是将气体放回大自然中去,不会对大气臭氧层产生任何破坏作用,是真正的绿色环保灭火剂	高达15 MPa(20 MPa)的储存压力使系统对各产品部件的承压标准、密封效果、输送管道的施工质量及维护管理提出了较高的要求
在灭火过程中无任何分解物,平时以气态储存,喷放时不会形成浓雾或造成视野不清,使人员在火灾时能清楚地分辨逃生方向	以窒息的物理作用灭火,设计浓度高,气瓶数量多
系统保护距离较长,一般在车站两端各设置一个气瓶室即能满足消防系统要求,建筑布置灵活,能充分体现组合分配式系统的优点	惰性气体单个气瓶室占用的面积相对卤代烷灭火系统大,虽然总的气瓶室数量少,但气瓶室占用的总面积与卤代烷灭火系统相差无几
维护充装费用要低于卤代烃类气体灭火系统	灭火时会产生较高正压,所以对防护区结构要求较高

5.2　车站消防设备的定期检查和常规使用

5.2.1　车站消防设备的定期检查

车站消防设备包括 FAS、气体灭火系统、消火栓和灭火器，它们的定期检查内容见表 5-5。

表 5-5　车站消防设备定期检查一览表

检查周期	检查内容
1. FAS 的日常检查	
每日检查	对 FAS 主机、探测设备、报警类设备、消防电话系统设备进行外观检查。控制盘、联动盘（箱）和图每日检查，检查人员每日应检查集中报警控制器和区域报警控制器的功能（如火警功能、故障功能、复位、消声等）是否正常，有关指示灯有无损坏；值班人员应将每日检查、处理问题情况记录在日记录表中
每周检查	进行主、备电源自动转换试验
2. 气体灭火系统的日常检查	
指定日期检查	（1）查看气灭 EST（主机控制柜）主机工作情况： ① 要求控制盘箱体外观完好，面板显示正常运行，无报警信息。 ② 查看气灭 EST 主机日期、时间，要求日期、时间正确。 ③ 对气灭 EST 主机试灯，要求气灭主机试灯正常。 （2）操作标识、手/自动开关、紧急启动按钮及紧急止喷按钮在位且完整。 （3）探测器、警铃、蜂鸣器、灭火指示牌在位且完整；管道、喷头安装牢固，无遮挡
每周检查	查看储瓶间防护区的工作情况，同时检查气瓶压力、设备外观及气灭控制盘
3. 消火栓的日常检查	
日常检查	（1）封条完好，则箱内设备完好，否则按照规定进行开箱检查：消火栓箱门开启无异常、漏水，水带无破损，水枪配套，阀门不锈蚀，箱体内外不锈蚀；数量无缺。 （2）消火栓箱里外应保持无灰尘、碎屑、纸屑等杂物。 （3）消火栓箱门玻璃、把手应保持完好无损。 （4）消火栓箱周围 1 m 范围内无任何物资（物品）。 （5）应保持编号标签及箱内检查记录表的完好无损
4. 灭火器的日常检查	
日常检查	（1）灭火器箱封条是否完好。灭火器箱封条有效期一个月，封条到期后必须开封检查箱内设施，确认完好后重新贴上封条。若封条破坏或没有封条，则打开检查箱内设备是否在位、完整有效；灭火器配置位置无变动、丢失和挪用。 （2）灭火器箱里外应保持无灰尘、碎屑、纸屑等杂物。 （3）灭火器箱应在指定标识场所水平直角定置。 （4）灭火器箱周围 1 m 范围内无任何物资（物品）。 （5）应保持编号标签及箱内检查记录表的完好无损

微课
消火栓的基本操作

5.2.2 车站消防设备的常规使用

1. FAS系统

FAS系统的主机报警操作流程如图5-10所示。

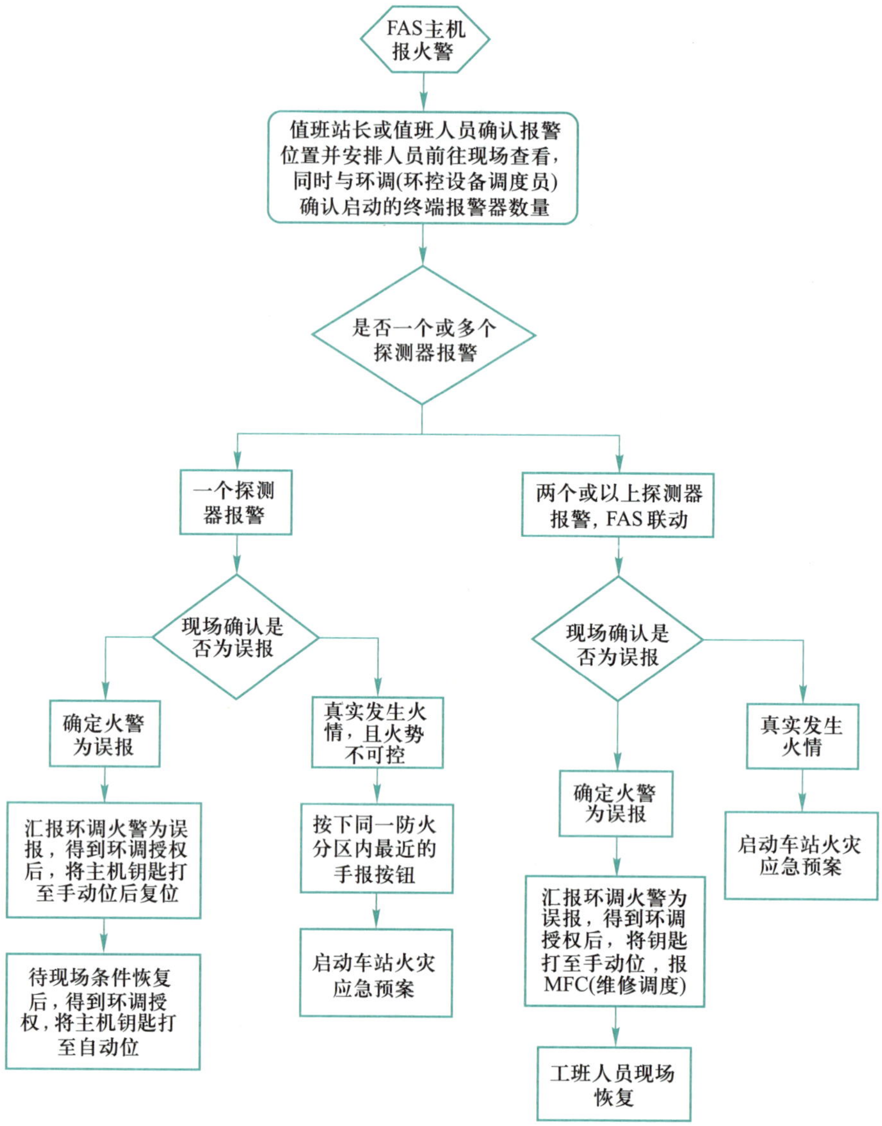

注：主机钥匙在手动位时存在安全风险，需加强对主机报警显示的监控。

图5-10 FAS系统的主机报警操作流程

2. 气体灭火系统

气体灭火系统的主机报警操作流程如图5-11所示。

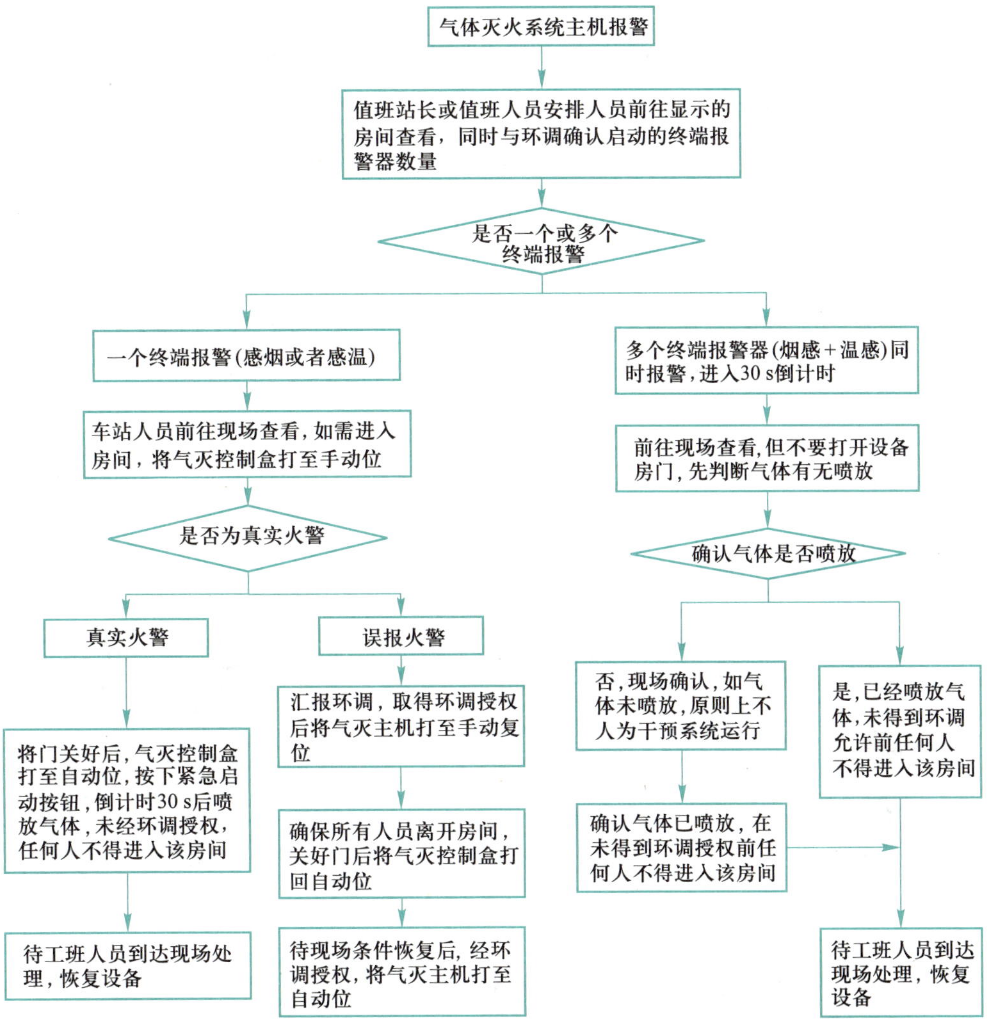

图 5-11　气体灭火系统的主机报警操作流程

3. 消火栓

(1) 认识消火栓

消火栓是消防供水设备的终端，在灭火时提供较高压力的水源供直接灭火或为消防车供水。每座车站及相邻区间隧道的消火栓系统由消火栓泵管道、若干消火栓箱组成。

车站内消火栓：箱内配有双头双阀消火栓一只、水带两盘、多功能水栓两只、消防电话插孔和水泵启动按钮，箱门面板上还装有手拉报警装置。

隧道内消火栓：区间隧道内消火栓水源来自相邻两座车站，其消防水管与相邻车站管道贯通。隧道内每隔 45 m 设置一只消火栓箱，箱高 0.9 m、宽 1.2 m。箱内配有双头阀消火栓、水带、水枪、消防电话插孔和水泵启动按钮。

根据消火栓的适用场合可以分为室内消火栓、室外消火栓、地下消火栓和地上消火栓 4 种，其特征见表 5-6。

(2) 使用消火栓

常见的消火栓使用过程如图 5-12 所示，注意事项如下：

表 5-6 消火栓的类别

类别	特征
室内消火栓	用于室内管网向火场供水,带有阀门的接口,为工厂、仓库、高层建筑、公共建筑及船舶等室内固定消防设施,通常安装在消火栓箱内,与消防水带和水枪等器材配套使用。减压型消火栓为其中一种
室外消火栓	设置在建筑物外面消防给水管网上的供水设施,主要供消防车从市政给水管网或室外消防给水管网取水实施灭火,也可以直接连接水带、水枪出水灭火。所以,室外消火栓系统也是扑救火灾的重要消防设施之一
地下消火栓	地下消火栓是一种室外地下消防供水设施。用于向消防车供水或直接与水带、水枪连接进行灭火,是室外必备消防供水的专用设施。安装于地下,不影响市容、市通。由本体、弯管、阀座、阀瓣、排水阀、阀杆和接口等零部件组成。地下消火栓是城市、厂矿、电站、仓库、码头、住宅及公共场所必不可少的灭火供水装置。尤其是市区及河道较少的地区更是需要装设。产品结构合理、性能可靠、使用方便
地上消火栓	地上消火栓是一种室外地上消防供水设施。用于向消防车供水或直接与水带、水枪连接进行灭火,是室外必备消防供水的专用设施。它上部露出地面,标识明显,使用方便。由本体、弯管、阀座、阀瓣、排水阀、阀杆和接口等零部件组成。地上消火栓是一种城市必备的消防器材,尤其是市区及河道较少的地区更需装设,以确保消防供水需要。各厂矿、仓库、码头、货场、高楼大厦、公共场所等人员稠密的地区有条件都应该安装

(a) 开箱门

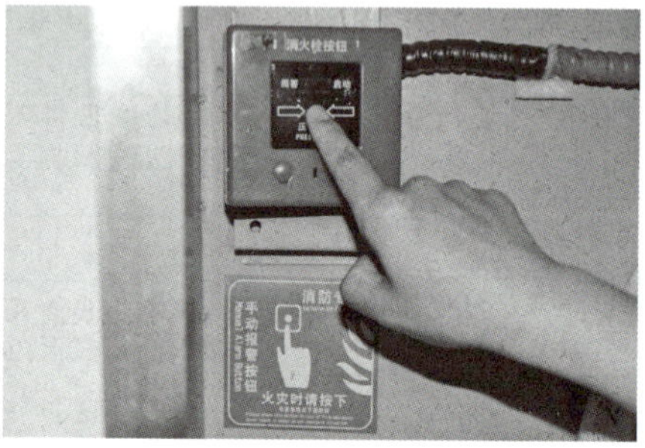

(b) 按手报

(c) 拿水枪

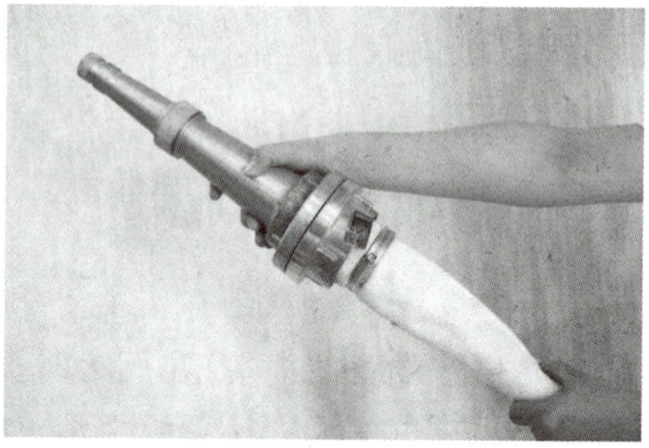

(d) 拉水带

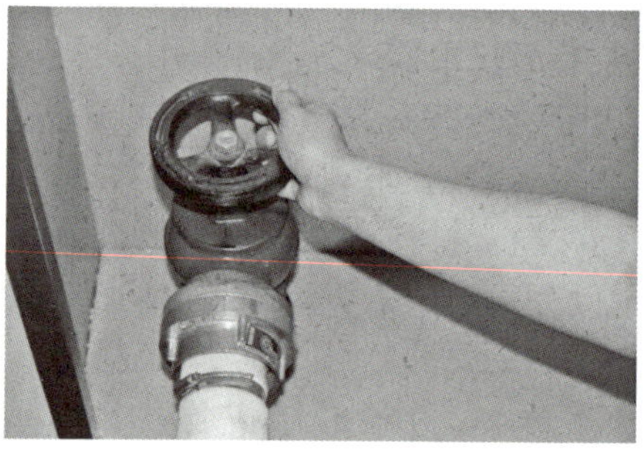

(e) 开阀门

图 5-12 常见的消火栓使用过程

① 注意火场与消火栓的距离，车站内消防水带和消防软管长度一般为 25 m。

② 注意着火物品是否带电，若属带电物品，必须先切断电源方可用水灭火。

③ 定期检查消火栓，确保消火栓水压正常，物品齐全。

4. 灭火器

(1) 认识灭火器

微课　灭火器的基本认识

灭火器又称为灭火筒，是一种可携式灭火工具。灭火器内藏化学物品，用以救灭火警。灭火器是常见的防火设施之一，存放在公众场所或可能发生火警的地方。因为其设计简单可携，一般人亦能使用来扑灭刚发生的小火。不同种类的灭火筒内藏的化学物品成分不一样，是专为不同的火灾而设，使用时必须注意，以免产生反效果及引起危险。常见的灭火器类型如表 5-7 所示。

表 5-7　常见的灭火器类型

分类	类型		特征	图例
操作使用方法不同	手提式灭火器		能在其内部压力作用下，将所装的灭火剂喷出以扑救火灾，并可手提移动的灭火器具。手提式灭火器的总质量一般不大于20 kg，其中二氧化碳灭火器的总质量不大于 28 kg	
	推车式灭火器		装有轮子的可由一人推（或拉）至火场，并能在其内部压力作用下，将所装的灭火剂喷出以扑救火灾的灭火器具。推车式灭火器的总质量大于 40 kg	
充装的灭火剂类型不同	水基型灭火器	清水	通过冷却作用灭火，主要用于扑救固体火灾（即 A 类火灾），如木材、纸张、棉麻、织物等的初期火灾。采用细水雾喷头的清水灭火器也可用于扑灭可燃固体的初期火灾	
		泡沫	可分为化学泡沫灭火器和空气泡沫（机械泡沫）灭火器。主要用于扑救 B 类火灾；也可用于扑救固体 A 类火灾；抗溶泡沫灭火器还可以扑救水溶性易燃、可燃液体火灾。但泡沫灭火器不适用于带电设备火灾和 C 类气体火灾、D 类金属火灾	
	干粉灭火器	BC 类	充装内容：碳酸氢钠干粉（化学名称）。 适用范围：用于灭 B 类液体、C 类气体火灾。 灭火原理：通过干粉的粉末落在可燃物表面，发生化学反应，并在高温作用下形成一层玻璃状覆盖层，从而隔绝氧气，窒息灭火，还有部分稀释氧和冷却作用	
		ABC 类	充装内容：磷酸铵盐干粉（化学名称）。 适用范围：用于灭 A 类固体、B 类液体、C 类气体、D 类电气设备初期火灾等，适用范围较广。 灭火原理：同 BC 类干粉灭火器	

续表

分类	类型	特征	图例
充装的灭火剂类型不同	二氧化碳灭火器	充装内容:以液态形式储存在灭火器中的二氧化碳。 适用范围:用于灭B类、C类、E类火灾及图书、档案、贵重设备、精密仪器、600 V以下电气设备及油类的初期火灾等。 灭火原理:通过二氧化碳气体排除空气,包围在燃烧物体的表面或分布于较密闭的空间中,降低可燃物周围或防护空间内的氧浓度,产生窒息作用而灭火	
	洁净气体灭火器	充装内容:在不破坏臭氧层的前提基础上,非导电的气体或汽化液体,这种灭火剂能蒸发,不留残余物,如六氟丙烷、七氟丙烷灭火器等。 适用范围:用于灭A类固体、B类液体、C类气体、D类电气设备等特殊场所初期火灾等。 灭火原理:主要以物理方式灭火,同时伴有化学反应	

微课
灭火器的基本使用

(2) 使用灭火器

灭火器的使用方法主要包括以下四个步骤。

第一步:识别灭火器的型号。

我国灭火器的型号是按照《消防产品型号编制方法》的规定编制的,包括灭火器名称、用途、结构特征与主参数的代号,供设计、制造、使用、供销、管理等部门应用。按类、组、特征分类编制。灭火器的型号编制方法与符号意义如表5-8所示,灭火器型号识别示例见图5-13。

表5-8 灭火器的型号编制方法与符号意义

类	组	代号	特征	代号含义	主要参数	
					名称	单位
灭火器 M(灭)	水 S(水)	MS MSQ	酸碱 清水,Q(清)	手提式酸碱灭火器 手提式清水灭火器	灭火剂充装量	L
	泡沫 P(泡)	MP MPZ MPT	手提式 舟车式,Z(舟) 推车式,T(推)	手提式泡沫灭火器 舟车式泡沫灭火器 推车式泡沫灭火器		L
	干粉 F(粉)	MF MFB MFT	手提式 背负式,B(背) 推车式,T(推)	手提式干粉灭火器 背负式干粉灭火器 推车式干粉灭火器		kg
	二氧化碳 T(碳)	MT MTZ MTT	手提式 鸭嘴式,Z(嘴) 推车式,T(推)	手提式二氧化碳灭火器 鸭嘴式二氧化碳灭火器 推车式二氧化碳灭火器		kg
	1211 Y(1)	MY MYT	手提式 推车式	手提式/推车式1211灭火器		kg

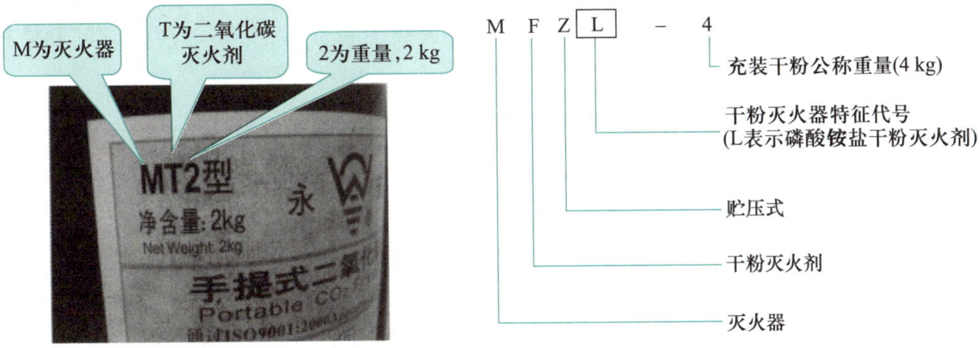

图 5-13　灭火器型号识别示例

第二步:判断火势,正确选用相关类型的灭火器。

通常用于扑灭初期火灾的灭火器,类型较多,选用时必须针对火灾燃烧物质的性质,否则会适得其反,有时不但灭不了火,而且还会发生爆炸。由于各种灭火器内装的灭火剂对不同火灾的灭火效果不尽相同,所以必须熟练地掌握灭火器在扑灭不同火灾时的灭火作用。具体如何正确选择灭火器请参照表 5-2～表 5-4。

第三步:对灭火器进行检查,看是否能正常使用。

检查灭火器的方法很简单,首先是对灭火器的外观进行检查,查看是否有损坏。

对灭火器的压力表进行检查,压力表表盘上有红绿黄三种颜色区域。指针指向黄色区域,表明灭火器内部压力过大,有自爆的危险;指向绿色区域,表明灭火器内部压力适中,可以使用;指向红色区域,表明灭火器内部压力不足,不能正常使用,需要更换新的灭火器了。灭火器压力表检查如图 5-14 所示。

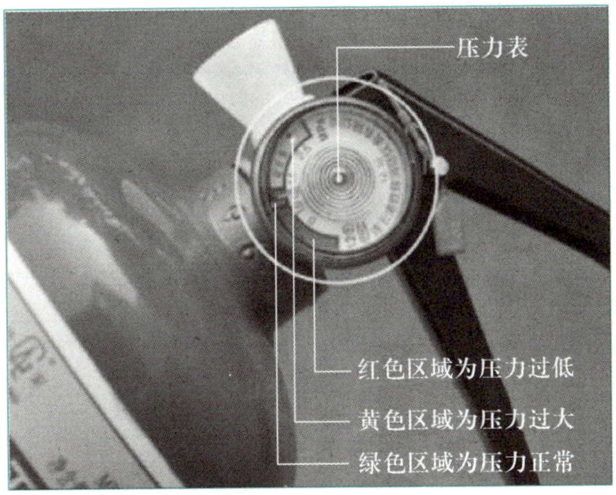

图 5-14　灭火器压力检查

第四步:灭火操作。手提式干粉灭火器的使用方法如下:

① 用手提起灭火器把,在距离起火点 3～5 m 处,将灭火器放下,在室外使用时注意占据上风方向。

② 使用前先将灭火器上下颠倒几次,使筒内干粉松动。

③ 拔掉保险销,一只手握住喷管,使其对准火焰根部,另一只手用力按下压把,干粉便会从

喷嘴喷射出来。

④ 左右喷射,不能上下喷射,灭火过程中应保持灭火器直立状态,不能横卧或颠倒使用。

具体操作步骤如图5-15所示。

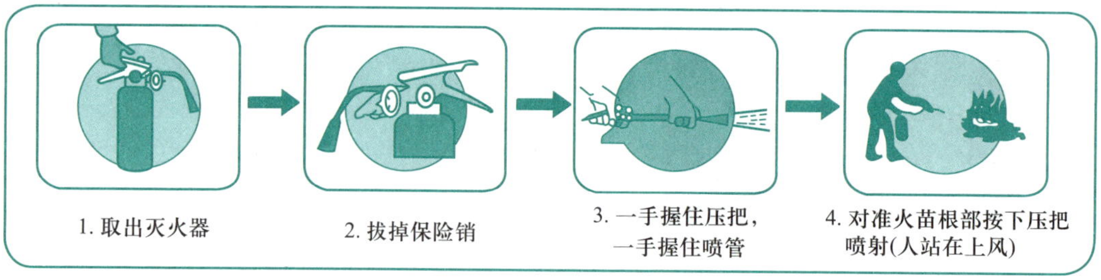

图5-15 手提式干粉灭火器的操作步骤

推车式干粉灭火器的使用方法如下:

① 先将灭火器迅速推拉到火场,在距离着火点10 m处停下。

② 右手抓住喷粉枪,左手顺势展开喷粉胶管至平直,不能弯折或打圈。

③ 除掉铅封,拔掉保险销。

④ 用手掌使劲按下供气阀门。

⑤ 左手把持喷粉枪管托,右手把持枪把,用手指扳动喷粉开关,对准火焰喷射。不断靠前左右摆动喷粉枪,将干粉笼罩住燃烧区,直至把火扑灭为止。

具体操作步骤如图5-16所示。

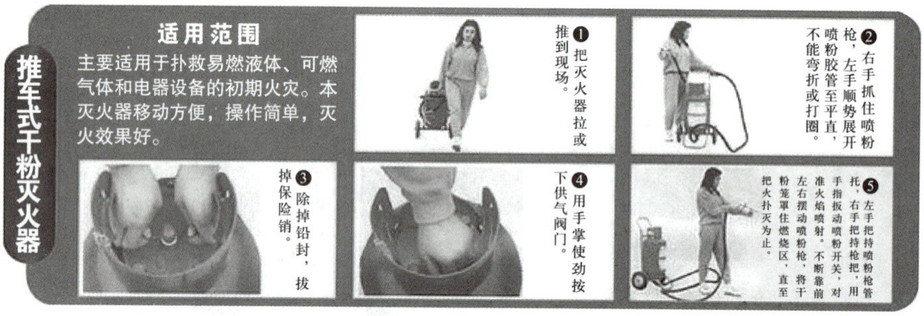

图5-16 推车式干粉灭火器的操作步骤

二氧化碳灭火器的使用方法如下:

① 拔掉保险销。

② 调整喷管角度,压下压把(或旋动阀门)。

③ 将喷口对准火焰根部灭火。

二氧化碳灭火器注意事项:使用时要戴手套,以免皮肤接触喷筒和喷射胶管,防止冻伤。使用二氧化碳灭火器扑救电器火灾时,如果电压超过600 V,应先断电后灭火。

具体操作步骤如图5-17所示。

泡沫灭火器的使用方法如下:

① 右手握着压把,左手托着灭火器底部,轻轻取下灭火器。

② 右手提着灭火器到现场。

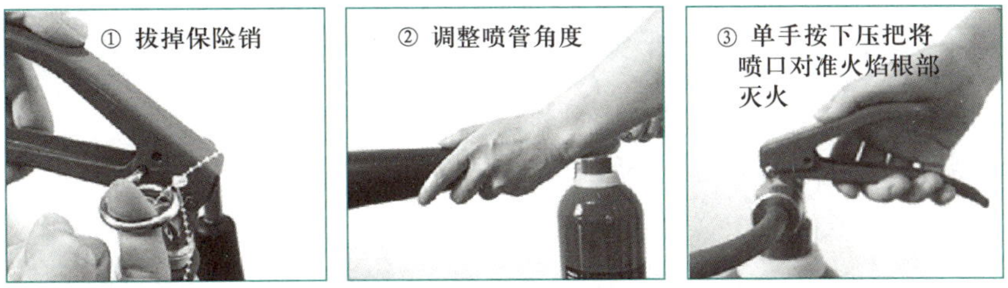

图 5-17　二氧化碳灭火器的操作步骤

③ 右手捂住喷嘴，左手抓住筒底边缘。

④ 把灭火器颠倒过来呈垂直状态，用劲上下晃动几下，然后放开喷嘴。

⑤ 右手抓筒耳，左手抓筒底边缘，把喷嘴朝向燃烧区，站在离火源 8 m 的地方喷射，并不断前进，兜围着火焰喷射，直至把火扑灭。

⑥ 灭火后，把灭火器卧放在地上，喷嘴朝下。

具体操作步骤如图 5-18 所示。

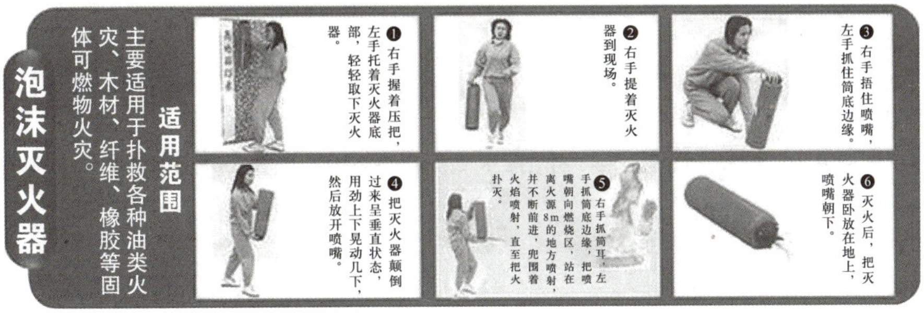

图 5-18　泡沫灭火器的操作步骤

5.3　车站火灾的应急处置

5.3.1　火灾的处置原则

火灾的处置原则包括：

① 坚持高度集中、统一指挥、逐级负责的原则。

② 坚持“先救人，后救物；先全面，后局部”的原则，优先组织人员疏散、伤员抢救，同时兼顾重点设备和环境保护，将损失降至最低限度。

③ 坚持就近处置的原则。火灾发生时，在上一级应急处置负责人到达现场前，员工按表 5-9 的规定担任现场第一应急处置负责人；在上一级应急处置负责人到达现场后，则由上一级应急处置负责人担任现场指挥工作。

④ 员工要反应迅速，做到早发现、早报告、早控制。

⑤ 员工在应急处置过程中应兼顾现场保护工作，以利于公安、消防和事件调查部门的现场取证。

微课

车站火灾的应急处置

表 5-9 现场第一应急处置负责人一览表

序号	火灾发生处所	现场第一应急处置负责人
1	车站(含商业区)	车站站长
2	站内列车(区间列车火灾维持运行到站内)	车站站长
3	区间列车(区间迫停)	本列司机
4	隧道火灾	现场职位最高者
5	车辆段/场	车辆段/场调度
6	主变电所	变电所值班人员

注:站长不在时由值班站长担任负责人。

⑥ 员工在应急处置过程中要注意自身安全,在完成乘客疏散及伤员救助至安全区域后,全部撤离至安全区域。

⑦ 坚持对外宣传归口管理的原则,不得擅自发布相关信息。

5.3.2 火灾的信息通报

1. 信息通报原则

火灾事件信息通报应遵循迅速、准确、完整的原则,任何员工发现或接到突发事件信息,均应立即按照《运营突发事件综合应急预案》信息报告流程及时上报,不得延误、中断或缺漏。

2. 信息通报内容

信息通报内容包括:

① 报告人姓名、职务、部门。

② 火灾发生具体时间、地点。

③ 火灾概况、原因(若能初步判断)及影响运营的程度。

④ 人员伤亡、被困情况及设施设备损坏情况。

⑤ 已经采取的措施。

⑥ 需要的援助(包括救援、救护和支援等)。

⑦ 其他必须说明的内容及要求。

5.3.3 火灾的应急处置

地铁车站火灾应急处置可分为车站设备区(无气体保护房间)火灾、车站设备区(有气体保护房间)火灾、车站站厅公共区火灾、车站站台公共区火灾、列车在站台(包括列车区间火灾后运行到车站)火灾5种情况,其应急处置程序如表5-10~表5-14所示。

表 5-10 车站设备区(无气体保护房间)火灾应急处置程序

负责人	处置程序
巡视岗	① 立即赶到现场协助灭火,确认火灾不可控时,立即关停扶梯,并组织站台乘客向站外疏散。 ② 确认站台乘客疏散完毕后报车站综控室。 ③ 听从值班站长安排

续表

负责人	处置程序
行车值班员	① 接收到火警信息后，立即通知值班站长、客运值班员到报警点确认。 ② 确认发生火灾后，通知巡视岗、保洁等驻站人员协助灭火；报环控调度员、行车调度员、119、地铁公安和 120，根据情况向行车调度员申请列车在本站通过。 ③ 按压 AFC 系统紧急按钮，将闸机设为紧急模式。 ④ 广播通知所有岗位执行设备区火灾应急疏散处置程序，并反复广播引导乘客疏散。 ⑤ 及时将火灾情况报告行车调度员，并与行车调度员、值班站长保持联系，确认保洁人员到紧急出口外等待消防人员。 ⑥ 撤退时，随身携带与行车调度员联系的无线电台。 ⑦ 必要时，将相关设备区通道门门禁设置为常开状态，以方便抢险
值班站长	① 接到火警通知后，立即携带相应房间钥匙等到现场确认，组织灭火。 ② 确认火灾不可控时，关闭火灾房间的防火门，执行设备区火灾应急疏散处置程序，及时组织疏散乘客。 ③ 安排人员在出入口拦截乘客进站。 ④ 消防队到现场后，将有关信息通报给消防负责人后，视情况组织员工灭火或撤退；当撤退时负责确认所有站内人员均疏散完毕。 ⑤ 负责各方的协调与沟通
客运值班员	① 接到火警通知后，立即赶到现场协助灭火，确认火灾不可控制时，立即赶到车站综控室，确认相应的火灾模式开启（注意：确认疏散指示开启，下同）。 ② 确认所有闸机已设为紧急模式，按照环控调度员的指示操作有关设备，确认行车值班员报警情况。 ③ 听从值班站长安排
售票员(1)	① 接到执行火灾应急疏散处置程序的通知后，收好钱和票，关闭售票处电源，确认闸机进入紧急模式，打开边门；利用手提广播疏导乘客出站。 ② 确认已关停自动扶梯。 ③ 到出入口拦截进站乘客并做好解释工作
售票员(2)	① 接到执行火灾应急疏散处置程序的通知后，收好钱和票，关闭售票处电源。 ② 确认闸机进入紧急模式，打开边门，利用手提广播疏散乘客出站。 ③ 确认站厅乘客全部疏散出站后报车站综控室。 ④ 听从值班站长安排

表 5-11　车站设备区（有气体保护房间）火灾应急处置程序

负责人	处置程序
巡视岗	① 接到执行火灾应急处置程序的通知后，立即关停扶梯并到达站台组织站台乘客向站外疏散。 ② 确认站台乘客疏散完毕后报车站综控室。 ③ 协助灭火

续表

负责人	处置程序
行车值班员	① 接收到火警信息后,通知值班站长、客运值班员立即到报警点确认。 ② 确认发生火灾后,报行车调度员、环控调度员、119、地铁公安和120,根据情况向行车调度员申请列车在本站通过。 ③ 现场不能控制时,广播通知所有岗位执行设备区火灾应急处置程序,并反复广播引导乘客疏散。 ④ 按压AFC系统紧急按钮,将闸机设为紧急模式。 ⑤ 及时将火灾情况报告行车调度员,并与行车调度员、值班站长保持联系。 ⑥ 需要员工疏散时,要确认广告照明、一般照明以及电扶梯等已关闭,并要随身携带与行车调度员联系的无线电台
值班站长	① 接到火警通知后,立即携带相应钥匙等与客运值班员到现场确认。 ② 将报警房间外的气体控制打为手动,通过嗅觉气味和触感房门的温度判断是否发生火灾。 ③ 初步判断无发生火灾、气体无喷放时,打开房间门观察确认(如为高/低压室,不可直接进入)。 ④ 确认发生火灾后,立即关闭房门,手动操作释放气体灭火。 ⑤ 当火灾不可控制时,担任事故处置主任,宣布执行设备区火灾应急处置程序,组织疏散。 ⑥ 消防队到现场后,将有关信息通报给消防负责人后,根据情况组织员工撤退,并负责确认所有站内人员疏散完毕。 ⑦ 安排人员在出入口拦截乘客进站
客运值班员	① 接到火警通知后,立即与值班站长赶到现场确认。 ② 配合值班站长进行现场确认,当值班站长需要进入房间确认时,负责维持房门敞开状态,并及时进行信息传递。 ③ 火灾不可控制时,立即赶到车站综控室,在EMCS(机电设备监控系统,简称EMCS,由ECS环境控制与BS楼宇控制两大部分组成)上确认相应的火灾模式开启(注意:确认疏散指示开启)。 ④ 确认所有闸机已设为紧急模式,关闭广告照明,按照环控调度员的指示操作有关设备,确认行车值班员报警情况。 ⑤ 协助灭火
售票员(1)	① 接到执行火灾应急处置程序的通知后,收好钱和票,关闭票亭电源,将闸机和边门打开,疏导乘客出站。 ② 关停电扶梯。 ③ 到出入口拦截乘客并做好解释工作
售票员(2)	① 接到执行火灾应急处置程序的通知后,收好钱和票,关闭售票处电源,将闸机和边门打开,利用手提广播疏散乘客出站。 ② 确认站厅乘客全部疏散出站后报车站综控室。 ③ 听从值班站长安排

表 5-12　车站站厅公共区火灾应急处置程序

负责人	处置程序
巡视岗	① 接到火警通知后赶到现场协助灭火，接到执行火灾应急疏散处置程序的通知后，立即到达站台，从远离火灾的一端疏散站台乘客，关停站台自动扶梯。 ② 当站台停有列车时，立即通知司机火灾信息，可将站台乘客疏散到列车上，通知司机立即关门总动发车。 ③ 确认站台乘客疏散完后报车站综控室。 ④ 听从值班站长安排
行车值班员	① 接收到火警信息后，立即通知值班站长、客运值班员到报警点确认。 ② 确认发生火灾后，通知巡视岗、保洁等驻站人员协助灭火；报环控调度员、行车调度员、119、地铁公安和 120，根据情况向行车调度员申请列车在本站通过。 ③ 按压 AFC 系统紧急按钮，将闸机设为紧急模式。 ④ 广播通知所有岗位执行站厅火灾应急疏散处置程序，并反复广播引导乘客疏散。 ⑤ 及时将火灾情况报告行车调度员，并与行车调度员、值班站长保持联系，安排保洁人员到紧急出口外等待消防人员。 ⑥ 必要时，将相关设备区通道门门禁设置为常开状态，以方便抢险。 ⑦ 需撤退时，随身携带能与行车调度联系的无线电台
值班站长	① 接到火警通知后，立即到现场确认，组织灭火。 ② 确认火灾不可控制时，执行站厅火灾应急疏散处置程序，及时组织疏散乘客。 ③ 安排人员在出入口拦截乘客进站。 ④ 消防队到现场后，将有关信息通报给消防负责人后，视情况组织员工灭火或撤退；当撤退时负责确认所有站内人员疏散完毕。 ⑤ 负责各方的协调与沟通
客运值班员	① 接到火警通知后，立即赶到车站综控室，确认情况和相应的火灾模式开启（注意：确认疏散指示开启，下同）。 ② 赶到现场协助，当火灾不可控制时，确认所有闸机已设为紧急模式。 ③ 听从值班站长安排，在站厅组织乘客疏散。 ④ 接收到“站台乘客疏散完”的信息后，最后确认站厅乘客全部疏散出站后报车站综控室。 ⑤ 听从值班站长安排
售票员（1）	① 确认并向车站综控室报告火灾位置、大小、火灾性质等，进行第一时间的灭火。 ② 确认火灾不可扑救后，立即关停自动扶梯并疏散乘客出站。 ③ 确认站厅乘客疏散完毕后报车站综控室。 ④ 听从值班站长安排
售票员（2）	① 接到火警通知后收好钱和票，关闭售票处电源，赶到现场协助灭火；接到执行火灾应急疏散处置程序的通知后，确认闸机进入紧急模式，打开边门；利用手提广播疏导乘客出站。 ② 确认已关停自动扶梯。 ③ 到出入口拦截乘客进站并做好解释工作。 ④ 听从值班站长安排

表5-13 车站站台公共区火灾应急处置程序

负责人	处置程序
巡视岗	① 确认并报告车站综控室火灾位置、大小、火灾性质等,进行第一时间的灭火。 ② 确认火灾不可扑救后,立即向站厅疏散乘客,并关停站台扶梯。 ③ 确认站台乘客疏散完毕后报车站综控室。 ④ 听从值班站长安排
行车值班员	① 接收到火警信息后,命令巡视岗到报警点确认火警,并将情况报告值班站长。 ② 确认发生火灾后,报行车调度员、环控调度员、119、地铁公安、120。 ③ 广播宣布执行站台火灾应急处置程序,并反复广播引导乘客疏散。 ④ 按压AFC系统紧急按钮,将闸机设为紧急模式,关闭广告照明,确认相应的火灾模式已启动。 ⑤ 及时将乘客疏散和灭火情况报告行车调度员,并与行车调度员、值班站长保持联系
值班站长	① 接到火警通知后,立即到站台确认。 ② 确认发生火灾后通知车站综控室,宣布执行火灾应急处置程序,组织疏散乘客和灭火。 ③ 负责最后确认站台所有乘客已疏散完,及时将现场情况报车站综控室。 ④ 消防队到现场后,将有关信息通报给消防负责人后,视情况组织员工灭火或撤退;在撤退时负责确认所有站内人员已疏散完毕。 ⑤ 站厅安全时,到车站综控室指挥。 ⑥ 安排人员在出入口拦截乘客进站
客运值班员	① 接到执行火灾应急处置程序的通知后,赶到车站综控室,确认所有闸机已设为紧急模式,相应的通风排烟模式开启,广告照明已关闭,扶梯已关停。 ② 完成①后,拿对讲机、手提广播到站厅组织乘客疏散。 ③ 接收到站台乘客疏散完的信息后,确认站厅乘客全部疏散出站并报车站综控室。 ④ 听从值班站长安排
售票员(1)	① 接到执行火灾应急处置程序的通知后,收好钱和票,关闭售票处电源,将闸机和边门打开,疏导乘客出站。 ② 关停站台扶梯,到站台协助灭火。 ③ 灭火工作交给消防队员后,到出入口拦截乘客进站
售票员(2)	① 接到执行火灾应急处置程序的通知后,收好钱和票,关闭售票处电源,将闸机和边门打开,利用手提广播疏散乘客出站。 ② 确认站厅乘客全部疏散出站后报车站综控室。 ③ 听从值班站长安排

表5-14 列车在站台(包括列车区间火灾后运行到车站)火灾应急处置程序

负责人	处置程序
巡视岗	① 收到列车在站台发生火灾的信息后马上赶到站台确认并报告车站综控室/司机火灾位置、大小火灾性质等(初步判断),通知司机将该车扣在车站处置,关停站台扶梯。 ② 第一时间用灭火器灭火,疏散客车内乘客。 ③ 在火灾不可扑救时,停止扑救,疏散列车和站台的乘客出站。 ④ 检查确认客车内/站台没有乘客遗留后报车站综控室。 ⑤ 听从值班站长安排

续表

负责人	处置程序
行车值班员	① 接收到火警信息后，命令巡视岗到报警点确认火警，并将情况报告值班站长。 ② 确认发生火灾后，将列车扣在车站处置，报行车调度员、119、地铁公安、120。 ③ 广播宣布执行列车站台火灾应急处置程序，并反复广播引导乘客疏散。 ④ 按压 AFC 系统紧急按钮，将闸机设为紧急模式，关闭广告照明，确认相应的火灾模式已启动。 ⑤ 及时将乘客疏散和灭火情况报告行车调度员，并与行车调度员、值班站长保持联系。 ⑥ 当接到区间火灾列车正开往本站时，立即宣布执行列车站台火灾应急处置程序
值班站长	① 接到火警通知后，立即到站台确认。 ② 确认发生火灾后，通知车站综控室宣布执行列车站台火灾应急处置程序，组织疏散乘客和灭火。在使用水灭火前，要先确认有关设备已停电。 ③ 负责最后确认列车、站台乘客疏散完，报车站综控室。 ④ 消防队到现场后，将有关信息通报给消防负责人，并视情况组织员工灭火或撤退；在撤退时负责确认所有站内人员已疏散完毕。 ⑤ 站厅安全时，到车站综控室指挥。 ⑥ 安排人员在出入口拦截乘客进站
客运值班员	① 接到执行火灾应急处置程序的通知后，赶到车站综控室，确认所有闸机已设为紧急模式，相应的通风排烟模式开启，广告照明已关闭，扶梯已关停。 ② 完成步骤①后，拿对讲机、手提广播到站厅组织乘客疏散。 ③ 接收到“列车、站台乘客疏散完”的信息后，最后确认站厅乘客全部疏散出站并报车站综控室。 ④ 听从值班站长安排
售票员(1)	① 接到执行火灾应急处置程序的通知后，收好钱和票，关闭售票处电源，将闸机和边门打开，疏导乘客出站。 ② 关停站台扶梯，到站台协助灭火。 ③ 灭火工作交给消防队员后，到出入口拦截乘客进站
售票员(2)	① 接到执行火灾应急处置程序的通知后，收好钱和票，关闭售票处电源，将闸机和边门打开，利用手提广播疏散乘客出站。 ② 确认站厅乘客全部疏散出站后报车站综控室。 ③ 协助灭火

补充说明：

(1) 当进行现场处置时，要注意做好个人防护。

(2) 当地铁员工需撤离到站外时，需到紧急出口外进行集中，由值班站长点名确认，并向行车调度员留下联系人姓名及其电话。

(3) 换乘站发生类似紧急情况时，车站要进行联动处置。

(4) 只有一个售票处岗的车站，由值班站长安排人员负责完成售票员(1)或(2)的应急工作。

(5) 有需要时进行门禁紧急释放按钮操作，保证相关人员可以顺利地进出车站设备区。

(6) 车站无气体灭火系统保护的供电用房报火警时，若确认为是办公、生活用品、明敷低压电线着火，车站立即用二氧化碳或干粉灭火器进行灭火并按规定报告。确认火势不可控制时，按前述程序处置。

(7) 供电用房内设备着火时：

① 若确认为直流开关柜室内的整流器柜、负极柜，或者制动控制室、制动电阻室内设备着火，进入房间灭火时不得打开柜门，只需用灭火器对准设备外表喷洒。

② 若整流变压室报火警，只需打开室门确认即可，严禁打开室内的围网。确认火灾后，立即在围网外用灭火器对准设备外表喷洒。

③ 上述供电用房内的其他设备着火时，若是可以打开柜门的设备，均可打开柜门灭火，并要注意做好个人防护(戴绝缘手套、穿绝缘靴)。

④ 供电用房内凡张贴了禁止开柜门灭火标志的设备，均严禁开柜门灭火

训练与思考

车站火灾报警控制器情况记录表

拓展知识

火灾的分类

按照国家标准GB/T 4968—2008《火灾分类》,根据可燃物的类型和燃烧特性,火灾分为A、B、C、D、E、F、K七类,见表5-15。

表5-15 火灾的类型

A类火灾	固体物质火灾	这种物质通常具有有机物质性质,一般在燃烧时能产生灼热的余烬。如木材、棉、毛、麻、纸张等
B类火灾	液体或可溶化的固体物质火灾	如汽油、煤油、原油、甲醇、乙醇、沥青、石蜡火灾等
C类火灾	气体火灾	如煤气、天然气、甲烷、氢气火灾等
D类火灾	金属火灾	如钾、钠、镁、钛、锂、铝火灾等
E类火灾	带电火灾	物体带电燃烧的火灾。如电线短路燃烧等
F类火灾	烹饪器具内的烹饪物火灾	如动植物油脂火灾
K类火灾	食用油类火灾	通常食用油的平均燃烧速率大于烃类油,与其他类型的液体火灾相比,食用油火很难被扑灭,由于很多不同于烃类油火灾的行为,它被单独划分为一类火灾

城市轨道交通地下车站火灾自救与逃生注意事项

地铁一旦发生火灾等意外事件,一方面,地铁工作人员应有条不紊地紧急处置、组织疏散;另一方面,乘客的积极配合和有效自救,亦是降低灾害损失的重要因素。

行驶中遇险勿砸窗跳车:在处置突发事件时,司机会尽可能将列车开到前方车站处置,通常只需1分半钟就到下一车站。列车在运行期间,乘客千万不要有拉门、砸窗、跳车等危险行为。

隧道内疏散需确定方向:遇紧急情况,如列车在隧道无法运行需要在隧道内疏散乘客时,控制中心及司机会根据列车所在区间位置、火灾位置、风向等综合因素确定疏散方向,并迅速通知乘客,组织疏散。

留意车上广播沉着撤离:灾难发生后,乘客要时刻留意车上广播,切不可慌乱,并在司机的指引下,沉着冷静、紧张有序地通过车头或车尾疏散门进入隧道,往临近车站撤离。在疏散过程中要注意脚下异物,严禁进入另一条隧道(地铁是双隧道)。车站工作人员会前往事发地接应。

乘客疏散过程中的注意事项:

① 不要贪恋财物,不要因为顾及贵重物品而浪费宝贵的逃生时间。

② 尽可能寻找简易呼吸防护物，最简易的方法是用毛巾、口罩捂住口鼻（最好是湿的）。

③ 浓烟下采用低姿势撤离，因为烟比空气轻而飘于上部，贴近地面逃离是避免烟气吸入的最佳方法。视线不清时，手摸墙壁徐徐撤离。

④ 要听从工作人员指挥或广播指引，要注意朝明亮处，迎着新鲜空气跑。

⑤ 遇火灾时不可乘坐电梯或扶梯。

⑥ 身上着火千万不要奔跑，可就地打滚或用厚重的衣物压灭火苗。

地铁站务人员及民众应记牢消防“四懂”“四会”。

1. “四懂”

（1）懂本岗位的火灾危险性

① 防止触电；

② 防止引起火灾；

③ 可燃、易燃品、火源。

（2）懂预防火灾的措施

① 加强对可燃物质的管理；

② 管理和控制好各种火源；

③ 加强电气设备及其线路的管理；

④ 易燃易爆场所应有足够的、适用的消防设施，并要经常检查，确保在有效期内，并做到会用。

（3）懂灭火方法

① 冷却灭火方法；

② 隔离灭火方法；

③ 窒息灭火方法；

④ 抑制灭火方法。

（4）懂逃生自救方法

① 自救逃生时要熟悉周围环境，要迅速撤离火场；

② 紧急疏散时要保证通道不堵塞，确保逃生路线畅通；

③ 紧急疏散时要听从指挥，保证有秩序地尽快撤离；

④ 当发生意外时，要大声呼喊他人，不要拖延时间，以便及时得救，也不要贪图财物；

⑤ 要学会自我保护，尽量保持低姿势匍匐前进，用湿毛巾捂住口鼻；

⑥ 保持镇定，就地取材，用窗帘、床单自制绳索，安全逃生；

⑦ 逃生时要直奔通道，不要进入电梯，防止被困在电梯内；

⑧ 当烟火封住逃生的道路时，要关闭门窗，用湿毛巾塞住门窗缝隙，防止烟雾侵入房间；

⑨ 当身上的衣物着火时，不要惊慌乱跑，就地打滚，将火苗压住；

⑩ 当没有办法逃生时，要及时向外呼喊求救，以便迅速逃离困境。

2. “四会”

（1）会报警

① 大声呼喊报警，使用手动报警设备报警；

② 如使用专用电话、内线电话、控制中心电话报警等；

③ 拨打119火警电话向当地公安消防机构报警。

(2) 会使用消防器材

会使用灭火器、消火栓等消防器材。

(3) 会扑救初期火灾

“初期火灾”一般指发生火灾初期 15 min 之内的火灾,即“初期火灾”。在火灾的初期阶段,该阶段特征是初起烟雾大,可燃物质燃烧面积小,火焰不高,辐射热不强,火势发展比较缓慢,这个阶段是灭火的最好时机。在扑救初起火灾时,必须遵循:先控制后消灭,救人第一,先重点后一般的原则。

(4) 会组织人员疏散逃生

① 按疏散预案组织人员疏散;

② 酌情通报情况,防止混乱;

③ 分组实施引导。

习题及思考

一、不定项选择题

1. 以下(　　)属于地下消火栓标识。

A. 　B. 　C. 　D. 

2. 火灾分类中,通常具有有机物质性质,一般在燃烧时能产生灼热的余烬。如木材、煤、棉、毛、麻、纸张等火灾,这属于(　　)火灾。

A. A 类火灾　　B. B 类火灾

C. F 类火灾　　D. K 类火灾

3. 以下属于地铁火灾事故特点的是(　　)。

A. 疏散难度大　　B. 扑救难度大

C. 排烟困难、散热慢　　D. 允许逃生时间短

4. 根据消火栓的适用场合可以分为(　　)。

A. 室内消火栓　　B. 室外消火栓

C. 地下消火栓　　D. 地上消火栓

5. 火灾自动报警系统一般由(　　)组成。

A. 火灾触发器件　　B. 火灾报警控制装置

C. 火灾警报装置　　D. 火灾联动控制装置

二、判断题(正确的在括号内画“√”,错误的在括号内画“×”)

1. 地铁密闭条件好,火灾发生后,热量不易散出,火势猛烈阶段,温度可达 1 000 ℃以上,有时会造成气流方向的变化,对救援和逃生影响较大。(　　)

2. 在城市轨道交通中,地铁火灾事故原因,存在着人为因素、物品因素、环境因素以及管理因素。(　　)

3. 自动喷水系统在公共区的作用很显著,因而在车站的公共区可设置自动喷水灭火系统。

(　　)

4. 车站内消火栓:箱内配有双头单阀消火栓一只、水带两盘、多功能水栓两只、消防电话插孔和水泵启动按钮,箱门面板上还装有手拉报警装置。(　　)

5. 二氧化碳灭火系统和气溶胶灭火系统不适用于城市轨道交通。(　　)

三、简答题

1. 简述轨道交通火灾事故的特点及原因。

2. 简述常见的车站消防标识。

模块6 车站给排水系统

知识体系

- 车站给排水系统
  - 车站给排水系统的认识
    - 给水系统
      - 系统功能
      - 给水方式
    - 排水系统
      - 系统组成
      - 排水泵的设置
      - 地下车站的排水方式
  - 车站给排水系统的检查与操作
    - 给排水系统的检查
      - 车站设备检查
      - 车辆段设备检查
    - 给排水设备的操作
      - 排水泵的操作
      - 全自动消防气压给水设备的操作
      - 手动水阀的操作
  - 车站给排水系统的故障处置
    - 区间消防管道漏水处置
    - 给水设备漏水处置
    - 排水设备故障处置

建议学时

4 学时

学习目标

1. 了解地铁车站给排水系统的功能和给水方式。

2. 了解地铁车站排水系统的排水类型和排水方式。
3. 掌握车站给排水系统的定期检查内容。
4. 掌握车站给排水设备的操作方法。
5. 掌握区间消防管道漏水、给水设备漏水和排水设备故障的处置方法。

6.1 车站给排水系统的认识

良好的给水系统不但能合理地提供地铁车站内生产、生活所需用水，还能在发生火灾后防止火势蔓延提供消防救援用水；良好的排水系统能及时有效地将车站运转产生的生活污水、生产废水、雨水等汇集并排入市政管网，避免影响车站正常运营。因此，在建设过程中结合地铁运行特点进行给排水及消防系统的设计和施工，建立起良好的给排水及水消防系统，显得尤为重要。

6.1.1 给水系统

电子教案
车站给排水系统

1. 系统功能

地铁车站给排水（包括水消防）系统设备主要有以下作用。

① 提供地铁运营所必需的生产、生活、消防等用水。

② 收集和排出生产、生活、消防等产生的废水污水及地下结构渗漏水、雨水等。

③ 提供完整的水消防系统，保证地铁的安全、正常运营。

电子课件
车站给排水系统

2. 给水方式

地铁的生产、生活及消防用水取自城市自来水供水管网。消防用水为两路供水，地铁地下车站内不设消防蓄水池，消防增压水泵直接从供水管道抽水加压供消防使用；生产、生活用水为单路供水。

微课
车站给排水系统认识

车站给水方式可分为以下三个独立系统。

（1）车站生产、生活供水系统

生产、生活给水系统由两组水源引入管中，一根水管在水表前引出，并单独设置水表后进入车站。生产生活给水管进入车站后呈支状分布，主要供给车站工作人员饮用水、厕所用水及站台、站厅层冲洗用水等。

（2）消火栓供水系统

消防给水系统分别从城市自来水管网中的两条不同干管引入，引入管口径为 DN150，进站前分别设置水表箱、室外消火栓、消防水泵接合器。

① 地下车站及区间隧道的消防给水系统为环状管网。地下站站厅吊顶内设口径为 DN150 的环状给水管道，站台板下设一根 DN150 的给水管道。站厅及站台板下的给水管道，在车站两端设竖向连通管，这样又构成竖向环状管网。站厅两端各设两根竖管和区间隧道的两根 DN150 的给水管相连接，并在区间联络通道处连通，使车站及前后各半个区间形成一个环状管网给水系统，而每个地下车站都由城市自来水管网引入两根 DN150 的给水管和站厅层的给水管相连接，从而构成了地下车站及区间隧道安全可靠的环状消防给水系统。由于地下车站消防给水系统的压力能满足消防压力要求，故不设消防增压泵房。

② 高架车站消防给水系统在站厅层水平成环，站台层竖向成环。为保证高架车站平时消防管网的压力要求和满足火灾时的用水要求，高架车站设有消防增压泵房。泵房内设一套消防稳

压装置和两台消防泵(“一主一备”),不设消防水池,水泵吸水管直接与自来水引入管连接,给排水管网如图6-1所示。

(3) 冷却循环给水系统(空调用水)

地下车站需设置冷却循环给水系统。冷却循环系统主要由冷却塔、循环水泵、补充水和管道及配件组成。冷却循环水泵布置在车站的冷水机房内;冷却塔一般设置在车站主体结构的地面上。冷却塔台数与冷却循环泵台数对应,一般至少两台,不考虑备用。从生产、生活给水管上引出一根支管作为冷却循环补充用水,接至冷却塔。

6.1.2 排水系统

1. 系统组成

地下车站的排水种类有污水、废水、雨水。

拓展知识——污废排放

轨道交通高架车站、地面车站及附属建筑排水系统应符合雨污分流原则,室内生活污水排水系统与生活废水排水系统宜分开设置。排水系统的雨水、污水和废水的水质指标,应符合现行国家标准GB 18918—2002《城镇污水处理厂污染物排放标准》的规定。

(1) 车站污水系统

污水排放系统主要排除车站内厕所、盥洗室、茶水间等生活场所的生活污水。站内厕所污水通过管道排入污水泵房内的污水集水池,污水经排水泵抽至室外压力窨井后,经污水检测,随后排入城市污水管道。一般设置两台排水泵,一备一用。

(2) 车站废水系统

废水排放系统主要排除车站内冲洗废水、消防废水、结构渗水及其他生产废水。车站主废水排水泵房设置在车站内线路最低点,一般结合车站端头布置。

(3) 车站雨水系统

雨水排放系统主要排出车站出入口、风井、隧道洞口等处所汇集的雨水。敞开式出入口的自动扶梯下面设集水池和两台雨水排水泵,“一备一用”。排水泵提升雨水经压力窨井后,再排入市政雨水管道系统。雨水排放系统常备的给排水防汛物资如图6-2所示。

图6-1 给排水管网

图6-2 雨水排放系统常备的给排水防汛物资

2. 排水泵的设置

线路最低处设区间主废水泵站;中间风井处设辅助废水泵站;隧道洞口设雨水泵站。卫生间处设污水泵房；最低处设主废水泵房；出入口自动扶梯下、局部下沉地段设局部水泵房。

3. 地下车站的排水方式

地下车站主要有以下四个独立系统。

(1) 废水排放

地下车站废水设有站厅、站台的地漏，将废水排入车站轨道两侧明沟和站台板下排水沟后，汇集至车站端头废水池内，由排水泵提升，排入市政排水管道。

(2) 污水排放

污水由厕所的下水管道汇集至污水池；然后由排水泵提升排入城市污水管道或地面化粪池。

(3) 雨水排放

出入口雨水汇集至出入口的集水池后，由排水泵提升排入市政排水管道。

(4) 地下结构渗漏水排放

地下结构渗漏水汇集于就近的集水池，由排水泵提升排出车站。

6.2 车站给排水系统的检查与操作

6.2.1 给排水系统的检查

1. 车站设备检查

① 仪表工作是否正常、稳定。

② 排水泵控制、显示是否正常。

③ 管道、消火栓、水泵接合器是否漏水，水泵接合器盖、水枪、水带是否被盗。

④ 检查区间管道支架螺栓是否松动，柔性卡箍、伸缩节是否严重变形，区间消火栓箱门是否打开，消火栓是否漏水。

⑤ 区间排水沟和集水井进水口是否有杂物堵住。

⑥ 地面压力、化粪池是否被覆盖，盖板是否破损。

⑦ 设备及周围环境是否卫生。

⑧ 排水泵螺栓连接是否完好。

⑨ 电动蝶阀动作与反馈信号是否正常。

⑩ 排水泵启动是否频繁。

2. 车辆段设备检查

① 仪表工作是否正常、稳定。

② 排水泵控制、显示是否正常。

③ 管道、消火栓、水泵接合器是否漏水。

④ 水泵接合器盖、水枪、水带是否被盗。

⑤ 化学需气量(COD)水质检测仪监测指标是否正常。

⑥ 排水泵填料盒处是否发热，滴水是否正常。

⑦ 排水泵和电动机的轴承和机壳温升。轴承温升一般不得超过周围温度 35 ℃，最高不超过 75 ℃。

⑧ 设备及周围环境是否卫生。

⑨ 水泵螺栓连接是否完好。

⑩ 水泵机组有无异常噪声和振动。

⑪ 水泵启动是否频繁。

⑫ 污水处理系统布气是否均匀。

⑬ 整个系统工作是否正常。

6.2.2 给排水设备的操作

1. 排水泵的操作

(1) 操作前检查

① 运行前,设备操作人员应认真检查电源及排水泵是否处于安全正常状态,经确认后方可进行相关操作。

② 应先设置为手动状态,手动操作排水泵检查机组运行声音是否正常、机组是否剧烈振动、各部连接处有无泄漏,一切正常后,方可设置为自动状态。

(2) 手动操作

① 将转换开关打到手动位置。

② 启动时按压控制箱上某台泵的启动按钮,指示灯亮,排水泵启动。

③ 停泵时按压控制箱上某台泵的停止按钮,指示灯亮,排水泵停止。

④ 在进行手动操作时应注意集水池水位,积水排完后应立即停泵。

⑤ 在进行手动操作后,应将设备设置为自动状态。

(3) 自动操作

① 将转换开关打到自动位置。

② 在两个相邻运行周期内,排水泵互为主、备用。

③ 排水泵的启动与停止,由集水池内的水位浮球开关自动控制。

④ 排水泵出现故障不能正常运行时,故障信息将自动反馈到车控室。

(4) 注意事项

① 应加强对运行中设备的监视。发现故障,若不能自行排除,应立即报告。

② 认真做好设备运行操作记录。

2. 全自动消防气压给水设备的操作

(1) 操作前检查

① 运行前,设备操作人员应全面检查电源及消防水泵是否正常、各部连接处有无泄漏、阀门开/关是否正确。经检查确认正常后方可进行相关操作。

② 选择主、备用泵,将控制箱上的选泵开关打到“1#”泵时,1#泵为主用泵,2#泵为备用泵;打到“2#”泵时,2#泵为主用泵,1#泵为备用泵。

(2) 手动操作

① 将控制面板上的选择开关打到手动挡。

② 启动时按压控制箱上的水泵“启动”按钮,指示灯亮,水泵启动。

③ 停止时按压控制箱上的水泵“停止”按钮,指示灯亮,水泵停止。

④ 在进行手动操作后,应将设备设置为自动状态。

(3) 自动操作

① 将控制面板上的选择开关打到自动状态。

② 管网水泄漏及气压罐内空气漏失从而造成系统压力下降时，稳压泵自动启动，进行补水增压。

③ 稳压泵补水增压达到压力设定上限值时，稳压泵停止运行，由气压罐保持消防管网压力。

④ 火灾发生后，消防管网压力降至消防泵启动压力时，消防泵自动启动，稳压泵自动停止。

⑤ 主消防泵启动失败或运行过程中发生故障时，备用消防泵自动启动。

⑥ 消防泵启动后，需通过手动操作关机。

(4) 远程操作

① 将控制面板上的选择开关打到自动状态。

② 消防中心按钮（直流 24 V 信号）直接启/停消防泵。

③ 消火栓按钮（直流 24 V 信号）直接启/停消防泵。

(5) 注意事项

① 应加强对运行中的设备的监视。发现故障，若自行不能排除，应立即报告。

② 认真做好设备运行操作记录。

3. 手动水阀的操作

(1) 手动水阀的操作方法

① 旋转手轮可使阀门打开或关闭。

② 顺时针方向旋转手轮，开度指针随之往“关”（CLOSE）的方向移动，开度变小。当指针指向“关”（CLOSE）时，阀门全部关闭。

③ 逆时针方向旋转手轮，开度指针随之往“开”（OPEN）的方向移动，开度变大。当指针指向“开”（OPEN）时，阀门全部打开。

④ 当要水阀全开或全关时，手轮旋到位后，不要用力过大，以免损坏传动机构。

(2) 区间电动蝶阀的操作方法

在就地控制箱上按压“关闭”按钮或在就地控制箱面板上按压“关闭”按钮，电动阀门开始工作，当阀门达到“全关”（CLOSE）位置时，行程控制机构能准确地切断电源，同时控制箱上的“全关”指示灯亮。

在就地控制箱上按压“开启”按钮或在就地控制箱面板上按压“开启”按钮，电动阀门开始工作，当阀门达到“全开”（OPEN）位置时，行程控制机构能准确地切断电源，同时控制箱上的“全开”指示灯亮。

6.3 车站给排水系统的故障处置

6.3.1 区间消防管道漏水处置

区间消防管道发生漏水，应迅速确认漏水区间，关闭该漏水管道两端的控制阀门，切断水源，并检查区间排水设施是否正常。

6.3.2 给水设备漏水处置

给水设备发生漏水，应立即关闭相应的控制阀门，切断水源。如果一时难以判明所控门应采取扩大范围关闭阀门的措施,尽最大可能切断水源。若是水喷淋管道发生漏水,为防止喷淋水泵错误启动,还应立即将喷淋水泵的控制方式置于手动位置,并切断电源,同时关闭喷淋水泵的供水阀门。与此同时,要检查车站排水设备是否正常。

训练与思考

给排水系统检查记录表

6.3.3 排水设备故障处置

排水泵在正常情况下处于自动状态,不需要人工进行操作。若出现集水池高水位报警而排水泵不能自动排水的情况,一般可按排水泵的操作规程,进行相应的检查后,通过手动控制方式将积水排完。

习题及思考

一、不定项选择题

1. 车站给水方式的独立系统是(   )。

A. 车站生产、生活供水系统　　B. 消火栓供水系统

C. 温度、湿度供水系统　　D. 冷却循环给水系统

2. 地下车站及区间隧道的消防给水系统所用的环状给水管道口径是(   )。

A. DN50　　B. DN100　　C. DN120　　D. DN150

3. 地下车站的排水种类有(   )。

A. 脏水　　B. 污水　　C. 废水　　D. 雨水

4. 轴承温升最高不得超过(   )。

A. 35 ℃　　B. 45 ℃　　C. 65 ℃　　D. 75 ℃

5. 车站给排水设备操作的注意事项(   )。

A. 加强对运行中的设备的监视

B. 发现故障,若自行不能排除,应事后报告

C. 认真做好设备运行操作记录

D. 发现故障,若自行不能排除,应立即报告

二、判断题(正确的在括号内画"√",错误的在括号内画"×")

1. 排水泵的设置:在线路最低处设废水泵站;中间风井处设辅助废水泵站;隧道洞口设雨水泵站。(   )

2. 地下车站有四种排水方式:废水排放、污水排放、雨水排放、地下结构渗漏水排放。(   )

3. 全自动消防气压给水设备的操作:选择主、备用泵,控制箱上的选泵开关打到"1#"时,1#泵为主用泵;打到"2#"时,2#泵为主用泵。(   )

4. 全自动消防气压给水设备,当火灾发生,消防管网压力降至消防泵启动压力时,消防泵自动启动,稳压泵自动停止。(   )

5. 手动水阀的操作:顺时针旋转手轮,开度变大,打开阀门;逆时针旋转手轮,开度变小,关闭阀门。(   )

三、简答题

1. 简述车站设备检查的内容。

2. 简述排水设备的故障处置程序。

模块7 暖通空调与环控系统

> 职业技能等级证书考证要点
> ◆环境与设备监控系统操作相关规定；
> ◆综合后备盘操作相关规定。

知识体系

- 暖通空调与环控系统
  - 暖通空调系统的认识
    - 暖通空调系统的功能
    - 暖通空调系统的分类
    - 暖通空调系统的组成
      - 车站大系统
      - 车站小系统
      - 车站水系统
      - 隧道通风系统
    - 暖通空调系统的控制
      - 中央级控制
      - 车站级控制
      - 就地级控制
  - 暖通空调系统的检查与操作
    - 暖通空调系统的检查
    - 暖通空调设备的操作
  - 环境与设备监控系统的认识
    - 环境与设备监控系统的功能
    - 环境与设备监控系统的监控对象
      - 环境监控
      - BAS设备监控
    - 环境与设备监控系统的控制
  - 环境与设备监控系统故障处置
    - 工作程序
    - 工作危害分析

建议学时

8 学时

学习目标

1. 了解地铁车站暖通空调系统的功能、分类和组成。
2. 理解地铁车站暖通空调系统的控制。
3. 掌握暖通空调系统设备的检查与操作。
4. 了解车站环境与设备监控系统的功能、监控对象和控制。
5. 掌握车站环境与设备监控系统的故障应急处置。

7.1 暖通空调系统的认识

电子教案：车站暖通空调与环控系统

电子课件：车站暖通空调与环控系统

微课：车站暖通空调系统的认识

城市轨道交通暖通空调系统是指对车站站厅、站台、隧道、设备及管理用房等场所的环境进行空气处理的系统，主要是调节指定区域内的空气温度、湿度、空气流速和空气品质等主要因素，以此来创造一个适合地铁设备正常运转、人员安全舒适的人工环境。

7.1.1 暖通空调系统的功能

① 在列车正常运行时，排除余热余温，提供人员所需的新风量，为乘客和工作人员提供一个适宜的人工环境，满足站内各种设备正常运转所需要的温度、湿度要求。

② 列车堵塞在区间隧道时，为堵塞区间提供一定的通风量，保证列车空调等设备正常工作，维持车厢内乘客在短时间内能接受的环境条件。

③ 当发生火灾事故时，提供迅速有效的排烟手段，给乘客和消防人员提供足够的新鲜空气，并形成一定的迎面风速，引导乘客安全迅速地撤离。

7.1.2 暖通空调系统的分类

近年来，城市轨道交通得到快速的发展，暖通空调系统方面的工程技术也日新月异，根据暖通空调系统的结构和特点，一般分为三类：开式系统、闭式系统和站台门系统。

1. 开式系统

开式系统是指地铁车站和隧道内不设置隔离，设置通风竖井，完全应用机械通风或者“活塞效应”，对地铁内空气和外界空气进行气流交换，利用外界气流进行车站和隧道的冷却。

2. 闭式系统

闭式系统对车站内空气和外界进行封闭，仅通过通风空调系统向车站提供乘客和工作人员所需要的最小量新鲜空气，并对站内采用空调降温；利用列车的活塞效应，将车站内的空气引入隧道。

3. 站台门系统

站台门系统是指在车站的站台和隧道边缘，安装可滑动的站台门，将站台内空间和列车运行空间分离开来，车站内进行空调系统控温，隧道利用通风系统控温。由于站台门的作用，车站内基本不受隧道内温度的影响，车站空调可以只考虑站内负荷，大大降低了站内空调的功率；车站在两端设置活塞风井，不需要迂回风道设计，站台门系统降低了车站内的噪声，降低温控的能耗，保障了乘客的安全，是我国当前采用的主要形式。

三种暖通空调系统的特点见表 7-1。

表 7-1　三种暖通空调系统的特点

类型	特点	应用程度
开式系统	适用于当地最热月份的平均温度高且运量较大的轨道交通	早期有所应用、地面线
闭式系统	独立的车站空调系统和隧道通风系统两个系统	无站台门车站多采用此种系统，应用较广
站台门系统	安全、节能、美观	应用越发广泛

7.1.3　暖通空调系统的组成

微课　车站大系统的基本认识

轨道交通车站暖通空调系统一般分为隧道通风系统和车站通风空调系统两大系统，如图 7-1 所示。隧道通风系统包括区间隧道通风系统（包括区间隧道活塞通风系统与区间隧道机械通风系统）和车站区间排热通风系统。车站通风空调系统分为车站公共区域通风空调系统（简称车站大系统）、车站设备管理用房通风空调系统（简称车站小系统）和冷冻水系统。

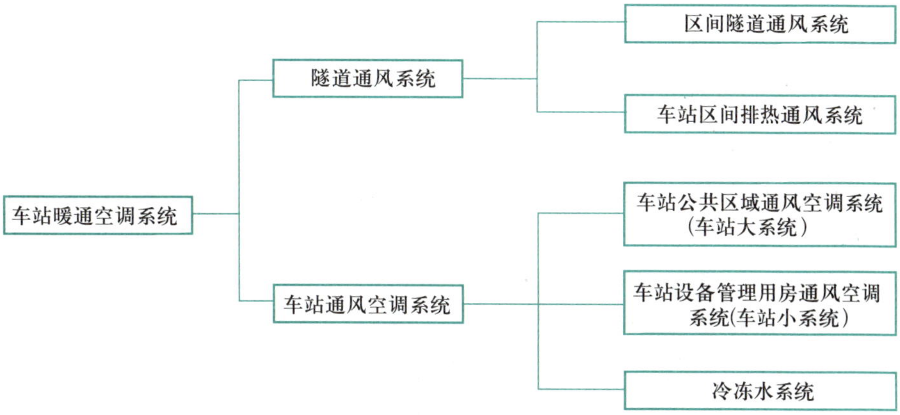

图 7-1　车站暖通空调系统的组成

1. 车站大系统

车站公共区域（站厅、站台）通风空调系统采用一次回风空调系统兼作车站公共区域排烟作用，简称车站大系统。

（1）主要功能

① 正常情况下，在空调季节为站厅、站台提供冷量和新风。

② 在通风季节为站厅、站台通风换气。

③ 当站厅、站台发生火灾时，排除站厅或站台层的烟气。

④ 防止烟气蔓延，有利于人员迎风疏散。

(2) 作用地点

站台、站厅。

(3) 安装位置

对称地分布在站厅两端的环控机房内。

(4) 主要设备

组合式空调机组、排烟风机、回/排风机(兼排烟功能)、相关风阀(传感器/执行器)等。

① 组合式空调机组。属于中央空调系统的末端设备,如图7-2所示。通常每站4台,车站两端各设环控机房一间,每间两台,“一用一备”。主要功能是对空气进行冷却、加热、加湿、除湿、净化、消声及输送等。

(a) (b)

图7-2 组合式空调机组

组合式空调机组主要包括过滤段、表冷段、风机段、消声段。过滤段由滤网组成,对空气起过滤、净化作用;表冷段里冷冻水循环流动,对空气起冷却作用;风机段对空气进行加压,为输送冷空气提供动力;消声段消除风机产生的振动和噪声。

② 回/排风机。用于在最小新风空调季节与空调箱联合运作,保证车站的温、湿度条件,如图7-3所示。

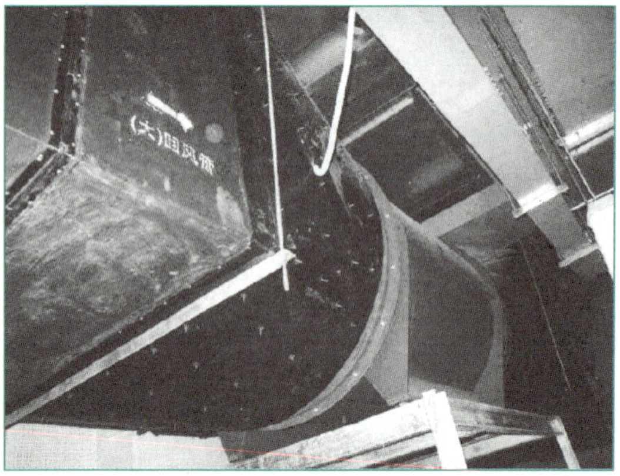

图7-3 回/排风机

③ 防火阀。如图7-4所示,防火阀是安装在空调系统和通风系统风管上的主要器件,主要功能就是隔烟阻火。在正常的情况下,防火阀处于储能状态(常开或常闭),在火灾模式下,防火

阀能够按照模式要求瞬间动作,实现其隔烟阻火功能。

(a)　(b)

图 7-4　防火阀

④ 传感器。传感器是能将物理信号转换为电信号的器件,如将温湿度、压力、液位、物料、气体特性等转换成电信号。室内温度传感器和室内温湿度传感器如图 7-5 和图 7-6 所示。

图 7-5　室内温度传感器

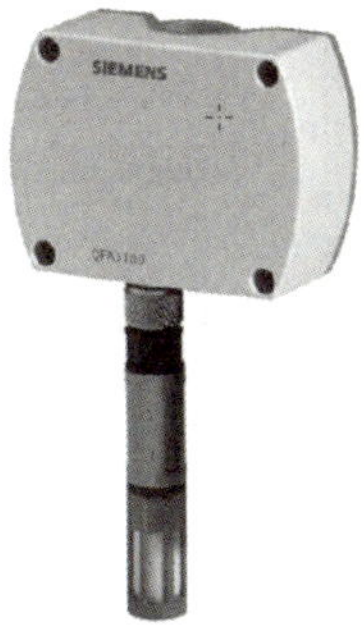

图 7-6　室内温湿度传感器

(5) 工作原理

与外界接通的新风机提供的新风与站台、站厅的回/排风机提供的回/排风,经过混合风室的混合输送给组合式空调机组,经过过滤、湿度调节、冷却、风力调节降风压后送到站台或站厅,如图 7-7 所示。

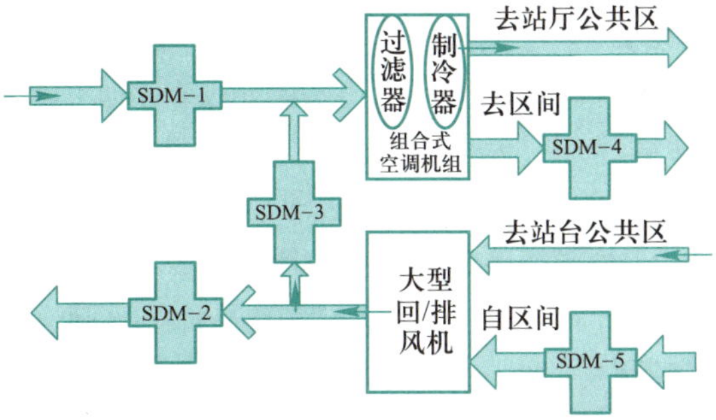

图 7-7　车站大系统工作原理

当车站站台层和站厅层发生火灾时,车站大系统要进入不同的排烟模式,如图7-8和图7-9所示。当车站站台层发生火灾时,停止车站冷冻水系统,控制风管相关风阀的开与闭,向站厅层送风,停止向站台层送风,站台层进入排烟状态。这样站台层对站厅层形成负气压,阻止了烟雾向站厅层蔓延,并形成了楼梯(扶梯)通道的逃生气流通道。

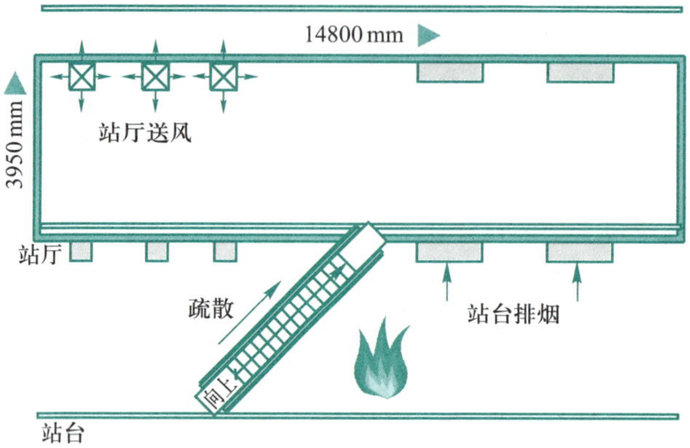

图7-8 站台层发生火灾的排烟模式

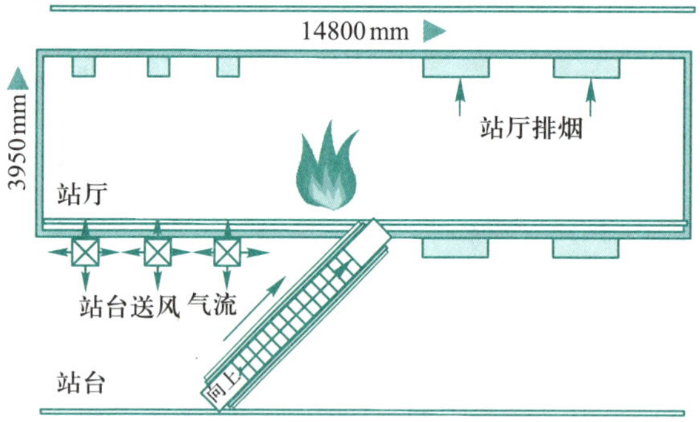

图7-9 站厅层发生火灾的排烟模式

当车站站厅层发生火灾时,停止车站冷冻水系统,控制风管相关风阀的开与闭,向站台层送风,停止向站厅层送风,站厅层进入排烟状态。这样站厅层对地面、站台层形成负气压,阻止了烟雾向站台层蔓延,并形成了地面楼梯通道的逃生气流通道。

微课
车站小系统的基本认识

2. 车站小系统

车站内设备及管理用房空调通风、防排烟系统简称车站小系统。

(1) 主要功能

为站厅、站台层的设备和管理用房通风换气(空调季节提供冷风),当设备管理用房发生火灾时排除房间的烟气,防止烟气蔓延。

(2) 作用地点

设备房、管理用房。

(3) 安装位置

相应的设备房内。

（4）主要设备

空调机组、送/排风机、排烟风机、相关风阀、传感器/执行器等，如图7-10～图7-13所示。

(a)　　(b)

图7-10　空调机组

图7-11　排风机

图7-12　送风机

图7-13　风阀

(5) 工作原理

车站小系统与家庭或办公空调系统较为相似,如图 7-14 所示。发生火灾时,通过机械排风方式进行排烟。在气体灭火的用房内关闭送/排风机,进行密闭灭火。

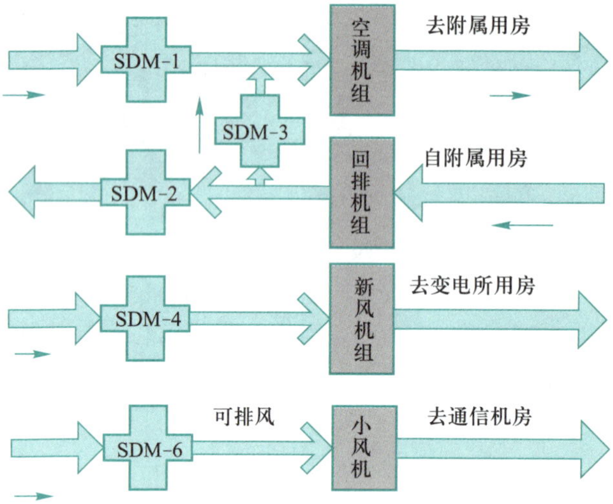

图 7-14 车站小系统工作原理

微课

车站冷冻水系统的基本认识

3. 车站冷冻水系统

车站制冷空调循环水系统简称车站冷冻水系统。

(1) 主要功能

车站冷冻水系统用冷却水系统带走热量为车站大系统、车站小系统提供冷源,即提供 7 ℃的冷冻水。

(2) 系统组成

冷冻水与冷却水系统。

(3) 主要设备

主要设备包括冷水机组、冷冻水泵、冷却塔、冷却水泵等,如图 7-15~图 7-17所示。

(a) (b)

图 7-15 冷水机组

(a)　　(b)

图 7-16　冷却塔

图 7-17　冷却水泵

(4) 工作原理

空调冷冻水系统：由车站冷冻站为车站大系统和车站小系统提供循环冷冻水的系统，空调冷冻水系统的水量随负荷的变化而变化，为避免能源浪费或不足，多用变水量系统，可在需要时及时补充或减少冷冻水量。

空调冷却水系统：将车站产生的多余热量带走的系统，冷却水吸收热量后，通过冷却水泵送到室外高处的冷却塔降温后循环。

水系统工作原理、中央空调循环水系统分别如图 7-18 和图 7-19 所示。

微课

隧道通风系统的基本认识

4. 隧道通风系统

隧道通风系统分为区间机械通风系统（兼排烟）和车站隧道通风系统两个部分，区间隧道机械通风系统的主要设备有隧道风机（TVF 风机）、推力风机、射流风机及相关电动风阀；车站隧道通风系统的主要设备有轨道排风机、电动风阀和防火阀。其作用是通过机械送、排风或列车活塞风作用排出区间隧道内余热、余温，保证列车和隧道内设备的正常运行。

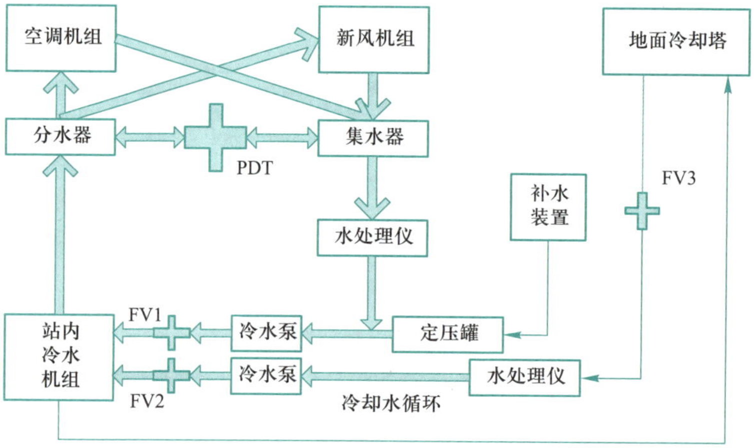

图7-18 水系统工作原理

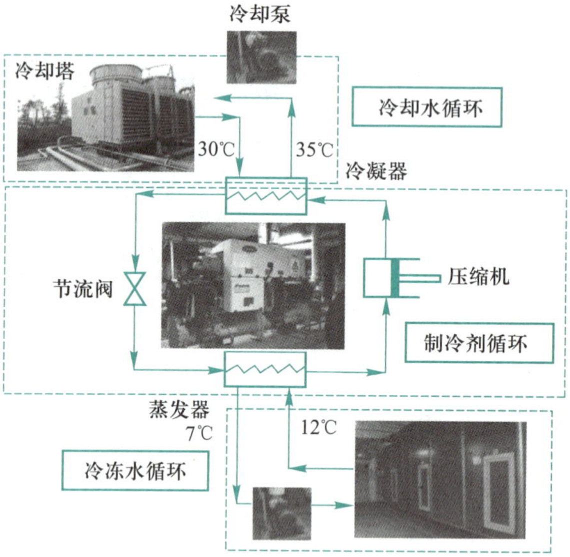

图7-19 中央空调循环水系统

如图7-20所示,区间隧道风机(TVF风机)主要用于地铁隧道的区间通风、列车堵塞、火灾时的高温通风和排烟,同时兼抽排列车顶部空调排热以及抽排列车进站刹车产生的热量。

(a) (b)

图7-20 TVF风机

射流风机一般悬挂在顶部或两侧，用于隧道内纵向通风，如图 7-21 所示。

如图 7-22 所示，组合风阀是由几个小单元体组成一个大流通面积的风阀，通过连杆的机械传动使其各单元体做同步运动。

图 7-21　射流风机

图 7-22　组合风阀

在以下不同情形下，隧道通风系统需通过调节各设备实现不同的功能。

情形一：每天清晨在运营前半个小时打开隧道风机，进行冷却，既可以利用早晨外界清新的冷空气对地铁进行换气和冷却，又能检查设备并及时维修，确保事故时能投入使用。

情形二：在列车由于各种原因停留在区间隧道内、乘客滞留在列车中时，顺列车运行方向进行送风、排机械通风，冷却列车空调冷凝器等，使车内乘客仍有舒适的旅行环境。

情形三：当发生火灾的列车无法行驶到车站而被迫停在隧道内时，立即启动风机排烟降温；隧道一端的隧道风机向火灾地点输送新鲜空气，另一端的隧道风机从隧道排烟，引导乘客向气流方向撤离，消防人员顺气流方向进行抢救工作。

隧道通风系统不同状态的设备通风方式见表 7-2。

表 7-2　隧道通风系统不同状态的设备通风方式

运行状态	站台层	站厅层	隧道通风
正常运行	上送上回与下回结合	上送上回形式	正常回/排风
列车阻塞区间隧道	推力风机运行， 全新风空调通风	上送上回形式	推力风机送风至隧道内
站厅火灾	送新风	全面排烟	排烟
站台或列车火灾	排风、烟机排烟， 其他大系统设备停运	站厅全面送新风	排烟

7.1.4　暖通空调系统的控制

车站暖通空调系统的控制方式分为中央级、车站级、就地级三种控制。

1. 中央级控制

中央级控制装置设在控制中心(OCC),配置有中央级工作站、全线隧道通风系统及车站环控系统中央模拟显示屏,控制中心如图7-23所示。控制中心工作站可对隧道通风系统进行监控,执行隧道通风系统预定的运行模式或向车站下达车站大、小系统和冷冻水系统的各种运行模式指令。中央级控制的主要功能如下。

图7-23 控制中心

① 可实现对全线通风空调系统、冷水机组、隧道通风系统的监视和控制。

② 能自动显示并记录全线环控设备的运行状况和设备累积运行时间。

③ 能实时反映车站温度、湿度等数据。

④ 通过自动控制系统与火灾报警系统在中央级的接口,能接收报警信息并触发环控系统的灾害模式,命令环控设备按灾害模式运行。

⑤ 通过自动控制系统与信号系统的接口,接收区间堵车信息,并对相应区间运行强制通风模式。

2. 车站级控制

车站级控制装置位于各车站车控室,可以向中央控制转达本站设备信息,并执行中央级控制下达的各项运行指令。在中央级控制工作站的授权下,车站级工作站可以作为本车站的消防指挥中心,当车站工作站出现故障时,紧急控制盘(IBP)可以执行中央级控制下达的所有防灾模式指令。车站级控制的主要功能如下:

① 在正常情况下,监视控制本站空调系统。

② 节能、自动、灾害模式的改变和运行。

③ 火灾时,接收报警信息,进入灾害模式。

车站级控制装置如图7-24所示。

3. 就地级控制

就地级控制装置设置在各车站的环控电控室,具有对单台环控设备进行就地控制的功能,便于对各种设备调试、检查、维修。单台环控设备同时设有就地控制箱。在中央级、车站级和就地级三级控制中,就地级控制具有优先权。常见的就地控制箱如图7-25所示。

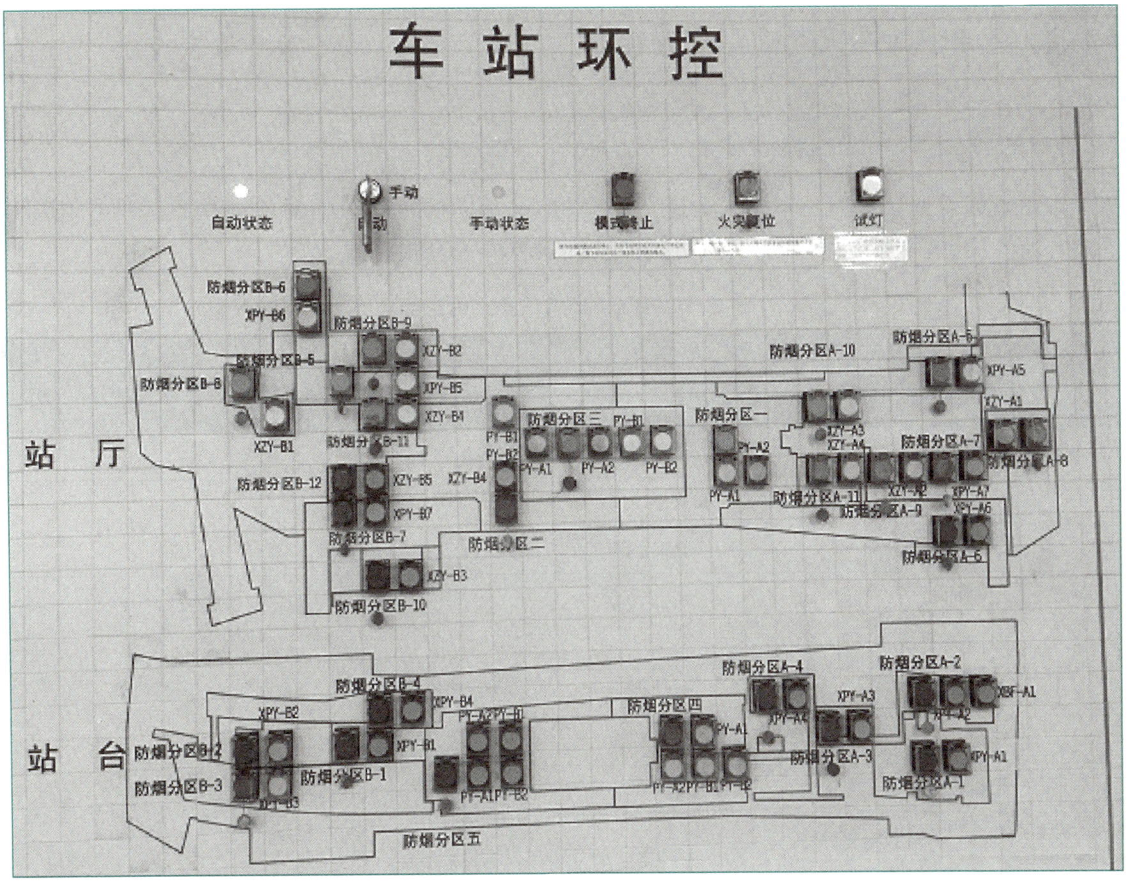

图 7-24　车站级控制装置

图 7-25　常见的就地控制箱

7.2 暖通空调系统的检查与操作

7.2.1 暖通空调系统的检查

车站暖通空调系统需要车站人员进行安全检查,不同的地铁公司对安全检查的内容和周期要求有所不同,表7-3为杭州地铁公司暖通空调系统的安全检查要求。

表7-3 暖通空调系统安全检查要求

<table>
<tr><th rowspan="2">范围</th><th rowspan="2">需求</th><th colspan="3">检查频率</th></tr>
<tr><th>值班站长</th><th>站长</th><th>站区经理</th></tr>
<tr><td colspan="5">环控设备室及环控机房</td></tr>
<tr><td>警告/危险提示</td><td>未受损充足</td><td rowspan="2">每日
(至少一次)</td><td rowspan="2">每周</td><td rowspan="2">每月</td></tr>
<tr><td>普通爬梯系统</td><td>爬梯上锁</td></tr>
<tr><td>控制面板</td><td rowspan="2">正常</td><td rowspan="14">每日
(至少一次)</td><td rowspan="14">每周</td><td rowspan="14">每月</td></tr>
<tr><td>门锁</td></tr>
<tr><td>排水</td><td>无堵塞</td></tr>
<tr><td>接地装置</td><td>状态良好</td></tr>
<tr><td>设备运行</td><td>无异常</td></tr>
<tr><td>灭火设施</td><td rowspan="7">正常</td></tr>
<tr><td>房间整洁</td></tr>
<tr><td>正常/紧急照明</td></tr>
<tr><td>结构</td></tr>
<tr><td>直通电话</td></tr>
<tr><td>黄色荧光箭头</td></tr>
<tr><td>通风</td><td>畅通</td></tr>
<tr><td>所有电缆间</td><td>无障碍</td></tr>
</table>

7.2.2 暖通空调设备的操作

1. 冷水机组

(1) 开机

① 打开冷冻水泵,检查水泵电机的转向,并且校正通过蒸发器的水流量,使之达到指定的流速,排出系统内的空气。

② 打开冷却水泵,检查水泵电机的转向,并且校正通过冷凝器的水流量,使之达到指定的流速。排出系统内的空气。

③ 打开冷冻水水流开关。

④ 压缩机电路断路器接通。

⑤ 用户控制触电合上。

⑥ 控制开关及压缩机开关接通。

⑦ 在微机键盘上按 RESET 键 5 s。

⑧ 在主菜单上按开机键。

(2) 关机

① 回到主菜单。

② 在主菜单上按关机键。

(3) 注意事项

① 在压缩机开机前,加热器至少要通电 24 h。

② 管网安装的各种水阀,在开机之前须首先确认是否处于工作状态。

③ 开机前 20 min,须打开冷冻泵、冷却泵、冷却塔,确认达到指定流量后,方可开(四)组合式空调机组,20 min 后,方可关闭冷冻泵、冷却泵、冷却塔。

④ 在 15 min 内,开启压缩机的次数不能超过一次。

⑤ 发现异常,立即关机,并通知维修人员。

2. 水泵

(1) 开机

① 明确现场水泵编号。

② 将空调电控室对应抽屉柜上的控制按钮切换到现场。

③ 在空调电控室抽屉柜或现场控制箱上按下启动按钮,确认运行灯是否亮。

④ 确认设备工作状态。

(2) 关机

① 明确现场水泵编号。

② 将空调电控室对应抽屉柜上的控制按钮切换到现场。

③ 在空调电控室抽屉柜或现场控制箱上按下停止按钮,确认停止灯是否亮。

④ 确认设备工作状态。

(3) 注意事项

① 开机前确认水阀是否处于指定状态。

② 发现异常立即关机,并通知维修人员。

3. 冷却塔

(1) 开机

① 明确现场冷却塔编号。

② 将就地控制箱上的控制按钮切换到现场。

③ 在就地控制箱上按下启动按钮,确认运行灯是否亮。

④ 确认设备工作状态。

(2) 关机

① 明确现场水泵编号。

② 将就地控制箱上的控制按钮切换到现场。

③ 在就地控制箱上按下停止钮,确认停止灯是否亮。

④ 确认设备工作状态。

(3) 注意事项

① 开机前一定要确认进出水阀门均已打开。

② 发现异常立即关机,并通知维修人员。

4. 组合式空调机组

(1) 开机

① 明确现场机组编号。

② 将现场控制箱上的控制按钮切换到现场。

③ 在现场控制箱上按下启动按钮,确认运行灯是否亮。

④ 确认设备工作状态。

(2) 关机

① 明确现场机组编号。

② 将现场控制箱上的控制按钮切换到现场。

③ 在现场控制箱上按下停止按钮,确认停止灯是否亮。

④ 确认设备工作状态。

(3) 注意事项

① 风机启动前,操作人员必须离开风机段,关闭好检查门,方可启动风机。

② 手动停机时,应在风机完全停止运转后,再将进风阀关闭。

③ 操作人员要进入风机段,必须先关风机,待风机停止运转后,方可打开通道门,进入风机段。

④ 空调器出风口的风阀在关闭的情况下,严禁开机。

⑤ 确认进出口水阀是否在指定状态。

⑥ 发现异常,立即关机,并通知维修人员。

5. 柜式空调机组

(1) 开机

① 明确现场机组编号。

② 将现场控制箱上的控制按钮切换到现场。

③ 在现场控制箱上按下启动按钮,确认运行灯是否亮。

④ 确认设备工作状态。

(2) 关机

① 明确现场机组编号。

② 将现场控制箱上的控制按钮切换到现场。

③ 在现场控制箱上按下停止按钮,确认停止灯是否亮。

④ 确认设备工作状态。

(3) 注意事项

① 空调器出风口的风阀在关闭的情况下,严禁开机。

② 确认进出口水阀是否在指定状态。

③ 发现异常,立即关机,并通知维修人员。

6. 大回/排风机、隧道风机

（1）开机

① 明确现场风机编号。

② 将现场控制箱上的控制按钮切换到现场。

③ 在现场控制箱上按下变频启动按钮，确认变频运行灯是否亮。

④ 确认设备工作状态。

（2）关机

① 明确现场风机编号。

② 将现场控制箱上的控制按钮切换到现场。

③ 在现场控制箱上按下停止按钮，确认停止灯是否亮。

④ 确认设备工作状态。

（3）注意事项

① 开机前，确认风阀处于指定状态。

② 发现异常，立即关机，并通知维修人员。

7.3 环境与设备监控系统的认识

微课

车站环境与设备监控系统认识

环境与设备监控系统（Building Automation System，BAS）也称为机电设备监控系统，该系统主要对环控系统设备、火灾自动报警系统、给排水系统、自动扶梯、垂直电梯等的运行状态进行实时监控，对设备的运行进行远程控制。

环境与设备监控系统对地铁车站及沿线分布的众多机电设备进行监控，保证机电设备安全有序地运行，使它们在正常运营时为乘客和工作人员营造良好舒适的环境，紧急情况下为站内人员人身和财产安全提供有力保障。其主要作用体现在以下方面。

① 对城市轨道交通建筑设备实现集中监控，并对其环境进行实时监测和优化控制。通过现代控制技术与网络技术，对现场机电设备运行状况实时进行集中监视、控制和报警，减少设备操作复杂性及操作难度，协调设备动作。以经济运行为目的，对车站环境进行检测，并据此控制环控设备高效运行，以提高整体环境的舒适度，并通过相关算法实现系统能源管理自动化，提高节能效率。

② 接收防灾报警系统（FAS）和列车自动控制系统（ATS）等的灾害信息，控制相关设备转向灾害模式，从而实现城市轨道交通防灾自动化。

③ 通过对设备、环境参数的采集记录，对车站设备运行情况进行统计、协助维修管理、提供运行趋势分析和预测性维修报告，为设备管理决策提供科学依据，实现设备管理自动化。

7.3.1 环境与设备监控系统的功能

1. 监视功能

设备动态图形显示功能在 BAS 系统的人机界面中，操作员可以看到 BAS 系统设备的运行信息、设备的动态运行效果图，还可以通过鼠标进入设备的属性栏，看到设备运行的具体数据信息以及完成相对应权限的基本操作。

2. 故障报警功能

系统的故障报警状态会实时、直观地显示在人机界面的相应位置,提醒操作员迅速处置故障,使得系统快速恢复正常,保障正常运营。支持三种报警类型:模拟量设备的越限报警、开关量设备的动作报警以及设备状态报警。

3. 控制功能

(1) 设备控制功能

对于机电设备的控制,操作人员可以登录到车站工作站,执行与之权限相对应的设备控制方式,包括:

① 焓值自动控制。

② 时间表控制。

③ 单体设备控制。

④ 设备群组控制。

(2) 模式控制功能

模式控制就是对一组机电设备的控制,属于设备组控制,在 BAS 系统的人机界面中有模式控制的画面,操作人员可以在这个画面中选择一组设备进行模式控制,如隧道的风机、空调系统的相关设备等,还可以对模式参数进行设置,由工作站下载到 PLC 中,使得相关设备进入相应模式运行。模式的确定是由地铁的工艺要求决定的,模式控制可以人为地进行操作,也可以系统自动执行,模式控制方式包括:

① 早晚换气模式控制。

② 异常模式控制。

③ 阻塞模式控制。

④ 正常工况模式控制。

维护终端上需要具有火灾模式手动控制及设备的点动控制功能。

4. 显示功能

在 BAS 系统的人机界面中,系统的设备运行动态效果、设备运行参数、报警信息等都会在相应的画面中显示出来,操作人员还可以在这些画面中下发控制命令。

主要有以下几种类型的显示。

(1) 分区域显示设备状态

在车站环控系统的界面图中,包括:公共区车站大系统图、站台层小系统图、站厅层设备房小系统图等画面,分区域显示不同地方的系统状况,操作员选择相应的画面,可以清楚明白地看到相应区域的设备运行状况。对于车站的各个机电系统,每个系统有各自的显示画面,如电力监控系统图、火灾报警系统图、信号系统图等,操作员选择系统的画面,可以看到对应系统的运行状况。

(2) 趋势图显示

系统可以对设备的模拟量数据进行线性化处理,对实时数据处理得到实时趋势图,对历史数据处理得到历史趋势图,操作员通过趋势图预先判断设备运行状态的走势,提前下达相应的控制命令或者不操作。

(3) 工艺图显示

工艺图由地铁建设的工艺要求确定,体现了环控系统的工作原理和设备在地铁中的位置。

（4）控制方式显示

系统或设备的控制方式、控制级别，都会在 BAS 系统的人机界面中体现出来。

（5）设备统计显示

BAS 系统的主要设备的运行状态、运行参数等信息，由 PLC 统计起来，并能在相应的画面中显示出来。

（6）底层设备监视功能

底层设备如风阀、蝶阀、传感器等，系统会通过 PLC 对这些设备进行监控，操作员可以在车站工作站中看到这些设备的运行状态和报警信息。

（7）模式运行显示

在车站级 BAS 的人机界面上显示模式的实际运行状态与预计模式运行状态，并用不同的颜色区分。方便操作人员查找模式运行时设备的故障等情况。

（8）设备汇总显示

不同系统的机电设备会被分为不同的组，以表格的形式在相应的画面中显示设备的运行状态，如冷水机组的设备、给排水系统的设备等，方便运营人员对这些设备的管理和控制。

5. 其他功能

BAS 的 PLC 具备以下功能，包括但不限于：

① 通风系统风回路的保护（在正常、火灾、阻塞情况下要求不同）。

② 具备模式冲突判断功能。

③ 完成模式执行结果的判断。

④ 实现风机风阀的软件联锁控制功能。

⑤ 可对通风空调各子系统（风系统、水系统、隧道系统）进行参数预设、负荷调节、节能控制的功能。

7.3.2　环境与设备监控系统的监控对象

环境与设备监控系统（BAS）通过智能配电系统（MCC）实施监控，其直接监控的对象主要包括隧道通风系统、车站通风空调系统、给排水系统、自动扶梯/电梯系统、人防门系统、低压配电与照明系统、乘客资讯系统等，如图 7-26 和图 7-27 所示。

1. 环境监控

（1）隧道通风系统

微课　车站环境与设备监控系统的环境监控对象

隧道通风系统包括区间隧道通风系统、车站隧道通风系统。区间隧道通风系统主要监控对象是可逆转 TVF 风机、射流风机、相关风阀。车站隧道通风系统主要监控对象是双速 UPE/OTE 风机、相关风阀。

监控要求：

① 区间隧道通风系统进行中央级、车站级控制。中央级下达运行模式指令到车站级，由车站级对区间隧道通风系统设备进行模式控制，控制操作以中央级为主。

② 区间隧道通风系统运行分早间运行、夜间运行、正常运行、阻塞运行和火灾事故运行等模式。

a. 早间运行。早间运营前进行 0.5 h 的纵向推挽式机械通风，通风完毕后进入正常运行。

b. 夜间运行。夜间收车后进行 0.5 h 的纵向机械通风，通风完毕后按工艺要求打开相应风阀。

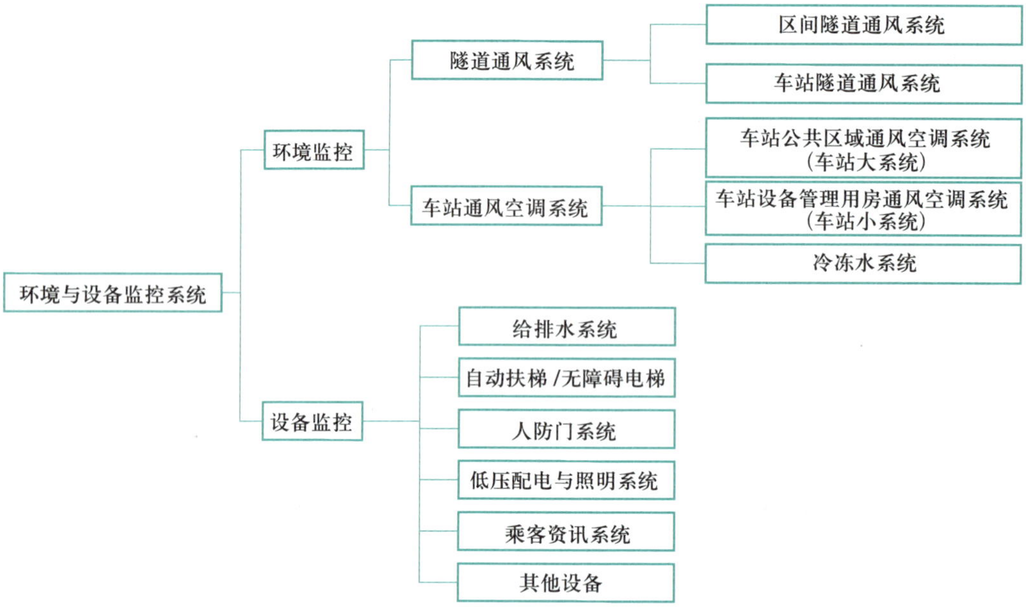

图 7-26 BAS 监控范围

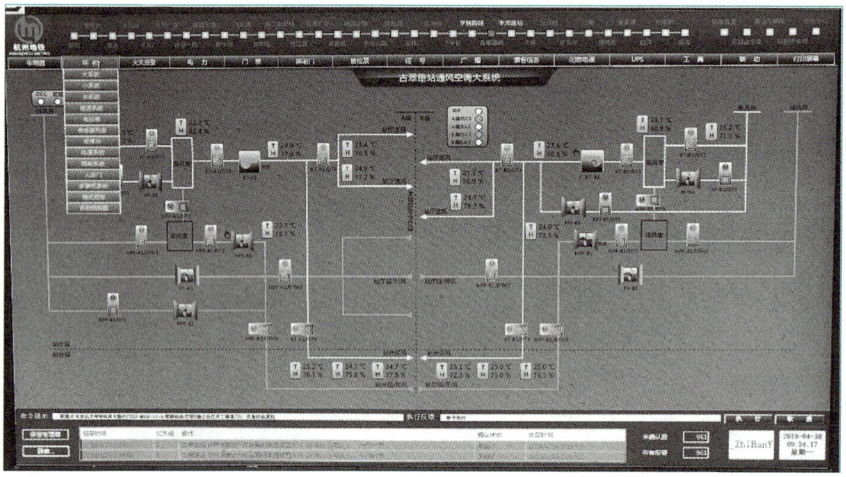

图 7-27 BAS 环境监控系统界面

c. 正常运行。列车正常运行时,区间隧道采用开式运行,充分利用列车活塞作用进行通风换气排除余热余湿。

d. 阻塞运行。当列车因故障或前方车站未发车而必须停在区间超过 4 min 时,按行车方向进行机械通风,控制隧道内温度在可接受范围内。

e. 火灾事故运行。当着火列车驶入前方车站时,利用前方车站的隧道风机进行排烟;当着火列车停在区间隧道时,应按隧道内火灾模式运行。

③ 车站隧道通风系统运行要求可分为正常运行和灾害事故运行,正常运行以车站级监控为主,灾害事故运行以中央级监控为主。

(2) 车站通风空调系统

车站通风空调系统包括车站大系统、车站小系统和车站冷冻水系统。车站大系统以车站级监控为主,是对站厅、站台公共区的空调、通风、防排烟系统的监控。车站小系统以车站级监控为主,是对车站内设备及管理用房的空调、通风、防排烟系统的监控。主要设备包括组合式空调机、空调新风机、全新风机、回/排风机(兼排烟风机)、送风机、相关风阀、防火阀、传感器(含温湿度传感器)等。

① 车站大系统。地铁的车站大系统的控制方式主要采取的是开环与闭环控制。开环控制:在车站控制系统中,预先设置了一系列的运行模式,主要是根据车站内外的温湿度和当时车站旅客的流量制定的,模式的切换依据控制中的转换条件。闭环控制(图7-28):每个车站首先会设置一些运行的固定模式,由于控制的机电设备主要为电机和风机,所以采用的是比较普遍的控制算法(PID)来通过变频器调节车站内外风机的速度。

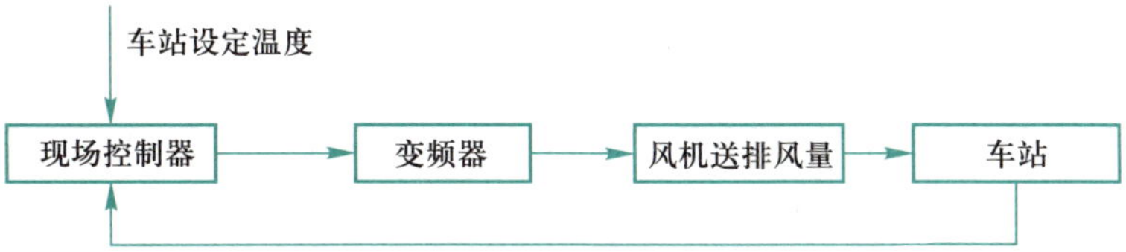

图7-28　车站大系统闭环控制框图

② 车站小系统。车站小系统主要是对车站的控制室等房间内部进行温湿度调节的控制系统。为了达到节能环保的目的,系统分为空调季节和非空调季节。在不同的季节中,车站的小系统需要根据外部的温湿度传感器来判断所使用的控制方式。在空调季节,通过比较回风和设定的比较,来调节风阀的开度,从而改变送风温度,最终达到室温的调节,同时该控制系统采用的是闭环控制方式,如图7-29所示。在非空调季节,整个空调系统只要将外部新风和室内的回风之间比例调节好,就可以达到调节室内温度的要求,如图7-30所示。

图7-29　空调季节小系统控制框图

图7-30　非空调季节小系统控制框图

③ 车站冷冻水系统。车站大系统和小系统共用一套冷冻水系统,由车站螺杆式冷水机组提供冷冻水。其主要的监控对象有冷水机组、水泵、二通调节阀、传感器(含压力、流量、温度传感器)、蝶阀、流量开关等。

监控要求如下:

a. 每个组合式空调器设置供回水温度探头、供回水压力探头、空调器进出风干球湿球温度探头;每个车站站厅站台各设置2~4组干、湿球温度探头,对以上参数进行监视,并参与车站空调系统的调节。

b. 车站设置供回水压差传感器,通过二通调节阀保持压差恒定。

c. 要求实现螺杆式冷水机组和冷冻水泵、冷却水泵、冷却塔之间的联锁保护控制,实现定流量控制,联锁功能由冷水机组实现。

d. 监控冷水机组的工作状态,当设备发生故障时应显示故障代码及故障描述。

e. 冷水机组、冷却塔、水泵的主、备切换及轮换控制,均衡设备之间的运行时间。

微课

车站环境与设备监控系统的设备监控对象

2. BAS 设备监控

(1) 给排水系统

给排水系统主要包括引入管电动蝶阀、区间给水管电动蝶阀、废水泵(含扶梯、集水坑、排水泵)、污水泵、雨水泵、区间排水泵等。

监控要求如下:

① 水泵根据水位高低自动启停及轮换控制。在控制中心中央控制室(OCC)监视隧道入口处集水泵和区间废水泵;在车站控制室监视所有(包括出入口扶梯下)水泵的运行状态,在 OCC 和车站控制室进行设备故障和危险水位报警,BAS 可对水泵进行控制。污水泵运行超时报警,超时时间可调。

② 地下车站生活水给水引入管上的电动蝶阀由 BAS 在车站控制室监视运行状态,并可实现电动蝶阀开关控制。

(2) 自动扶梯、无障碍电梯

车站自动扶梯、无障碍电梯监控对象主要包括站台与站厅之间的自动扶梯、出入口与站厅间的自动扶梯、无障碍电梯。

监控要求如下:

通过 RS232/RS422/RS485 接口与自动扶梯、电梯控制柜通信,完成数据采集。对各车站的自动扶梯、电梯的运行状态及故障进行车站级监视,显示报警信息与内容。扶梯状态(DI:上行、下行、故障、停运、就地紧急控制、分时段运行计划、维修状态、统计信息);电梯状态(DI:运行/非运行、轿厢报警、紧急报警、故障、电源故障、维修状态、统计信息)。

(3) 低压配电与照明系统

整个车站的照明系统主要包括工作照明、广告照明、出入口上盖照明、区间照明、应急照明电源等。工作照明、广告照明、出入口上盖照明、应急照明、区间照明等监控点:开关控制(DO:开/关);开关状态(DI:开/关)。事故照明电源等监控点:事故照明电源状态(DI:1 号电源投入、2 号电源投入、逆变器工作、故障、蓄电池组过压、蓄电池组欠压、充电机故障、绝缘下降、逆变器故障、逆变器过载、逆变器风扇故障、逆变器旁路故障等)。

监控要求如下:

① 监视各车站公共区照明、广告照明、出入口照明按地铁运营时间指定运行时刻表及可灵活选择多种模式控制和手动指令控制,掉电后自动记忆之前状态并在来电后自恢复,控制操作以车站级控制为主,OCC 具有远程控制功能,火灾情况下自动切除三级负荷总开关。

② 对车站事故电源系统运行状况进行监视。

③ 监视区间事故照明与紧急模式(列车阻塞、火灾)的联动功能,紧急情况时强制打开事故照明;事故照明电源故障时显示故障代码及故障信息。

(4) 人防门系统

人防门系统主要的监控对象是各地下车站人防门的状态。人防门监控点:开关状态(DI:开到位、关到位）。

监控要求如下：

利用无源接点来实现监控数据的采集，在车站控制室和中央控制室监视人防门的开关到位状态，进行危险报警。

（5）乘客资讯系统（PIS）

PIS 主要监控对象是各车站 PIS 系统显示屏的状态。PIS 监控点：开关控制（DO：开/关）；开关状态（DI：开/关）。

监控要求如下：

利用无源接点来实现监控数据的采集，实现车站 PIS 显示屏的定时开关。

微课

车站环境与设备监控系统的控制

7.3.3　环境与设备监控系统的控制

BAS 具有中央级集中监控、车站级集中监控和就地级（现场级）监控三级，对各类设备进行监视和控制，如表 7-4 所示。BAS 系统控制优先级从高到低分别为：就地级（现场级）控制、车站级控制、中央级控制。

表 7-4　环控系统控制设施

环控系统控制设施	所在位置	优先级
就地级（现场级）监控	设备现场	高
车站级监控	车站综合控制室	中
中央级监控	中央控制中心	低

1. 中央级

系统中央级设于控制中心中央控制室（OCC）（图 7-31），由 OCC 的环境调度员负责监控，负责监视全线环控设备的状态和全线的环境状况并向各站发布控制命令，定时记录设备运行状态，记录车站温、湿度等原始数据。同时，可根据操作人员的需要绘制曲线图，定制报表等。

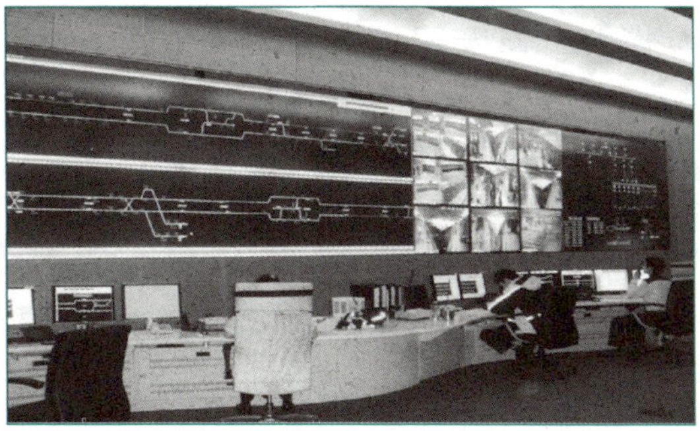

图 7-31　OCC 工作站

（1）主要设备

中央级监控系统设备由设在控制中心的综合监控系统配置。

① 工作站及服务器。系统中央级配置两台或两台以上的操作工作站，采用并列运行或冗余技术，使工作站处于热备状态，保证故障情况下的自动投入，同时根据系统实际需要选用服务器

或小型机对整个系统实现优化控制、管理以及数据备份。

系统中央级工作站或服务器通常配备数据记录设备、打印机,数据记录设备可提供系统历史数据备份、归档信息。

② 大屏幕投影。设备监控系统大屏幕投影可以直观显示全线重要机电设备运行状态、重要报警、主要运行参数等,便于线路环境调度、行车调度掌握线路总体机电设备运行情况,及时发现设备问题,其主要显示内容如下:

a. 隧道风机及推力风机运行状态及风向。

b. 列车正线阻塞信号。

c. FAS 火警信号提示。

d. 各车站环控大系统运行状态。

e. 各车站公共区温度超限报警。

③ 与其他系统接口。系统中央级配置系统与 ATS 的接口设备,通过它接收列车区间阻塞信号,并完成隧道通风模式的计算。另外还配置有与通信母时钟通信的接口设备,定时与母时钟时间同步,并进一步实现系统内部各设备间的同步。

(2) 主要功能

BAS 中央级监控系统对全线通风空调、防排烟设备、公共区照明、导向灯箱、给排水、自动扶梯等机电设备进行监视和控制。

① 监视全线环控设备的运行状态,检测、记录各车站站厅、站台和管理设备用房的温度、湿度等环境参数。根据通风空调系统提供的环控工艺要求,向车站级 BAS 下达模式控制指令,对通风系统设备进行模式控制。包括正常模式(节能控制)、火灾模式及区间阻塞模式控制。

② 监视全线 BAS 监控下其他设备的运行状态,接受系统报警,记录各种操作,实现实时数据和历史数据的分类存储、统计报表等。

③ 向车站级 BAS 下达时间表控制指令。

2. 车站级

车站级位于各站内的车站控制室,系统通过车站级监控工作站和模拟屏设备提供相应的人机界面(MMI),监控本站及所辖区间隧道的环控、给排水、自动扶梯、照明、站台门、防淹门、车站事故照明电源等设备的运行状态,如图 7-32 和图 7-33 所示。

图 7-32 车站级

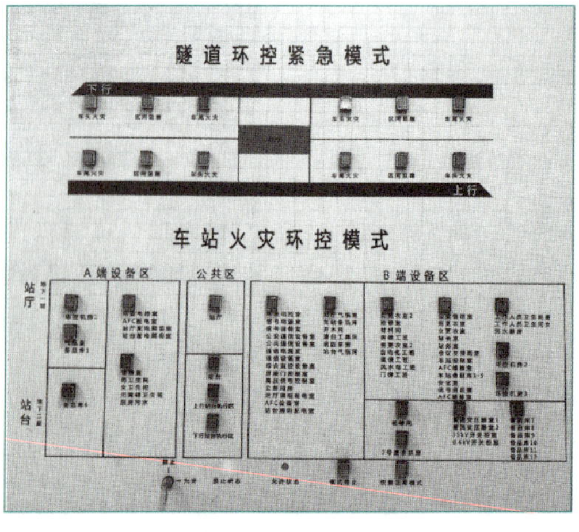

图 7-33 IBP—隧道、车站环控区域

（1）主要设备

BAS 车站级采用分层分布式结构，由 PLC 控制设备、现场传感器及 UPS 电源等组成。

① 工作站。车站级车控室工作站设备由综合监控系统配置，主要面对车站工作人员，显示整个车站机电设备的运行情况，车站工作人员可以根据系统的实际情况对车站机电设备进行工况、单体设备调节控制，工作站通常配有线式不间断电源和历史（报表）打印机。

② 综合紧急操作盘。综合紧急操作盘是车站出现灾害性情况时的紧急操作平台，综合紧急操作盘以火灾及紧急工况操作为主，采用按键式操作，操作程序简便快捷。当车站或所辖区间发生火灾、列车阻塞等情况时，由线路环境调度授权车站操作人员按不同的事故区域在综合紧急操作盘上启动相对应的应急工况。综合紧急操作盘上设有投入/切除钥匙开关，利用此开关可以实现模拟屏幕控制功能的投入和切除，防止出现误操作。

③ 维修工作站。维修工作站是系统维修人员专用的远程维修终端，具备最高的操作级别和一定的软件修改权限，可以对系统软件进行维护、组态、运行参数的定义、系统数据库的形成及用户操作界面的修改、增加；可以监视全线系统运行情况，及时反映现场故障，迅速组织系统抢修；可以为系统开发、优化提供平台，减少对在线系统运营的影响。

（2）主要功能

BAS 车站级监控系统对全站通风空调、防排烟设备、公共区照明、导向灯箱、排水设备、电梯、自动扶梯等机电设备及管辖区间排水设备进行监控。

① 监视车站环控设备的运行状态，监测、记录车站站厅、站台和管理设备用房的温度湿度等环境参数。根据通风空调系统提供的环控工艺要求，对通风系统设备进行模式控制，包括正常模式（节能控制）、火灾模式及区间阻塞模式控制。

② 监视全站 BAS 下其他设备的运行状态，接收系统报警，记录各种操作，实现实时数据和历史数据的分类存储、统计报表等。

③ 将本站 BAS 所有信息上传中央级。接收中央级下发的时间表控制信息和模式控制指令。

④ 接收时钟同步信号，具有与中央主时钟同步的功能。

3. 就地级

相对集中于环控电控室、车站的重要房间（水泵房、冷水机房等）及公共区等地，它通过在车站环控系统相关设备房内操作相关控制柜（图 7-34）来实现对所控设备的直接控制，并传送设备的运行状态及故障信息到车站工作站，执行车站级发出的指令。

图 7-34　现场 PLC 控制柜

(1) 主要设备

就地级监控设备包括就地控制箱、传感器、二通阀执行机构以及通信通道和网络等。

① 就地控制箱。就地控制箱设置在环控机房、照明配电室、水泵房、出入口等靠近被控设备和环境条件相对好的房间内。在风机房的就地控制箱内设置远程I/O(RI/O),用来采集空调管路上的温湿度参数,监控水系统二通阀。在照明配电室的就地控制箱内设置RI/O,用来监测重要设备房、公共区环境参数,监控车站公共区照明、广告照明、导向标志等回路状态。在水泵房的就地控制箱内设置RL/O,用来监测水泵的状态和报警水位。

② 传感器。包括:

a. 室内温、湿度传感器安装在站厅和站台墙壁或立柱、设备管理用房墙壁上。

b. 风管式温度、温湿度传感器安装于各类风道和风室内。

c. 水管式温度传感器安装在各类水管上。

d. 流量传感器、压力传感器、压差传感器安装在相关的设备及管道上。

③ 二通阀执行机构。二通阀执行机构安装在相关的水管路上,设置二通或三通流量调节阀对冷量进行调节。

④ 通信通道和网络。BAS控制器与相连的就地控制器或RI/O模块,采用屏蔽双绞线连接。传输方式采用工业级现场总线技术,数据传输速率不小于1 Mbit/s,为实时的工业用现场总线。要求为国际上通用的标准开放的现场总线。两设备之间的距离超过1 000 m时,采用光纤连接。

(2) 主要功能

① 对单台设备进行就地控制,满足设备的现场调试要求。

② 实现对现场信号的采集、信号的转换和控制信号的输出。

③ 接收FAS的火灾信息,执行火灾模式控制指令。

④ 主控制器通过现场总线同具有智能通信接口的其他受控设备连接,实现数据通信。

⑤ 就地级设备具有脱离全线网络系统独立运行的功能,控制器的存储容量满足监控数据的存储需要。

7.4 环境与设备监控系统故障处置

7.4.1 工作程序

1. 风险预防及安全措施

车站环境与设备监控系统的风险预防及安全措施见表7-5。

表7-5 风险预防及安全措施

项目	具体内容
风险预防	进行维修工作前,通知车站值班站长和环控调度主任,并告知车站内受影响的范围;领取相应的钥匙(如有需要)
	确保设备在检查过程中不会联动其他设备(如将FAS、气灭主机临时切换至手动位)
	如有必要,联系机电中心人员将设备转换为就地控制,确保底层设备不受影响

续表

项目	具体内容
安全措施	光线不充足的地方工作时要使用便携式照明灯具
	根据现场情况需要，佩戴好必要的劳动防护用品，进入相关区域需具备相应的资格（如有限空间作业等）
作业结束注意事项	清点维修工具及材料，并清理工作现场
	确保所有硬件和软件正常运行
	通知车站值班站长和环控调度主任维修工作完成

2. 作业材料及工器具

车站环境与设备监控系统故障应急处置的作业材料及工器具如表 7-6 所示。

表 7-6　作业材料及工器具

序号	材料名单	数量	备注
1	电工维修工具	1 套	—
2	钥匙	1 套	含箱/柜钥匙、配电柜钥匙、PLC 控制器钥匙及 IBP 盘钥匙
3	手电筒	1 把	—
4	维修笔记本	1 台	已安装 BAS 软件

3. 处置过程

车站环境与设备监控系统故障应急处置过程如下：

① 车站维修人员收到故障通知后，联系车站维修机电中心，携带好专业工具和常用 PLC 模块备件一同赶赴故障现场。

② 到达现场后，先向车站请点，再向环调请示维修工作，告知工作可能的影响范围，获得批准后开始维修工作。

③ 通知机电中心人员将本站受影响设备切换为就地工作模式，以保证车站的正常运营。

④ 检查箱柜内指示灯（参照自动化各专业指示灯说明），判断故障模块及故障类型。

⑤ 若模块故障，通过热插拔的方式换上新模块（新模块地址码需要更改成与原模块一致才能插入底板）。

⑥ 检查网络、接线都无问题后，重启 PLC（注：a. 关闭顺序。应先关闭当前运行模式下的备 PLC，然后再关闭主 PLC；b. 启动顺序。先启动主 PLC，主 PLC 正常运行后再启动备 PLC，以确保模块更换后的验证确认）。

⑦ 重启后各模块指示灯显示绿色，系统恢复正常，故障处置完毕。

⑧ 若为程序故障，使用维修笔记本上载程序检查程序是否报错，报错则尝试清除错误，若错误无法清除或清除后切换“run”继续报错，应联系承包商进行下一步操作。

⑨ 故障处置完毕，通知机电中心人员逐台设备切换回远程控制，测试设备正常，故障恢复。

⑩ 通知值班站长或 DCC 值班员和环控调度员处置结果。

7.4.2 工作危害分析

执行车站维修部相关专业预防性维修一般安全措施及个人劳动保护要求,BAS系统故障后的应急工作危害分析见表7-7。

训练与思考
暖通空调系统检查记录表

表7-7 BAS系统故障后的应急工作危害分析

工作活动/工序	失误描述/助语	失误描述/危害	潜在成因/失误形成因素	后果	现行的控制措施	风险评估		
						概率	后果	风险等级
检查线路	错误工作步骤	未对设备断电便进行线路排查	意识不足	人员受伤	受训/合格人员进行监督/执行	不大可能出现	严重	R3(中风险)

习题及思考

一、不定项选择题

1. 暖通空调系统根据暖通环控系统的结构和特点,一般分为(　　)。

A. 开式系统　B. 闭式系统　C. 站台门系统　D. 冷冻水系统

2. 车站通风空调系统由以下(　　)组成。

A. 车站公共区域通风空调系统　B. 车站设备管理用房通风空调系统

C. 车站隧道通风系统　D. 冷冻水系统

3. 车站小系统的作用地点有(　　)。

A. 设备房　B. 管理用房　C. 站厅　D. 站台

4. 车站暖通环控系统的控制方式分为(　　)。

A. 站台级　B. 中央级　C. 车站级　D. 就地级

5. BAS系统中的设备控制方式有(　　)。

A. 焓值自动控制　B. 时间表控制

C. 单体设备控制　D. 设备群组控制

二、判断题(正确的在括号内画"√",错误的在括号内画"×")

1. 暖空调系统中的开式系统无站台门车站多采用此种系统,应用较广。(　　)

2. 车站小系统的安装位置对称地分布在站厅两端的环控机房内。(　　)

3. 组合式空调机组中的表冷段里冷冻水循环流动,对空气起冷却作用。(　　)

4. 中央级监控系统设备由设在控制中心的综合监控系统配置。(　　)

5. BAS车站级采用分层分布式结构。(　　)

三、简答题

1. 简述车站暖通空调系统的定期检查的要求。

2. 简述车站环境与设备监控系统的监控对象。

模块8 低压配电与照明系统

知识体系

- 低压配电与照明系统
  - 供电系统的认识
    - 供电系统的供电方式
      - 集中供电
      - 分散供电
      - 混合供电
    - 供电系统的组成
      - 牵引供电系统
      - 低压配电与照明系统
  - 低压配电系统的认识
    - 低压配电系统的构成和分布
    - 低压配电负荷的分类
    - 低压配电设备的供电方式
      - 一级负荷供电方式
      - 二级负荷供电方式
      - 三级负荷供电方式
    - 低压配电设备的控制
  - 交通照明系统的认识
    - 照明系统的功能及设计原则
    - 照明系统的分类
    - 照明系统的配电方式
    - 照明系统的控制
      - 就地控制
      - 照明配电室控制
      - EMCS集中控制
    - 智能照明控制系统
  - 低压配电与照明系统常见故障及处置
    - 低压配电系统常见故障及处置
    - 照明系统常见故障及处置
      - 常见故障处置
      - 应急处置

建议学时

6 学时

学习目标

1. 了解城市轨道交通供电系统。
2. 理解低压配电与照明系统的概念。
3. 了解车站低压配电与照明系统的负荷分类。
4. 掌握车站低压配电与照明系统的常见故障处置。

8.1 供电系统的认识

8.1.1 供电系统的供电方式

电子教案
低压配电与照明系统

电子课件
低压配电与照明系统

微课
城市轨道交通供电系统认识

供电系统是城市轨道交通的动力能源,负责为列车和动力照明负荷提供电源。它不仅要保证为电力用户提供安全、可靠、经济的电能,还要保证城市轨道交通的安全、正常运行,防止各类电气事故和灾害的发生。

城市轨道交通作为城市电网的一个用户,一般都直接从城市电网中取得电能,无需单独建设电厂,城市电网对城市轨道交通进行供电,按供电方式,供电系统有集中供电、分散供电和混合供电 3 种方式。

1. 集中供电

在城市轨道交通沿线,根据用电容量和线路长短,建设专用的主变电所。主变电所进线电压一般为 110 kV,经降压后变成 35 kV 或 10 kV,分为牵引变电所与降压变电所。主变电所应有两路独立的进线电源。集中供电有利于城市轨道交通供电形成独立体系,便于管理和运营。上海、广州、南京、香港等地的地铁采用的是集中供电方式,如图 8-1 和图 8-2 所示。

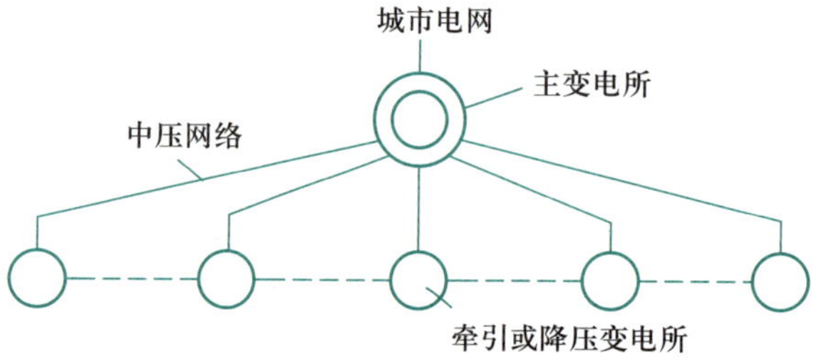

图 8-1 集中供电 I

集中供电方式的优点如下:

① 可靠性高,便于集中统一调度和集中管理。

② 施工方便,维护容易,电缆敷设径路比较好走。

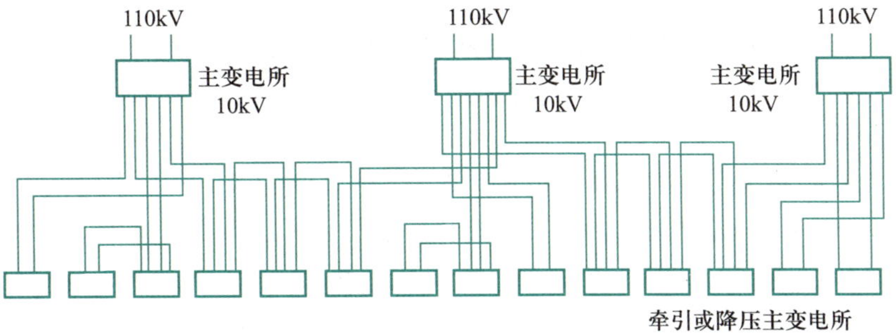

图 8-2 集中供电 Ⅱ

③ 抑制谐波的效果较好。为减少谐波对电网的影响和危害,一是采用较高脉波(24 脉波)整流机组,二是选用较高电压(110 kV)的电源,因为大容量、高电压电网的承受能力强,同时国标规定的谐波总畸变率和谐波电压含有率比小容量、低电压电网要低得多,而且也有利于今后集中采取高次谐波防治措施。

④ 计费方便、简单。采用 110 kV 电压集中供电方式,运行管理单位与电业部门的电度计费在主变电所设总计量就行,不必在各变电所分别计量。

2. 分散供电

在地铁沿线直接由城市电网引入多路电源构成供电系统。一般为 10 kV 电压级。分散式供电要保证每座牵引变电所和降压变电所均获得双路电源,要求城市轨道交通沿线有足够的电源引入点及备用容量。沈阳地铁、长春轻轨、大连轻轨、北京九号线、北京八通线、北京地铁 5 号线等采用的就是分散供电,如图 8-3 所示。

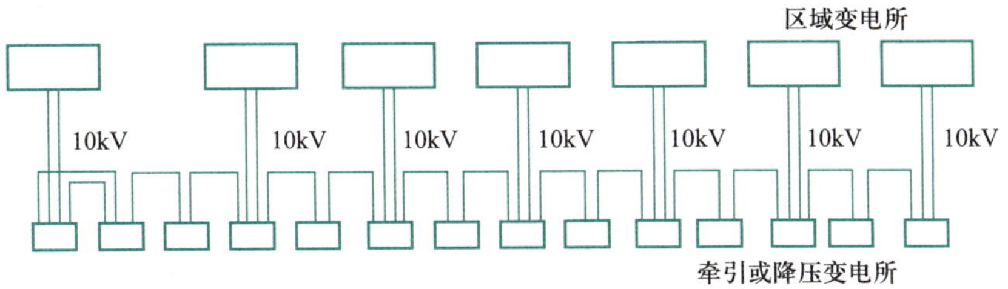

图 8-3 分散供电

3. 混合供电

将前两种供电方式结合起来,一般以集中供电为主,个别地段引入城市电网电源作为集中式供电的补充,使供电系统更加完善和可靠。北京地铁 1 号线和环线、武汉轨道交通工程、青岛地铁南北线工程等为混合式供电。

8.1.2 供电系统的组成

城市轨道交通供电系统的根本作用是为城市轨道交通运营提供动力能源——电能。其供电电源一般取自城市电网,高压电通过输送或变换,以适当的电压等级供给设备,以保证电源的供应。

根据用电性质不同,城市轨道交通供电系统分为两部分:以牵引变电所为主组成的牵引供电系统和以降压变电所为主组成的低压配电与照明配电系统。

1. 牵引供电系统

牵引供电系统经由牵引变电所,将城市电网中的高压交流电降压、整流后变换成为城市轨道交通需要的750 V或1 500 V的低压直流电传递给接触网,以提供列车动力电源。

2. 低压配电与照明系统

低压配电与照明系统则是以降压变电所为基础,将城市电网10 kV中压配电降压为380 V/220 V或660 V/380 V的低压电,包含照明系统和低压配电系统两个子系统,是城市轨道交通供电系统的重要部分,主要作用是为低压设备提供和分配电能。

如图8-4所示为城市轨道交通供电系统结构,虚线1上方为外部供电系统,虚线2下方为城市轨道交通供电系统,由城市轨道交通牵引变电所为主的牵引供电系统和以降压变电所为供电起始端的低压配电及照明系统组成。

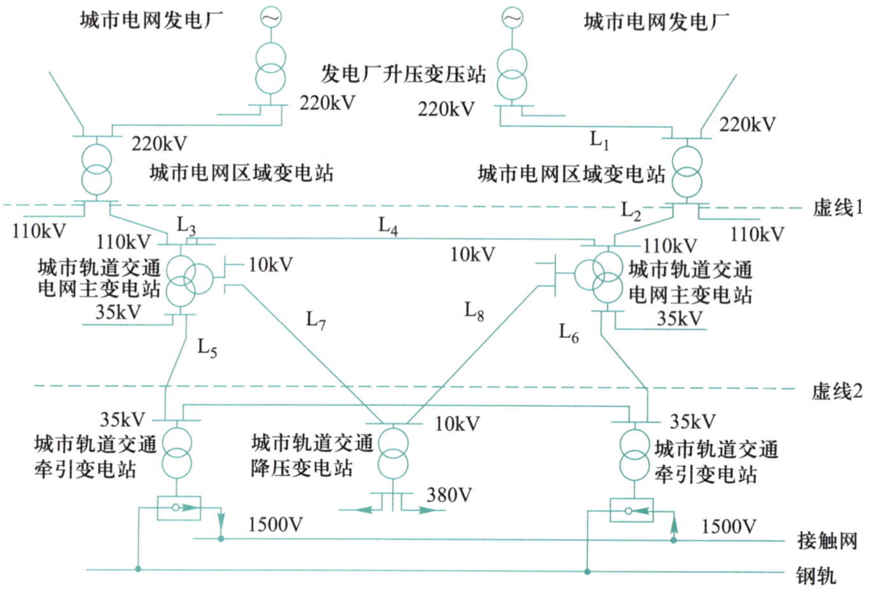

图8-4 城市轨道交通供电系统结构

8.2 低压配电系统的认识

8.2.1 低压配电系统的构成和分布

微课
城市轨道交通低压配电系统

1. 低压配电系统的构成

供配电系统由三部分组成,分别为:电源(即来源)、输电线路和负荷。相应的,低压配电系统对应的三个具体的构成分别为:低压配电室开关柜、低压电缆线路和设备配电箱。

变电所内设有低压开关柜,各级设备的负荷电源都从低压开关柜接引,通过低压电缆线路向各个用电设备配电。

2. 低压配电系统设备室分布

变电所低压室、低压配电室各一间,分别布置在站台层两端,各负责半个车站及区间的负荷；环控电控室 2 间，布置在站厅层两端，各负责半个车站的环控负荷；照明配电室 4 间，分别在站台和站厅层两端；蓄电池室 2 间，位于站台层两端。

8.2.2　低压配电负荷的分类

1. 按照用途分类

低压配电负荷按用途分为动力设备和照明负荷两类。

动力设备负荷主要有通信、防灾报警、信号、FAS、自动票务、站台门、风机、空调器、气体灭火、垂直电梯、污水泵、EMCS；扶梯、检修插座；冷冻机组、空调水泵、冷却塔、清扫插座。

照明负荷主要有节电照明、标志照明、出入口照明、站台站厅照明、广告照明、事故照明、疏散诱导照明等。

2. 按照设备的重要程度分类

低压配电负荷按设备的重要程度分一级负荷、二级负荷和三级负荷。

（1）一级负荷

一级负荷包括消防设备、通信、信号设备、自动售检票设备、事故风机、排风机、排烟机、废水泵、站台门等。一级负荷设备极为重要，一级负荷设备的停电，将可能引发运营延误或者乘客疏散困难，导致较大伤亡事故。因此一般采用两路独立电源供给，并配有备用 UPS 电源。

（2）二级负荷

二级负荷包括一般风机、自动扶梯、直升电梯、污水泵等。二级负荷设备较为重要，二级负荷设备的停电，将可能引发运营延误或者乘客疏散困难，导致一定程度受伤事故的发生，一般采用两路独立电源供给。

（3）三级负荷

三级负荷包括空调机、冷水机组及清扫、检修等设备。三级负荷相对重要性较低，三级负荷设备的停电，将会导致乘客舒适度下降，但一般不会导致伤亡事件的发生。

8.2.3　低压配电设备的供电方式

系统供配电设备可分为车站降压所直接供配电设备和环控电控室供配电设备。环控电控室一般设置在空调通风机房、车站一端或两端。不同负荷不同供电系统的供电方式各有不同，以下做简单阐述。

1. 一级负荷供电方式

一级负荷设备，例如通信系统、信号系统、站控室等，系统由降压变电所低压柜Ⅰ、Ⅱ段母线（即两路引自变电器电源）各引一路电源到设备附近，在设备末端设双电源自动切换箱（相对集中的小容量一级负荷为节省投资而共用一个双电源自动切换箱就近配电，即前述树干式布线）。

2. 二级负荷供电方式

二级负荷设备，如自动扶梯、排污泵等，系统由降压变电所低压柜Ⅰ或Ⅱ段母线引一路电源，当所在母线故障时母联开关投入，由另一母线供电。当电网只有一路电源时，允许将其从电网中切除（人工切除）。

3. 三级负荷供电方式

三级负荷设备，如环控三类负荷，冷水机组、空调机等，系统由降压变电所低压柜三级负荷总开关引来一路单电源，一路总进线电源故障时自动被切除，人工复位。在火灾情况下，FAS 直接切断三级负荷总电源。

8.2.4 低压配电设备的控制

一般设备采用就地控制和综合控制两种方式。

① 就地控制。指在设备附近,便于直接控制的控制方式。如自动扶梯一般都采用就地控制方式,事故状态下才会采用综控室联动控制,紧急停止扶梯。图 8-5 为自动扶梯急停按钮,其中,上方红色为紧急停梯按钮,紧急情况下按此按钮停止。

② 综合控制。是指在车站综合控制室有 EMCS 实现对风机、空调、水泵等设备的控制与监视,并将采集的信息送至中央控制室。除了以上两种控制方式外,环控电控室直接的环控设备,如风机等同时存在环控电控室控制方式。即在环控电控室内可对各环控设备进行控制,以保证环控的整体运行。

图 8-5 自动扶梯急停按钮

8.3 交通照明系统的认识

8.3.1 照明系统的功能及设计原则

微课 城市轨道交通照明系统

1. 照明系统的功能

城市轨道交通车站中的地下光环境较为特别,主要表现在长期没有自然光,导致车站内外光度差异大。因此,在照明设计时,地下照明需经过细致的设计,以保证乘客的舒适性,环境的明亮。同时,车站照明应能够辅助乘客更好地完成乘车等活动,并能够保证在特殊、危险时刻的疏散活动;另外,城市轨道交通日益成为人们文化生活的一部分,车站的功能也不单纯是输送乘客,不同地区的车站也需具备一定的艺术感染力和文化性。城市轨道交通照明系统在车站设备当中起着至关重要的作用。

2. 照明系统的设计原则

鉴于对城市轨道交通照明功能的多方要求,在设计的过程当中,需注意以下基本原则。

① 避免使出入城市轨道交通的人员感受过大的亮度差别。

② 保证停留在城市轨道交通内人员的安全和舒适。

③ 光源的光色和灯具的安装位置都不能导致信号和图像相混淆。

④ 照明方式按照视觉工作程度、照度、显色性、配光及布置方法等因素选择。

⑤ 亮度标准。

⑥ 灯具布置按照亮度充足均匀,维修方便、安全等因素选择。

⑦ 灯具安装容量小:布置整齐美观;与建筑空间相协调;光线射向适当、无眩光、无阴影。

⑧ 安全节能,并具有一定的设计感,反映车站主题和文化。

8.3.2　照明系统的分类

城市轨道交通车站的地下地域特征及地铁运营性质也决定了车站内照明种类的多样化，进而决定了照明配电回路的数量不亚于动力用电回路。一般来说，城市轨道交通车站照明系统采用 380 V 三相五线制或 220 V 单相三线制方式供电。

1. 按照照明位置分类

城市轨道交通照明系统范围为车站降压所变压器后的照明设备及线路，大致包括以下四大部分。

① 站台、站厅公共区的一般照明、节电照明、事故照明、广告照明。

② 出入口的一般照明、事故照明、广告照明。

③ 设备及管理用房的一般照明、事故照明、出入口的疏散诱导指示照明。

④ 电缆廊道的一般照明及区间隧道的一般照明、事故照明。

2. 按照照明属性分类

按照照明属性及其作用的不同，将照明系统分为不同的类型，主要有节电照明、标志照明、出入口照明、站台站厅照明、广告照明、事故照明、疏散诱导指示照明等。不同属性的照明分别在不同的领域发挥其各自的作用，例如，标志照明保证乘客更为清晰快速地获取信息。

3. 按照重要性分类

城市轨道交通照明负荷按照其重要性，可分为三个等级，此三个等级的分类与动力设备负荷分类原则相一致。

一级负荷：节电照明、事故照明、疏散诱导指示照明、公共区工作照明。

二级负荷：设备区域一般照明、各类指示牌照明。

三级负荷：广告照明。

其中，一般照明是城市轨道交通车站地道、站厅、站台内设置灯具最多的一种照明。这种照明用来保证乘客在城市轨道交通车站能安全地候车和上下车。

8.3.3　照明系统的配电方式

照明系统根据其属性、用途及重要性的不同，配电方式也多有不同。

1. 站台、站厅等一般照明——交流双电源交叉方式供电

一般情况下，车站站台、站厅的两端各设置一个照明配电室，室内集中安装各类照明配电控制箱。在站台两端各设置一个事故照明装置室。一般照明、节电照明、设备及管理用房照明的电源，分别在降压所的低压柜两段母线上各分出一路电源，与照明配电室的两个配电箱连接，以交叉供电方式，向站台、站厅，设备及管理用房供电。

2. 事故照明的配电

事故照明作为车站发生突发状况的“救命灯”，保证其正常的供电尤为重要，事故照明的具体配电方式如下。

（1）事故照明的配电方式

事故照明通常采用交流双电源互为备用供电，一路失电另一路接入电路。它由低压所的低压柜两端母线上各送出一路电源，经事故照明配电室送出给各事故照明。同样，疏散诱导指示照明由事故配电箱分配给单独回路供电，如此设计可保证事故照明不受其他照明负荷的干扰，在事故发生时仍然可以正常使用。

当两路电源均失电后,事故照明由车站两端设备的事故照明电源装置——蓄电池供电,电源装置由蓄电池组、充电器和逆变器组成。具体原理为:当交流电源失效后,蓄电池提供 220 V 直流电源供电,经过逆变器将直流电逆变为交流电输出,一般可持续 1 h 供电;当电源恢复后,又自动切换回交流 380 V 供电,并利用整流器将交流电转变为直流电给蓄电池充电,保证蓄电池持续带电。

(2) 事故照明的设置方式

① 重要房间设置事故照明,事故照明亮度为正常亮度的 10%左右。

② 站内通道每隔 20 m 设标志灯,距地面小于 1 m。

③ 站台、站厅及出入口为长明灯,不设集中控制。

④ 侧墙上诱导标志灯间距 10~15 m,高度距地面 1 m。

⑤ 安全(疏散)出口标志灯应安装在出口的顶部或靠近出口上方的墙面上。

⑥ 标志灯的下边缘距门的上边缘不宜大于 0.3 m,并与疏散方向垂直。

⑦ 标志灯的方向应指向最近的安全出口。

⑧ 当安全出口或疏散出口位于疏散走道侧面时,应在其前方位置的顶棚下设置疏散标志灯。

3. 广告照明

广告照明分布于站台、站厅公共区域,采用日光灯灯箱的形式。一般由照明配电室配电箱统一分配供给,而在某些城市轨道交通车站,三级负荷的广告照明与正常的其他照明的供电电源是分开的。

4. 区间隧道照明

区间隧道照明均安装在两侧壁。其中一般照明设在站台两端隧道入口处,区间隧道一般使用照明箱,每间隔 20 m 一个,一般使用 70 W 高压钠灯;疏散照明每隔 20 m 一个,一般使用 36 W 荧光灯;指示照明,出口指示牌照明每间隔 50 m 设置一个,各不同属性照明交叉设置。

8.3.4 照明系统的控制

照明系统的控制主要有就地控制、照明配电室控制、EMCS 集中控制(自动控制)和低压配电室控制。

1. 就地控制

各设备及管理用房进门处设有就地开关盒,可控制相应设备及管理用房的一般照明。区间隧道一般照明由设于隧道两端入口处的区间隧道一般照明配电箱控制。

2. 照明配电室控制

照明配电室设有相应照明场所的照明配电箱,可在室内集中控制相应场所的一般照明、节电照明、事故照明及广告照明。

3. EMCS 集中控制

EMCS 集中控制主要指通过机电设备监控 EMCS 实现控制。在其控制下,事故照明应具有防灾报警系统集中强启动功能,照明系统通过读取车站列车接发系统或旅客引导系统的信息,合理启闭站台灯具。其主要功能如下:

① 具有系统联网自动控制及人工控制功能。

② 具有按车次信息进行自动启闭灯具和降功率二次节能的功能。

③ 具有人工干预功能。可以对列车晚点、更改站台股道、加开临客、车次停运进行人工干预。

④ 具有查询功能。可以按站台、车次等查询照明工作情况，按通道、终端查询设备参数情况。

⑤ 具有检错功能。线路、接口设备、终端逻辑控制编、译码器故障均能自动显示在监视器上，对操作人员的错误操作进行文字提示及操作指导。

⑥ 具备直接发送功能。可直接向任一控制终端发送干预信息。

除了以上的控制方式，在各个控制照明的配电箱，低压配电室的开关柜也可以对照明系统进行控制，在此不再讲述。

8.3.5 智能照明控制系统

传统照明控制在面对复杂的公共区域时，面临着诸多问题，如灯具状态难管理、不能随人流量调光、色彩变换单一等。随着地铁对节能要求和运营服务水平的提高，国内越来越多的城市逐步采用智能照明控制系统，以解决传统照明控制方式存在的问题，如图 8-6 所示。

图 8-6 地铁智能照明系统界面(杭州地铁 5 号线)

1. 智能照明控制系统的功能

① 集中管理和控制。通过车控室的触摸屏可以对全站的灯光进行分区域开关控制、亮度控制和场景联控。工作人员可以很方便、快捷的管控车站内各区域的照明回路。合理调整各照明系统的控制参数及状态，实现照明系统整体最低能耗，使整个照明系统运行效率更佳，达到真正的节能管控和高效运维管理目的。

② 定时场景控制。根据地铁运营需要可将所控区域的灯光或其他电器设备等预先设定为各种场景。地下车站照明可设置以下几种模式：运营准备模式、高峰模式、平峰模式、清扫模式、

停运模式等。这几种模式通过定时设置可自动切换,同时现场可根据实际需求进行定时设置。智能照明系统定时场景控制举例如表8-1所示。

表8-1 智能照明系统定时场景控制举例

序号	时段	照明模式
1	4:30-6:00	运营准备模式
2	6:00-7:00	平峰模式
3	7:00-8:30	高峰模式
4	8:30-11:30	平峰模式
5	11:30-12:30	高峰模式
6	12:30-16:30	平峰模式
7	16:30-19:30	高峰模式
8	19:30-22:00	平峰模式
9	22:00-23:00	清扫模式
10	23:00-4:30	停运模式

考虑到实际站点客流特点不同,智能照明控制系统提供4组(可设置)独立的定时日程,每组提供12个(可设置)定时时段,运营人员可按需设定每天的模式切换时间。运行模式界面如图8-7所示。

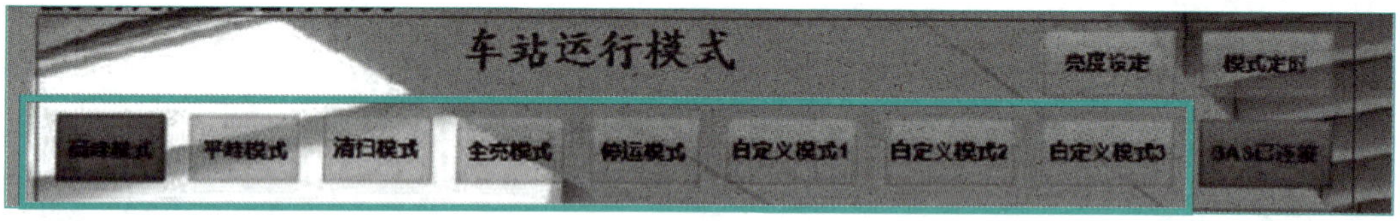

图8-7 运行模式界面

③ 本地控制。通过操作设备间的面板或者触摸屏可实现对区域灯具的场景控制。控制面板可以完成对预设模式的一键操作;触摸屏控制方式可以实现更多的场景定义及照度调节功能,满足不同层次的需求。

④ 移动或照度传感器控制。照度传感器可用于灯光照明自动开关控制或恒亮度控制。出入口的光线照度可随室外阳光的变化而变化,当出入口照度低于设定值时自动开启灯光或调节其亮度,高于设定值时自动关闭或调节灯光亮度,使室内灯光为恒照度。

2. 智能照明控制系统的节能效果

据统计分析,智能照明系统节能20%~30%,节能效果非常明显。北京某地铁站站厅、站台公共区域按3 000套85 W的LED筒灯、每天运营18 h计算,传统照明1 d用电量约为4 590 kWh;公共区域灯具全用电量开启时间折合约为13 h,智能照明1 d用电量约为2 080 kWh。

8.4　低压配电与照明系统常见故障及处置

8.4.1　低压配电系统常见故障及处置

1. 常见故障处置

低压配电系统常见故障处置如表 8-2 所示。

表 8-2　低压配电系统常见故障处置

序号	常见故障	现场处置
1	控制元器件损坏	通知维修人员
2	控制系统故障显示	查看现场并通知维修人员
3	控制系统失灵	工作现场应急处置并通知维修人员
4	开关跳闸	现场检查,重合开关并通知维修人员

2. 应急处置

控制系统失灵时,机电设备操作员应按操作手册中要求做出应急操作,并通知维修人员维修。

8.4.2　照明系统常见故障及处置

1. 常见故障处置

照明系统常见故障处置如表 8-3 所示。

表 8-3　照明系统常见故障处置

序号	常见故障	现场处置
1	灯具故障(灯具不亮,荧光灯闪烁或两端发黑,白炽灯昏暗等)	更换灯具或通知维修人员
2	开关跳闸	现场检查,重合开关或通知维修人员
3	控制元器件损坏	通知维修人员

2. 应急处置

① 在发生火灾情况时,车站三类负荷应被关断,其他照明车站站务操作员可根据需要在车控室照明配电盘和照明配电室配电箱上进行控制。

② 当因灯具过热、镇流器过热或电路短路引燃周边物体时,车站站务操作员应迅速至照明配电室关断相应的照明回路,并进行相应处置。

训练与思考
低压配电系统/照明系统故障处置记录表

习题及思考

一、不定项选择题

1. 分散供电的电压一般为(　　)等级。

A. 10 kV　　B. 35 kV　　C. 110 kV　　D. 220 kV

2. 低压配电负荷按设备的重要程度分为(　　)等级。

A. 1　　B. 2　　C. 3　　D. 4

3. 站台站厅等一般照明方式采用(　　)方式供电。

A. 交流双电源　　B. 直流双电源　　C. 直流单电源　　D. 交流单电源

4. 区间隧道照明的照明箱一般隔(　　)距离安装一个。

A. 5 m　　B. 10 m　　C. 15 m　　D. 20 m

5. 以下(　　)供电方式不是城市轨道交通供电系统的供电方式。

A. 集中供电　　B. 交叉供电　　C. 混合供电　　D. 分散供电

二、判断题(正确的在括号内画"√",错误的在括号内画"×")

1. 混合供电是将集中式供电和分散式供电结合起来,但是以分散式供电为主。(　　)

2. 一般来说,城市轨道交通车站照明系统采用380 V三相五线制、220 V单相三线制方式供电。(　　)

3. EMCS集中控制具有系统联网自动控制及人工控制功能。(　　)

4. 城市轨道交通的接触网需要的低压直流电为750 V或者1 500 V。(　　)

5. 城市轨道交通照明负荷按照其重要性,可分为四个等级。(　　)

三、简答题

1. 简述城市轨道交通供电系统有哪几种供电方式,各有什么特点。

2. 简述低压配电与照明系统有哪些负荷。

附录一 车站一日工作流程

注意事项：
1. 本工作流程为模版，各站应依据实际情况制定本站的一日工作流程。
2. 安检时间与运营时间同步。
3. 车站在交款时尽量上交纸币，减少硬币流失。
4. 夜间运营结束后要关闭工作照明（一般照明、广告照明），以节约用电，早晨开站前开启。
5. 运营开始前 10 min 开启车站出入口门。
6. 非繁忙运营时间，各岗位必须进行工作区域巡视，保证设备的正常运转

时间	岗位		
	值班站长	值班员	站务员
04:30	① 确保车站所有施工已注销。 ② 执行开站前日常巡查。 ③ 检查轨旁设施完好到位，车站范围路轨出清。 ④ 测试站台门、安全防护装置，确保端门已关上。 ⑤ 把信号控制权与环控控制权交还控制中心	① 测试信号系统；（联锁站适用）。 ② 检查重要设备状态正常，行车备品正常。 ③ 定期进行其他系统及工具测试：PA、PIS、CCTV、ESB	① 测试站台门、安全防护装置，确保端门已关上。 ② 测试无障碍电梯、自动扶梯。 ③ 巡视车站（卫生等），检查导向标示显示准确
05:00	① 执行开站程序。 ② 开启车站工作照明和导向照明。 ③ 测试 IBP 测试灯按钮。 ④ 启动 AFC 车站运营模式。 ⑤ 启动其他车站设备	补充 TVM 票卡及找零钱箱	补充 TVM 票卡及找零钱箱

续表

时间	岗位		
	值班站长	值班员	站务员
05:42~06:02	召开班前会: 检查员工仪容仪表,交代当班注意事项(若首班车停在站台,关注司机是否报到),开站前10 min确认人员到岗	参加班前会	参加班前会
05:52	① 安排站务人员开启出入口。 ② 启动开站广播与乘客信息。 ③ 透过CCTV监控站务人员开站情况	为票亭岗站务员备票、卡、备用金	① 开启车站出入口。 ② 开启车站电扶梯、电梯。 ③ 检查站厅/站台设备。 ④ 巡视车站(卫生等),发现问题及时解决。 ⑤ 领用票、卡、备用金,开启票亭岗作业
06:02	① 留意首班车运行状况及站台门运作状况。 ② 巡视出入口情况后,向OCC汇报	① 在车控室监控开站情况。 ② 留意首班车司机是否提前发车,如有及时汇报OCC并做好记录	巡视出入口,开启站门,开始运营
07:00前	—	整理完毕前一天运营票款	—
07:30	—	准备交接班的资料并在SOMS上进行交接: ① 钥匙、门禁卡。 ② 施工信息。 ③ 车站设施故障或维修信息。 ④ 车站票务与收益。 ⑤ 车站失物资讯	—
08:00	准备交接班的资料并在SOMS上进行交接: ① 钥匙、门禁卡。 ② 施工信息。 ③ 车设施故障或维修信息。 ④ 车站票务与收益。 ⑤ 车站失物资讯	—	—
07:00~08:30 (早高峰)	进行车站巡视	在车控室值岗,播放广播、发送车站信息,监控车站情况	全员到岗,关注站台乘客乘降情况,须在闸机旁值岗

续表

时间	岗位		
	值班站长	值班员	站务员
平峰时段	处理车站日常行政工作（如阅读邮件、文件归档、监控施工作业及本地培训等）	处理日常票务工作，如无其他事项车控室值岗	车站巡视
11:00~13:00	轮休用餐	轮休用餐	轮休用餐
13:00后	交接班	交接班	交接班
平峰时段	处理车站日常行政工作（如阅读邮件、文件归档、监控施工作业及本地培训等）	点收票款	① 车站巡视。 ② 收取闸机中的票卡
17:00~18:30（晚高峰）	进行车站巡视	在车控室值岗，播放广播、发送车站信息，监控车站情况	全员到岗，关注站台乘客乘降情况，须在闸机旁值岗
平峰时段	处理车站日常行政工作（如阅读邮件、文件归档、监控施工作业及本地培训等）	点收票款	① 车站巡视。 ② 收取闸机中的票卡
夜班人员接班后	核对行车通告，了解夜间施工内容	核对行车通告，了解夜间施工内容	—
21:00后	—	—	按AFC节能计划，清空部分TVM
末班车到达前20 min	监督各岗位作业，确保末班车广播、乘客讯息、换乘信息及公告到位	在入闸机处摆放告示牌并值守	—
末班车到达前5 min	① 监督各岗位作业。 ② 关闭所有的TVM和进站闸机，播放停止售票。 ③ 透过CCTV监控各岗位准备工作	巡视站厅、站台、卫生间及各个角落，确认无乘客滞留车站	停止售票，处理临时票务工作
末班车离站前	在车控室值岗，播放广播、发送车站信息，监控车站情况	确认车站无滞留乘客后，向司机展示“好了”手信号	—
末班车离站后	执行关站程序： ① 启动运营结束车站广播与乘客信息。 ② 透过CCTV监控各岗位关站作业	核算当天运营票款	巡视站厅、站台、卫生间及各个角落，确认无乘客滞留车站，引导乘客离开车站，关闭出入口大门、自动扶梯、无障碍电梯

续表

时间	岗位		
	值班站长	值班员	站务员
关站后	① 核对行车通告,了解夜间施工内容。 ② 办理车站夜间施工作业。 ③ 关闭工作照明与导向照明,开启区间照明	① 清空 TVM、TSM,监督与结算运营票款。 ② 完成相关收益报表。 ③ 准备押运票款运送	① 清空 TVM、TSM、闸机,进行清点。 ② 结算当日运营票款
夜间巡视(例行)	① 办理与协助夜间施工报站请点登记作业。 ② 巡视、其他施工及车站保洁工作	—	巡视车站,发现问题及时上报值班站长

拓展知识——职业素养

一般而言,城市轨道交通站务工作人员实行三班两运转的综合工时制,非运营时间段要完成大量的运营前准备以及运营后清算等工作以确保城市轨道交通日常安全运营。这不仅要求站务工作人员要有职业责任感,还要具备爱岗敬业、吃苦耐劳的职业品格和行为习惯。

附录二

城市轨道交通车站设备常用词语中英文对照

英文简称	英文全称	中文全称
职位		
SO	Station Operator	站务员
SOF	Station Officer	值班员
SC	Station Controller	值班站长
SSC	Senior Station Controller	高级值班站长
SM	Station Master	站长
SSM	Senior Station Master	高级站长
GSM	Group Station Manager	站区经理
LM	Line Manager	站务经理
CoC	Communication Controller	信息管理员
TD	Train Driver	列车司机
TC	Traffic Controller	行车控制主任
CC	Chief Controller	值班经理
设备设施及其他		
AFC	Auto Fare Collection	自动售检票系统
LC	Line Center	线路中央计算机系统
SC	Station Computer	车站计算机系统
PIN/ID	Personal Identification Number Identification	个人身份号码
ACC	AFC Clearing Center	轨道交通 AFC 清算管理中心
AGM	Automatic Gate Machine	自动检票机
TCM	Ticket Checking Machine	自动验票机
TVM	Ticket Vending Machine	自动售票机
SEMI-TVM /BOM	Manually Operated Ticket Vending Machine/Booking Office Machine	半自动售票机

续表

英文简称	英文全称	中文全称
PSD	Platform Screen Door	站台门
ASD	Automatic Sliding Door	滑动门
设备设施及其他		
EED	Emergency Escape Door	应急门
FIX	Fixed Panel	固定门
MSD	Manual Secondary Door	端门
DOI	Door Open Indicator (light alarm)	门状态指示灯
EOI	Emergency escape door Open Indicator light alarm	应急门状态指示灯
UPS	Uninterrupted Power Supply	不间断电源
IBP	Integration Backup Panel	综合后备盘
PSL	PSD Local Control Panel	就地控制盘
ATC	Automatic Train Control	列车自动控制
ATO	Automatic Train Operation	列车自动运行
ATP	Automatic Train Protection	列车自动防护
ATS	Automatic Train Supervision	列车自动监控
BAS	Building Automation System	建筑设备自动化系统
BCC	Backup Control Center	备用控制中心
FAS	Fire Alarm System	防灾报警系统
FAC	Fire Advisory Council	消防专项合格证书
GCC	Graphic Control Computer	图形监视计算机
ISCS	Integrated Supervision and Control System	综合监控系统
MMI	Man Machine Interface	人机接口
OCC	Operated Control Center	控制中心
PIIS	Passenger Information and Indication System	旅客向导系统
PIS	Passenger Information System	乘客信息系统/旅客资讯系统
SCADA	Scan Control Alarm Database	供电系统管理自动化
SSS	Subway Station Subsystem	车站子系统
TIMS	Train Integrated Management System	列车综合管理系统
TCMS	Train Control & Monitoring System	列车控制和监控系统
EOD	Equipment Operating Data	设备运行参数
CPS	Central Processing System	中央计算机系统

续表

英文简称	英文全称	中文全称
CSC	Contactless Smart Card	非接触智能卡
CST	Contactless Smart Token	非接触智能筹码
EMCS	Electrical and Mechanical Control System	车站设备监控系统
ECS	Environment Control System	环境控制系统
DDC	Dircct Digital Controller	数字直接控制器
PLC	Programmable Logic Controller	可编程逻辑控制器

参考文献

[1] 曲秋莳,许波.城市轨道交通车站设备[M].3版.北京:人民交通出版社,2022.

[2] 朱济龙,唐春林.城市轨道交通车站机电设备[M].2版.北京:机械工业出版社,2018.

[3] 杨雪松.无障碍设计在地铁车站的应用[J].建设科技,2016(10):91-92.

[4] 苏菊芹.地铁车站给排水系统设计简析[J].山西建筑,2008(11):199-200.

读者意见反馈

为收集对教材的意见建议，进一步完善教材编写并做好服务工作，读者可将对本教材的意见建议通过如下渠道反馈至我社。

咨询电话 400-810-0598

反馈邮箱 gjdzfwb@ pub.hep.cn

通信地址 北京市朝阳区惠新东街4号富盛大厦1座

高等教育出版社总编辑办公室

邮政编码 100029

授课教师如需获得本书配套教辅资源，请登录“高等教育出版社产品信息检索系统”（https://xuanshu.hep.com.cn/）搜索下载，首次使用本系统的用户，请先进行注册并完成教师资格认证。

AI问答

学习卡账号使用说明

一、注册/登录

访问 https://abooks.hep.com.cn，点击“注册/登录”，在注册页面可以通过邮箱注册或者短信验证码两种方式进行注册。已注册的用户直接输入用户名加密码或者手机号加验证码的方式登录。

二、课程绑定

登录之后，点击页面右上角的个人头像展开子菜单，进入“个人中心”，点击“绑定防伪码”按钮，输入图书封底防伪码（20位数字，刮开涂层可见），完成课程绑定。

三、访问课程

在“个人中心”→“我的图书”中选择本书，开始学习。

四、使用AI问答

手机扫描AI问答二维码登录后，在AI问答窗口输入您的问题，大语言模型将根据本书内容给出解答。注意：AI问答仅限于回答本书内容范围内的问题，对于超出本书内容的问题，可能无法提供准确或完整的答复；每个账户每天对话轮次上限请见对话页面提示。

如有账号问题，请使用平台的提问功能留言，我们会及时给您回复。